U0616734

物流设施与设备

主　编◎　李　钊　黎　聪

副主编◎　闫初宇　黄丽霞　莫桂芳　易　美

参　编◎　颉栋栋　梁　益　蒙　果　谢诗雨

韦　一　刘　倩　陈昶宇　莫紫瑶　朱玮羚

西南交通大学出版社

·成　都·

图书在版编目（CIP）数据

物流设施与设备 / 李钊，黎聪主编. —成都：西南交通大学出版社，2023.6（2025.6 重印）

ISBN 978-7-5643-9299-4

Ⅰ. ①物… Ⅱ. ①李… ②黎… Ⅲ. ①物流 – 设备管理 – 高等职业教育 – 教材 Ⅳ. ①F252

中国国家版本馆 CIP 数据核字（2023）第 092869 号

Wuliu Sheshi yu Shebei

物流设施与设备

主　编／李　钊　黎　聪

责任编辑／宋浩田

封面设计／吴　兵

西南交通大学出版社出版发行

（四川省成都市金牛区二环路北一段 111 号西南交通大学创新大厦 21 楼　610031）

发行部电话：028-87600564　　028-87600533

网址：http://www.xnjdcbs.com

印刷：四川煤田地质制图印务有限责任公司

成品尺寸　185 mm×260 mm

印张　13.5　　字数　326 千

版次　2023 年 6 月第 1 版　　印次　2025 年 6 月第 2 次

书号　ISBN 978-7-5643-9299-4

定价　45.00 元

前言

本书对物流设施与设备课程做了一个全面系统的介绍。本书不是设施设备的使用说明书，也不是设施设备的结构原理图，而是通过介绍物流设施设备的基本构成与特点，让学生掌握如何选择、配置、正确使用和管理物流设施设备。本书在编写过程中，本着好用、实用、通俗易懂的原则，在语言运用上尽量避开机械类的专业术语，在内容选择上放弃了设备运行原理，只对设施设备的概念、特点、性能和选择做全面的介绍。本书的特色和创新之处主要体现在以下几个方面：

（1）新颖性：本书既注重基础理论的全面介绍，又注重实践与应用。每个项目开始部分都有学习目的与要求，让学生能初步了解即将学习的内容在实际中的应用。本书中每个项目都安排了相关实训，通过其让学生对所学理论知识能巩固并能实际动手操作，更好地帮助学生掌握物流设施与设备在实际中的应用和使用，使教师能在教学中指导学生实践。学生边学边练，能达到更好的教学效果，使本书更具有新颖性。

（2）实用性：在本书编写过程中，得到了合作企业提供的大量应用案例和实训内容，使得全书内容更加丰富，能让读者从身边的企业去了解物流设施与设备的发展状况和应用情况，使本书更具有实用性。

（3）可读性：为提高教学效果，本书除了内容深入浅出、文字通俗易懂外，还引用了大量的实物插图，力求图文并茂，使本书更具有可读性。

（4）前瞻性：为了避免理论与实际的脱节，每个项目都安排了既与实际非常贴近又较容易实现的实训。在理论学习后，进行实际操作，进一步加强学生实际操作能力，实现理论与实际的零距离，使本书更具有前瞻性。

本书作为高等职业教育现代物流规划教材，为激发学生的学习兴趣和增强其感性和理性认识，针对每章的学习内容精心设计了思考题，供教师教学时参考和用于指导学生的社会实践活动。

编　者

2022 年秋

目 录
CONTENTS

项目一　物流设施与设备认知

学习目标

1. 了解物流设施与设备在现代物流中的地位和作用。
2. 掌握物流设施与设备的概念。
3. 掌握选配物流设施与设备的一般原则。
4. 了解我国物流设施与设备的现状以及物流设施与设备的发展趋势。

任务一　物流设施与设备概述

物流是物品从供应地向接地的实体流动过程。物流系统包括物流活动和物流作业。物流活动是指物流诸功能的实施与管理的过程，它由包装、搬运（装卸）、运输、储存、配送、流通加工等环节构成。物流作业是指实现物流功能时所进行的具体操作活动。物流系统的实现需要相应的劳动场所和劳动工具，而这些劳动场所和劳动工具就是物流设施与设备。

物流系统的建立和运行，需要有大量技术装备手段，这些手段的有机联系对物流系统的运行是否顺利有决定意义。这些要素对实现物流及其某一方面的功能也是必不可少的。主要有以下几个要素：

物流设施：它是组织物流系统运行的基础物质条件，包括物流站、物流场、物流中心、仓库、物流线路、建筑、公路、铁路、港口等。

物流装备：它是保证物流系统开动的条件，包括仓库货架、进出库设备、加工设备、运输设备、装卸机械等。

物流工具：它是物流系统运行的物质条件，包括包装工具、维护保养工具、办公设备等。

信息技术及网络：它是掌握和传递物流信息的手段，包括通信设备及线路、传真设备、计算机及网络设备等，它们各自所需信息水平不同。

组织及管理：它是物流网络的"软件"，起着连接、调运、运筹、协调、指挥其他各要素以保障物流系统目的实现的作用。

一、物流设施与设备的概念

物流设施与设备是指进行各项物流活动和物流作业所需要的设施与设备的总称。它由物流设施和物流设备两大部分构成。物流设施是为满足物流需要而建立起来的机构、系统、组织、建筑等，如港口、码头、货场、航空港、仓库、自动化立体仓库、物流基地、物流中心、配送中心等。物流设施可以进一步分为结点要素、线路要素和基础信息平台三类。其中，结点要素包括仓库、物流中心、车站、码头、航空港等物流据点；线路要素包括公路、铁路、航空、管道等运输线路，它们将结点要素中的相关据点联系起来；基础信息平台包括公共物流信息平台和专用物流信息平台，它们为企业物流信息系统提供基础信息服务。物流设备是指用于储存、装卸搬运、运输、包装、流通加工、配送、信息采集与处理等物流活动的设备或装备。

二、物流设施与设备的产生及发展

物流设施与设备是伴随着物流活动的出现而产生的，至今已具有悠久的历史。其发展历程大致可以分为以下五个阶段。

（一）人工阶段

人类自有文明以来，物流一直是人类活动的一个重要组成部分。初始的物流是从人们的搬、举、拉、推和计数等人工操作开始的。远古时期人类的祖先携带劳动工具外出寻找食物，将食物运送到他们认为安全的地方存放，这种运送与储存就是原始状态的物流，而食物存放的地方和劳动工具亦可被看作是原始的物流设施与设备。

（二）机械化阶段

由于机械结构的引入，人类的能力和活动范围都得到了扩大。机械化设备能让人们举起、移动和放下更重的物体，速度也更快。机械延伸了人们的活动范围，使物料堆得更高，因而在同样的面积上可以储存更多的物料。从19世纪中叶到20世纪30年代初，这种机械系统一直在物流系统起着主导作用。而且，它在当今的许多物流系统中也仍是主要的组成部分。

（三）自动化阶段

这一阶段的主要标志是自动化物流设备（如自动存取系统、自动导引车、堆垛机、RFID和条码等）以及物流计算机管理与控制系统的出现。利用机器人堆垛物料和包装、监视物流过程及执行某些过程，采用自动输送机系统提供物料和工具的搬运，加快了运输的速度，大大提高了物流的效率。

（四）集成化阶段

在集成化阶段，各个自动化物流设备在中央控制下协同工作，中央控制通常由主计算机来实现。集成物流系统是在自动化物流系统的基础上进一步将物流系统的信息集成起来，使得从物料计划、物料调度直到将物料运输到达生产的各个过程的信息，通过计算机网络相互沟通。这种系统不仅使物流系统各个单元达到协调，还使物流与供应、销售、生产等协调起来。

（五）智能化阶段

在智能化阶段，物流设施与设备可以根据客户需求，自动生成物料和人力需求计划，并且查看库存数据和购货单，规划并完成物流作业。如果库存不足，无法满足要求，可推荐修改物流计划，购进货物或补充生产。这种系统将人工智能集成到物流系统中。目前，这种物流系统的基本原理已在一些实际的物流系统中逐步得到实现。

三、物流设施与设备在现代物流中的地位和作用

物流设施与设备是整个现代物流系统中最为关键的重要因素，它们担负着物流作业的各项任务，在提高物流系统的能力、效率、效果、服务等各方面都有着十分重要的影响。物流设施与设备在现代物流中的地位和作用可概括为如下四个方面的内容。

（1）物流设施与设备是物流系统的物质技术基础。不同的物流系统必须有不同的物流设施和设备来支持才能正常运行。因此，物流设施和设备是实现物流功能的技术保证，是实现物流现代化、科学化、自动化的重要手段。正确、合理地配置和运用物流设施与设备既是提高物流效率的根本途径，也是降低物流成本、提高经济效益的关键。

（2）物流设施与设备是物流系统的重要资产。在物流系统中，物流设施与设备的投资比较大，随着物流设备技术含量和技术水平的日益提高，现代物流技术装备既是技术密集型的生产工具，也是资金密集型的社会财富，配置和维护这些设备与设施需要大量的资金和相应的专业知识。现代化物流设施与设备的正确使用和维护，对保证物流系统的运行效益是至关重要的，一旦设备出现故障，将会使物流系统处于瘫痪状态。

（3）物流设施与设备涉及物流活动的各个环节。在整个物流活动的过程中，从物流功能看，物料或商品要经过包装、运输、装卸、储存等作业环节，并且还伴随着许多相关的辅助作业环节，这些作业的高效完成需要相应的物流设施与设备。例如，包装过程中，自动包装机、自动封箱机等得到了广泛应用；在运输过程中，各种交通工具（汽车、火车、船舶、飞机、管道等）是必不可少的；在储存、搬运（装卸）、配送等过程中，不仅要求有必要的场地条件，还要用到各式搬运（装卸）机械。如果用人力去完成这些工作，势必耗时、耗力，甚至无法完成。因此，物流设施与设备的性能好坏和配置是否合理直接影响物流活动各环节的作业效率。

（4）物流设施与设备是物流技术水平的主要标志。一个高效的物流系统离不开先进的物流技术和先进的物流管理。先进的物流技术是通过物流设施与设备体现的，而先进的物流管理也必须依靠现代高科技手段来实现。如在现代化的物流系统中，自动化仓储技术综合运用了自动控制技术、计算机技术、现代通信技术（包括计算机网络和无线射频技术等）等高科技手段，使仓储作业实现了半自动化、自动化。在物流管理过程中，从信息的自动采集、处理到信息的发布完全可以实现智能化，依靠功能完善的高水平监控管理软件可以实现对物流各环节的自动监控，依靠专家系统可以对物流系统的运行情况进行及时诊断，对系统的优化提出合理化建议。因此，物流设施与设备的现代化水平是能代表物流技术水平高低的主要标志。

任务二 物流设施与设备的分类

物流设施与设备的分类方法很多，可以按不同的标准、从不同的角度进行合理的划分，但总体上是由物流设施和物流设备两大部分构成的。

一、物流设施

任何一项生产经营活动都必须有一定的活动空间，物流设施就是物流活动的空间，它贯穿了物流的全过程，涉及物流的各个作业环节，主要有以下两大类。

（一）物流基础性设施

这类设施多为公共设施，是宏观物流的基础，主要由政府或机构投资建设，其特点是战略地位高、辐射范围大，主要包括以下三种。

（1）物流网络结构中的结点：包括大型交通枢纽，如铁路枢纽、公路枢纽、航空枢纽港、水路枢纽港，也包括国家级战略物流储备中心、辐射性强的物流基地等。

（2）物流网络结构中的线路：包括铁路、公路、航线、航道、管道等。

（3）物流基础信息平台：为企业提供基础物流信息服务，如交通状况信息、交通组织与管理信息、城市商务及经济地理信息等，用于共享物流信息，提供物流宏观管理决策支持。

（二）物流功能性设施

这类设施既有企业自有的，也有第三方物流企业拥有的，是提供物流功能性服务的基本手段，主要包括以下三种。

（1）以存放货物为主要职能的节点，如储备仓库、营业仓库、中转仓库、货栈等，货物在这种节点上停滞的时间较长。

（2）以组织物资在系统中实现移动为主要职能的节点，如流通仓库、流通中心、配送中心、流通加工点等。

（3）物流系统中的载体，包括货运车辆、货运列车、货运船舶、货运飞机、货运管道等。

二、物流设备

物流设备是指用于储存、搬卸装运、运输、包装、流通加工、配送、信息采集与处理等物流活动的设备或装备，按功能可以划分为以下七大类。

（一）运输设备

运输设备是指用于较长距离运输货物的装备。运输是物流的主要功能之一。通过运输活动，物品会产生场所、空间移动的物流活动，解决了物资在生产地点和需要地点之间的空间距离问题，创造商品的空间效用，并把各物流环节有机地联系起来，使物流目标得以实现，满足了社会需要。根据运输方式的不同，运输设备可以分为公路运输设备、铁路运输设备、水路运输设备、航空运输设备和管道运输设备等。

（二）装卸搬运设备

装卸搬运设备是指用来搬移、升降、装卸和短距离输送物料或货物的机械设备。装卸是在指定地点以人力或机械将物品装入运输设备或从运输设备内卸下的作业活动。装卸是一种以垂直方向移动为主的物流活动，包括物品装入、卸出、分拣、备货等作业行为。搬运则是指在同一场所内，对物品进行的以水平方向移动为主的物流作业。装卸搬运是对运输、保管、包装、流通加工等物流活动进行衔接的中间环节，包括装车（船）、卸车（船）、堆垛、入库以及联结以上各项作业的短程搬运。装卸搬运设备是物流系统中使用频率最大、数量最多的一类机械设备，主要配置在厂房、仓库、配送中心、物流中心以及车站货场和港口码头等，主要有起重机械、叉车、单斗车、自动导引搬运车等。具体来说，有叉车、千斤顶、自动导引搬运车、电动搬运车、葫芦式起重机、桥式起重机、悬臂起重机、装卸桥、牵引车、手推车等。按照用途和结构特征，一般可分为起重机械、连续运输机械、装卸搬运车辆、专用装卸搬运机械；按照装卸搬运物料种类，可分为单元物料装卸搬运机械、散装物料装卸搬运机械、集装物料装卸搬运机械。

（三）仓储设备

仓储设备是指仓库进行生产和辅助生产作业以及保证仓库及作业安全所必需的各种机械设备的总称。仓储设备是仓库进行保管维护、搬运装卸、计量检验、安全消防和输电用电等各项作业的劳动手段。仓储在物流系统中起着缓冲、调节、集散和平衡的作用，是物流系统的另一个中心环节。它的基本内容包括储存、保养、维护、管理等活动。仓储设备是在储存区进行作业活动所需的设备工具，主要有各种类型的货架、托盘、起重堆垛机、自动化仓库、计量设备、通风设备、温湿度控制设备、养护设备和消防设备等。

（四）包装设备

包装是指在流通过程中保护产品、方便储存、促进销售，按一定技术方法而采用的容器、材料及辅助物等的总称，包括为达到上述目的而进行的操作过程。包装过程包括充填、裹包、封口等主要工序以及与其相关的前后工序，如清洗、堆码和拆卸等。此外，包装还包括计量或在包件上盖印等工序。包装设备是指用于完成全部或部分包装过程的有关机器设备，主要有灌装机械、充填机械、裹包机械、封口机械、贴标机械、清洗机械、干燥机械、杀菌机械、捆扎机械、集装机械、多功能包装机械以及完成其他包装作业的辅助包装机械和包装生产线。

（五）流通加工设备

流通加工是指物品从生产地到使用地的过程中，根据需要施加包装、分割、计量、分拣、刷标志、拴标签、组装等简单作业的总称。它是流通中的一种特殊形式，是弥补生产过程加工程度的不足，更有效地满足用户多样化的需要，更好衔接产需，促进销售的一种高效、辅助性的加工活动。流通加工设备是指用于物品包装、分割、计量、分拣、组装、价格贴附、商品检验等作业的专用机械设备。流通加工设备种类繁多，按照不同的分类方法可分成不同的种类。例如，按照流通加工形式的不同，流通加工设备可分为剪切加工设备、开木下料设备、配煤加工设备、冷冻加工设备、分选加工设备、精制加工设备、分装加工设备、组装加工设备；根据加工对象的不同，流通加工设备可分为金属加工设备、水泥加工设备、玻璃生产延续的流通加工设备及通用加工设备等。

（六）信息采集与处理设备

信息采集与处理设备是指用于物流信息的采集、传输、处理等的物流设备。信息采集与处理设备主要包括计算机及网络、条码技术、EDI 技术、射频技术、GIS 技术、GPS 技术、货物跟踪系统、通信设备等。

（七）集装单元化设备

集装就是将许多单元物品，用各种集装器具或采用捆扎方法，组合成规格相同、重量相近的大型标准化组合体，以提高物流中搬运、装卸、运输等的作业效率。集装单元化设备是指用集装单元化的形式进行储存、运输作业的物流设备，主要包括集装箱、托盘、滑板、集装袋、集装网络、货捆、集装装卸设备、集装运输设备、集装识别系统等。

任务三　我国物流设施与设备的现状及其发展趋势

一、我国物流设施与设备的现状

从 20 世纪 50 年代到 20 世纪 70 年代末，我国物流活动模式完全仿照当时苏联的计划经济模式，物流活动主要表现为物资的调运，以仓储和运输为主要内容。物资流通部门配备了一定数量的起重机、载货汽车等物流搬运、运输机械设备，机械作业率仅在 50%左右。生产型企业的物流系统主要通过厂区布置，实现物流距离的减少和搬运成本的节约；企业主要通过扩大库存来保证生产的正常进行。物流机械设备数量较少，人工作业比重较大。同一时期内，我国的物流设施纵向比较有了较大的发展，但与其他的国家和地区相比仍相当落后，发展速度远不及日本、美国和欧洲。

改革开放后，我国逐步由计划经济向市场经济过渡，引入了物流概念，物流设施设备的应用有了较快的发展。物流设施发展极为迅速，铁路、公路、港口、码头、机场等基建项目面广、量多、质量高、性能好。交通部门普遍添加了运输工具，改进了技术，提高了运输工具的运行速度，集装箱运输、散装运输和多式联运等新式运输方式得到了推广。物流企业在仓库、货场、港口、码头等的物流设施大量应用了各式物流机械设备，如起重机、输送机、集装箱、散装水泥车等。

（一）我国物流技术发展较快

我国物流技术发展较快，主要表现在以下几个方面。

1. 物流设备总体数量迅速增加

近年来，我国物流产业发展很快，受到各级政府的极大重视，在这种背景下，物流设备的总体数量迅速增加，如运输设备、仓储设备、配送设备、包装设备、搬运装卸设备（如叉车、起重机等）、物流信息设备等。

2. 物流设备的自动化水平和信息化程度得到了一定的提高

以往的物流设备基本上是以手工或半机械化为主，工作效率较低。但是，近年来，物流设备在自动化水平和信息化程度方面有了一定的提升，工作效率得到了较大的提高。

3. 基本形成了物流设备生产、销售和消费系统

以前，经常发生有物流设备需求，但很难找到相应的生产企业，或有物流设备生产却因销售系统不完善、需求不足，导致物流设备生产无法持续完成等情况。目前，物流设备的生产、销售、消费的系统已经基本形成，国内拥有一批物流设备的专业生产厂家、物流设备销售的专业公司和一批物流设备的消费群体，使得物流设备能够在生产、销售、消费的系统中逐步得到改进和发展。

4. 物流设备在物流的各个环节都得到了一定的应用

目前，在生产企业的生产、仓储，流通过程的运输、配送，物流中心的包装加工、搬运装卸等环节中，物流设备都得到了一定的应用。

5. 专业化的新型物流设备和新技术物流设备不断涌现

随着物流各环节分工的不断细化，以及以满足顾客需要为宗旨的物流服务需求的增加，新型物流设备和新技术物流设备不断涌现。这些设备多是专门为某一物流环节的物流作业、某一专门商品、某一专门顾客提供的设备，其专业化程度很高。

（二）我国物流技术设备市场活跃

我国集装箱生产企业的生产能力和占据的全球市场份额都已居世界首位，在部分领域甚至达到了垄断地位。各种物流设备制造企业及其附属配套企业超 4 000 家，部分企业积极引进国外的先进技术，在消化吸收的基础上加以改进，自身的技术水平已有了跨越式发展。

（三）我国物流基础设施仍不完善

我国交通运输基础设施总体规模已不算小，但是，按国土面积和人口数量计算的运输网络密度，远远低于目前主要工业化国家的平均水平。此外，能够有效连接不同运输方式的大型物流节点（如各种物流枢纽、区域物流基地、物流中心等物流设施）还比较缺乏，因此运输效率仍处于较低水平。铁路、公路等运输方式的运力与市场需求之间的缺口十分巨大。

（四）我国物流技术装备总体比较落后

物流业的发展要以物流装备为依托，同时更离不开物流技术的支撑。在"十二五"期间，我国物流业进入了快速、全面的发展期，同时也为物流装备的发展提供了绝佳的市场契机。近年来，在上海、深圳、广州、北京、天津等地，物流发展颇为迅猛，兴建了大量配送中心、物流中心，但总体物流装备水平仍然较低，各种运输方式之间装备标准不统一，物流器具标准不配套，物流包装标准与物流设施标准之间缺乏有效的衔接，使得物流机械化和自动化难以展开。例如，现在普遍使用的托盘就有多个标准，导致在不少企业之间无法通用。绝大多数物流企业仍将价格作为选择物流设备的首要因素，而忽视了对内在品质与安全指标的考察。物流设备的管理并没有被广泛纳入成为物流管理的内容，物流设备使用率不高，设备闲置时间较长。虽然个别企业的物流技术装备水平已达到或接近国际先进水平，但企业物流信息管理水平和技术手段仍然较为落后，缺乏必要的公共物流信息平台，订单管理、货物跟踪、库存查询等物流信息服务功能较弱，也制约了物流运行效率和服务质量的提高。

二、我国物流设施与设备发展存在的问题

自 20 世纪 80 年代以来，我国物流设备有了较快的发展，各种物流设施与设备数量迅速增长，技术性能日趋现代化。进入 21 世纪后的头 10 年，随着计算机网络技术在物流活动中的广泛应用和大规模的物流基地与物流中心的出现，专业化的新型物流设备和新技术物流设备不断涌现，物流设备在物流的各个环节中都得到了一定的应用。目前，在生产企业的生产、仓储，流通过程的运输、配送，物流中心的包装加工、搬运装卸中，物流设备都得到了不同程度的应用。我国已具备开发研制大型装卸设备和自动化物流系统的能力，并且基本形成了物流设备生产、销售和消费系统，物流设施与设备得到了长足的发展。但从整体上来看我国物流设备的发展并不能满足承担 21 世纪全新物流任务的要求，具体来说主要有以下几个方面的问题：

（1）物流基础设施建设多元化投入太少。长期以来我国物流基础设施投入较少，发展比较缓慢。虽然近些年也新建了一些较先进的仓储物流设施，但从总体来看，中低端应用较多，20 世纪 70 年代—20 世纪 80 年代建造的仓库仍在使用，自动化立体仓库等高端的仓储货架系统还未大规模普及。

（2）我国尚处于物流设备发展的初级阶段，既缺少行业标准，又缺少行业组织的指导，致使各种物流设备标准不统一，相互衔接配套差。

（3）物流企业只重视单一设备的质量与选型，没有通盘考虑整个系统如何实现最优化。

（4）大多数物流企业仍将价格作为选择物流设备的首要因素，而忽视了对内在品质与安全指标的考察。

（5）部分物流企业对物流设备的作用缺乏足够的认识，在进行系统规划、设计时带有盲目性，造成使用上的不便或资源的浪费。

（6）物流设备的管理并没有被广泛纳入成为物流管理的内容，物流设备使用率不高，设备闲置时间较长。

（7）物流设备供应商数量众多，但普遍规模偏小，发展不规范。

其实有关物流设施与设备中存在的问题归根结底是关于设备的管理的问题，是关于设施与设备的规划设计、配置维护、使用管理等各方面的问题。因此加强对设施与设备的管理意识，把设施与设备的管理纳入物流管理的范畴具有极其重要的意义。

三、物流设施与设备的发展趋势

物流设施与设备是组织实施物流活动的重要手段，是物流活动的基础。近年来，伴随着用户需求的变化以及自动控制技术和信息技术的应用，我国在大力吸收国外先进技术，发展国有机械制造业的基础上，建立了比较完善的物流设备制造体系，物流装备技术水平有了较大提高。现代物流装备向大型化、高速化、信息化、多样化、标准化、系统化、智能化、实用化和绿色化方向发展。

（一）大型化

大型化是指设备的容量、规模、能力越来越大。物流设备的大型化趋势，一是为了适应现代社会大规模物流的需要，以大的规模来换取高的物流效益；二是现代科学技术的发展和制造业的进步为制造大型物流技术装备提供了可能。例如，在公路运输方面，已研制出了载重超过 500 t 的载重汽车；在海运方面，油轮的最大载重量达到了 56.3 万吨，集装箱船载重达到了 6 790 TEU；在航空运输方面，正在研制的货机最大载重可达 300 t，一次可装载 30 个 40 ft（12.2 m）的标准集装箱，比现有的货机运输能力高出 50% ~ 100%；在管道运输方面，目前认为输油管道合适的最大管径为 1 220mm，输气管道合适的最大管径为 1 420 mm。

（二）高速化

高速化是指设备的运转速度、运行速度、识别速度、运算速度大大加快。在运输方面，运输速度的提升一直是各种运输方式努力的方向；正在发展的高速铁路有三种类型：传统的高速铁路、摇摆式高速铁路和磁悬浮铁路；目前世界各国都在努力建设高速公路网，作为公路运输的骨架；在航空运输中，各国正在研制双音速（亚音速和超音速）货机，超音速化成为民用货机的发展方向；在水运中，水翼船的速度已达 70 km/h，而飞机翼船的速度更是可达 170 km/h；在管道运输中，高速体现在高压力，美国阿拉斯加原油管道的最大工作压力达到了 8.2 MPa。

（三）信息化

未来社会将是一个完全信息化的社会，信息和信息技术在物流领域的作用将会更加明显，条码技术、数据库技术、电子订货系统、电子数据交换、快速反应、有效客户反应、企业资源计划等都将在物流中得到广泛应用。物流信息化将表现为物流信息收集的数据库化和代码化、物流信息处理的电子化和计算机化、物流信息传递的标准化和适时化、物流信息存储的数字化等。

随着物流装备与信息技术的完美结合，已制装置将发展成为全电子数字化控制系统，可提高单机综合自动化水平；公路运输智能交通系统（ITS）、GPS 等技术在物流中的应用，实现了物流的适时、适地、适物、适量、适价。现场总线、无线通信、数据识别与处理、互联网等高新技术与物流设备的有效结合运用，成为越来越多的物流系统的发展模式。无线数据传输设备在物流系统中发挥着越来越大的作用。通过全球定位系统，可以实现对汽车、飞机、船舶等物资运载工具的精确定位跟踪，了解在途物资的所有信息。运用无线数据终端，可以在货物接收、储存、提取、补货及运输的全过程，将货物品种、数量、位置、价格等信息及时传递给控制系统，实现对库存的准确掌控，借由联网计算机指挥物流装备准确操作，几乎清零了差错率，缩短了系统反应时间，使物流装备得到了有效利用，将整体控制提升到更高效的新水平。而将无线数据传输系统与客户计算机系统连接，实现共同运作，则可为客户提供实时信息管理，从而极大地改善客户的整体运作效率，全面提高客户的服务水平。

（四）多样化

为满足不同行业、不同规模的客户对不同功能的要求，物流装备形式越来越多，专业化程度日益提高。许多物流设备厂商都致力于开发生产多种多样的产品，以满足客户的多样化需求作为自己的发展方向，所提供的物流装备也由全行业通用型转向针对不同行业特点设计制造，由不分场合转向适应不同环境、不同工况要求，由一机多用转向专机专用。例如，仅叉车就有内燃叉车、平衡重叉车、前移式叉车、拣选叉车、托盘搬运车、托盘堆垛车等多种产品，其中每种产品又可细分为不同车型。世界著名叉车企业永恒力公司就拥有 580 多种不同车型，以满足客户的各种实际需要。

（五）标准化

当前，经济全球化特征日渐明显，中国加入世贸组织更是加快了企业的国际化进程，物流装备也需要走向全球化。而只有实现了标准化和模块化，才能与国际接轨。因此，标准化、模块化成为物流装备发展的必然趋势。标准化既包括硬件设备的标准化，也包括软件接口的标准化。物流设备、物流系统的设计与制造按照统一的国际标准，才能适应各国各地区之间相互实现高效率物流的要求。通过实现标准化，可以轻松地与其他企业生产的物流装备或控制系统对接，为客户提供多种选择和系统实施的便利性。物流标准化有助于实现物流装备的通用化，以集装箱运输为例，国外的公路、铁路两用车辆与机车，可直接实现公路、铁路运输方式的转换，极大地提高作业效率。公路运输中，大型集装箱拖车可运载海运、空运、铁运的所有尺寸的集装箱。通用化的运输工具为物流系统供应链保持高效率提供了基本保证。通用化设备还可以实现物流作业的快速转换，极大地提高了物流作业效率。

（六）系统化

物流系统化是指组成物流系统的设备成套、匹配，满足高效、经济的要求。在物流设备单机自动化的基础上，计算机将各种物流设备集成系统，通过中央控制室的控制，与物流系统协调配合，形成不同机种的最佳匹配和组合，以实现取长补短，发挥最佳效用。为此，成套化和系统化是物流设备的重要发展方向，尤其将重点发展工厂生产搬运自动化系统、货物配送集散系统、集装箱装卸搬运系统、货物的自动分拣系统与搬运系统等。

（七）智能化

智能化是物流自动化、信息化的更高层次，物流作业过程中大量的运筹和决策，如库存水平的确定、运输（搬运）路径的选择、自动导向车的运行轨迹和作业控制、自动分拣机的运行、物流配送中心经营管理的决策支持等问题都需要借助大量的知识才能解决。智能化已成为物流技术与装备发展的新趋势。

科技的进步使物流装备越来越重视智能化与人性化设计，应用人工智能技术，可以降低人工的劳动强度，改善劳动条件，使操作更轻松自如。目前，专家系统已成为人工智能领域中最活跃、最受重视的领域，人们在人工智能及其在物料储运领域中的专家系统技术方面进行了大量研究。例如，正在研究的将专家系统应用于自动导引车和单轨系统中，使它们具有确定在线路线和合理的运行决策的能力。在接收物料入库和装运出库方面，专家系统能控制机器人进行物料入架和出架操作，能控制堆垛机的装卸以及指定物料储存点。正在研制的专家系统，辅助设计人员设计自动导引车导向槽和缓冲件，配置和选择单元装载件和研究小型物件的储运技术。再如，林德公司推出多项改进设计，使叉车更具人性化。叉车的低重心设计，使上下车更加方便；侧向座椅设置，使驾驶叉车更容易；配有电子转向功能，不管搬运多重的货物，所需转向力均小于 10 N，仅为传统堆垛车的 1/10，使操作更为轻松；其自动对自身功能与故障的自我诊断功能，又使叉车更加智能化。又如，堆垛机的地上控制盘操作界面采用大屏幕触摸和人机对话方式，堆垛机的各种状态与操作步骤均能清楚地显示出来，即使初次使用也能操作自如。今后，智能化操作盘将成为更多自动仓库系统供应商的优先选择。

（八）实用化

实用化是指一个物流系统的配置，在满足使用条件的情况下，应选择简单、经济、可靠的物流设备。也就是说，在构筑这样的物流系统时，要善于运用现有的各种物流设备，组成非常实用的简单的系统，这种简单以满足需要为原则，不一定非要追求自动性。使用成本低，具有优越的耐久性、无故障性和能带来良好的经济效益，以及具备较高的安全性、可靠性和环保性的物流设备，应是一种发展趋势。

（九）绿色化

绿色化就是要达到环保要求。随着全球环境的恶化和人们环保意识的增强，行业对物流设备提出了更高的环保要求，有些企业在选用物流装备时会优先考虑对环境污染小的绿色产品或节能产品。因此，物流装备供应商也开始关注环保问题，采取有效措施以达到环保要求，如尽可能选用环保型材料，有效利用能源，注意解决设备的震动、噪声与能源消耗量等。更多的企业已经通过或正在进行 ISO 14000 认证，借此保证所提供产品的"绿色"特性。

总之，客户需求与科技进步将推动物流技术与装备不断向前发展。物流装备供应商应随时关注市场需求的变化，采用更加先进的技术，提供给客户满意的产品与服务，提高物流装备整体发展水平。

实训设计　认识物流设施与设备
——实地参观（物流配送中心、货栈、仓库等）并进行图片认知

一、实习目的

1. 认识物流配送中心中常用的物流设施与设备。
2. 了解我国物流设施与设备的现状及发展趋势。
3. 能够对常见的物流设施与设备进行归类。
4. 巩固所学理论知识，增强感性认识，为后面内容的学习打好基础。

二、实习内容

1. 参观校内外实训基地。
2. 了解校外实训基地内的基本物流作业流程。
3. 正确认知所看到的各种物流设施与设备，并加以区分。

三、要求和注意事项

1. 学生应遵守实训单位的劳动纪律，服从安排，注意安全。
2. 实训过程中，学生应按实训指导及教师要求进行参观。
3. 实训结束后，学生进行分组讨论并写出实训报告，报告包括如下内容：
（1）实训的目的和要求。
（2）实训的步骤。
（3）本次实训所获得的主要收获和体会。

四、考核与评价

根据实训表现及实训报告综合评定学生成绩。

思考题

（一）名词解释
物流设施、物流设备。
（二）填空题
1. 物流设备是指用于（　　　　　）、（　　　　　）、（　　　　　）、（　　　　　）、（　　　　　）、配送、信息采集与处理等物流活动的设备或装备。
2. 现代物流装备向大型化、高速化、（　　　　　）、（　　　　　）、（　　　　　）、（　　　　　）、（　　　　　）、实用化和绿色化方向发展。

（三）简答题

1. 简述物流设施与设备的发展阶段。

2. 物流设施与设备的类别有哪些？

3. 物流设施与设备在现代物流中的地位与作用是什么？

4. 物流设施与设备的发展趋势是什么？

（四）选择题

1. 以下选项中，属于物流基础设施的是（　　）

　A. 叉车

　B. 集装箱

　C. 托盘

　D. 物流基础信息平台

2. 下列不属于物流设施的是（　　）。

　A. 货场

　B. 叉车

　C. 码头

　D. 仓库

3. 下列不属于物流设备的是（　　）。

　A. 货架

　B. 托盘

　C. 建筑物

　D. 叉车

4. 下列不属于装卸搬运设备的是（　　）

　A. 分拣设备

　B. 托盘

　C. 起重堆垛设备

　D. 带式输送

（五）判断题

1. 物流设备是指用于储存、搬卸装运、运输、包装、流通加工、配送、信息采集与处理等物流活动的设备或装备。　　　　　　　　　　　　　　　　　　　　　　　　（　　）

2. 运输设备是指用于较短距离运输货物的装备。　　　　　　　　　　　　　　（　　）

3. 现代物流装备向大型化、高速化、信息化、多样化、标准化、系统化、智能化、实用化和绿色化方向发展。　　　　　　　　　　　　　　　　　　　　　　　　　（　　）

4. 物流活动是指物流诸功能的实施与管理的过程，它由包装、搬运（装卸）、运输、储存、配送、流通加工等环节构成。　　　　　　　　　　　　　　　　　　　　　　（　　）

项目二　运输设施与设备

1. 掌握各种运输方式的特点。
2. 掌握各种运输设备的构成和分类。
3. 掌握如何匹配合适的运输设备。
4. 掌握各种运输组织与物流的关系。

任务一　公路设施与设备

交通运输是物流活动的重要组成部分，它是随着经济活动的产生而产生的。公路运输作为运输方式的一种，有着快速、灵活、方便、项目投资小、经济效益高、操作人员容易培训、可提供"门到门"运输服务、短距离运输费用便宜、运输伸缩性强及货损率低等优点，是最普及的一种运输方式。

微课：公路运输
设施的组成

一、公路等级与高速公路的功能、设施及特点

公路主要由路基、路面、桥涵、隧道、排水系统、防护工程及交通服务设施等组成。

（一）公路等级的划分

道路条件的好坏不仅直接影响汽车运输的效果，也会影响汽车的技术性能。因此，道路条件是汽车运用最主要的条件。

道路条件对汽车运用性能与运用效率的影响主要来自道路等级和道路养护质量。按照我国《公路工程技术标准》（JTG B01—2014），并根据公路的使用任务、功能和交通量，将公路分为高速公路、一级公路、二级公路、三级公路和四级公路五个级别。

（1）高速公路是专供汽车分向、分车道行驶并全部控制出入的干线公路。四车道高速公路一般能适应按各种汽车折合成小客车的远景设计年限，及年平均昼夜交通量为 25 000 ~ 55 000 辆的高速公路；六车道高速公路一般能适应按各种汽车折合成小客车的远景设计年限，及年平均昼夜交通量为 45 000 ~ 80 000 辆的高速公路；八车道高速公路一般能适应按各种汽车折合成小客车的远景设计年限，及年平均昼夜交通量为 60 000 ~ 10 0000 辆的高速公路。

（2）一级公路是专供汽车分向、分车道行驶的公路，一般能适应按各种汽车折合成小客车的远景设计年限，及年平均昼夜交通量为 15 000 ~ 30 000 辆的公路。

（3）二级公路一般能适应按各种汽车折合成小客车的远景设计年限，及年平均昼夜交通量为 3 000 ~ 7 500 辆的公路，是连接政治、经济中心或大工矿区等地的干线公路，或运输任务繁忙的城郊公路。

（4）三级公路一般能适应按各种汽车折合成小客车的远景设计年限，及年平均昼夜交通量为 1 000 ~ 4 000 辆的公路，是沟通县或县以上城市的一般干线公路。

（5）四级公路一般能适应按各种汽车折合成小客车的远景设计年限，及年平均昼夜交通量为双车道 1 500 辆以下，单车道 200 辆以下的公路，是沟通县、乡、村等的支线公路。

（二）高速公路的功能

高速公路的功能主要体现在以下几方面。

（1）全封闭、全立体交叉，严格控制出入。高速公路实行的是一种封闭式管理，各种车辆只能在具有互通式立交的匝道进出。

（2）汽车专用，限速通行。高速公路只供汽车专用，不允许行人、牲畜、非机动车和其他慢速车辆通行。同时，一般规定时速低于 60 km 的车辆不得上路，最高时速亦不宜超过 120 km，从而保证了管理对象的唯一性。

（3）设中央分隔带，分道行驶。高速公路一般有 4 个以上车道，实行上下行车道分离，渠道通行，隔绝了相向车辆的干扰，并通过路面交通标线分割不同车速的车辆，较好地保证了高速公路的连续畅通。

（4）有完善的交通安全设施与服务设施。高速公路除设有各种安全、通信、监控设施和交通标志进行无声服务外，还设有服务区提供停车休息、餐饮、住宿、娱乐、救助、加油、修理等综合服务，从而满足司乘人员在路上的多种需求。

高速公路本身具有的上述功能，形成了高速公路快速、经济、安全、舒适的特点。

（三）高速公路的设施

为了保证高速公路的安全和畅通，高速公路安装了先进的通信及监控系统，可以快速、准确地监测道路交通状况，提供及时、优质的交通信息服务。

（1）机房设施有主控台、服务器、大屏投影、监视器、计算机终端、光端机供电设施及系统管理软件等。

（2）车辆检测器采用环形检测线圈和压电电缆，主要用于检测车流量、平均速度、车头间距及轴数、轴重等。

（3）气象检测器主要用于检测特殊路段的雨、雾、雪及冰冻情况，并将有关信息传输到控制中心，由控制中心通过可变情报板、交通电台及可变限速板发布警告和控制信息。

（4）可调摄像机通常设置于高速公路互通立交桥、隧道、弯道及事故多发地段等，焦距、方向可调。

（5）可变情报板通常设置于高速公路分岔口的事故多发地段的前方，每 20 km 设置一块，是调节交通量和指挥高速公路非常重要的信息发布载体，用来发布的信息有：

① 前方道路交通状况，如堵塞、拥挤、正常、施工等；

② 雨、雾、雪及冰冻等恶劣气象条件下的警示信息；

③ 在上述道路交通情况下，到达另一条高速公路的时间及交通流向调控；

④ 正常情况下显示时间，可作时钟用。

（6）可变限速板和可变标志牌在特殊情况下可用于显示限速、前方施工和事故标志信息。

（7）外场设施有应急电话、可变情报板、车辆检测器、光缆、气象检测器、可变限速器板、可变标志牌、电动封道杆、可调摄像机、交通信息电台及供电设施等。

（8）应急电话每 2 km 设置 1 对，通过有线或无线传输至控制中心，有线主要通过高速公路专用通信网的电缆和光缆传输，无线主要通过公众移动通信网传输。

（9）供电设置主要有普通市电、太阳能电池、各类蓄电池和汽油/柴油发电机等。

（10）系统管理软件由业主委托专业软件公司开发编制，用于整个系统的数据采集、处理、计算和存储，并发布控制指令和信息。

高速公路安装交通管理系统后，提高了高速公路网的安全和通行能力，使交通事故造成的损失大幅度降低。由于高速公路设有休息区和服务区，为司乘人员提供临时休息场所和各类服务，使司乘人员有较高的舒适感和安全感。

（四）高速公路的特点

1. 运行速度快，运输费用低

速度是交通运输的一个重要因素，据调查高速公路的平均车速约为 100 km/h，最高可达 150 ~ 200 km/h，而一般公路只有 20 ~ 50 km/h。由于车速提高，可缩短运行时间，降低油耗、车耗和运输成本，可为社会和公路运输经营者带来巨大的经济效益。

2. 通行能力大，运输效率高

通行能力是指单位时间内道路容许通过的车辆数，是反映道路处理交通数量多少的指标。一般双车道公路的最大通行能力约为 5 000 ~ 6 000 辆/昼夜，而一条 4 车道的高速公路一般通行能力可达 25 000 ~ 55 000 辆/昼夜，相当于 7 ~ 8 条普通公路的通行能力，6 车道或 8 车道的高速公路一般通行能力可达 70 000 ~ 100 000 辆/昼夜。高速公路的建设，还促进了运输车辆朝大型化（重型载货汽车）、拖挂化（汽车列车）、集装箱化、柴油化和专用化（如冷藏车等专用特种车辆）方向发展，提高了运输效率。

3. 减少交通事故，增强可靠性

安全性是反映运输质量的重要指标，高速公路由于采取了控制出入、交通限制、分隔行驶及汽车专用自动化控制管理系统等确保行车快速、安全的有效措施，使交通事故相比一般公路大大减少。据统计，高速公路的事故率和死亡率只有一般公路的 1/3～1/2。据推算，我国通过每年修建 100 km 高速公路，每年可减少 164 人死于交通事故，沈大高速公路交通事故死亡人数相比建路前下降了 83.3%，受伤人数下降了 54.9%。

4. 缩短运输时间，提高社会效益

随着工业现代化和城市化进程的加快，时间就是效益的观点越来越受到社会各方面的重视和认同。高速公路技术等级高、质量好、设备齐全、运输条件好，不仅缩短了运行时间，还提高了运输质量。有调查显示，各种运输方式下商品流通的平均时间，铁路为 46 h，海运为 20.4 h，空运为 17.8 h，而高速公路由于转装环节的减少，平均仅为 7.9 h，加快了商品流通，减少了货物积压。高速公路的发展有利于加速工业开发、改善工业布局、促进城乡交流、加速沿线经济发展、缓解城市交通、调整城市格局，使社会受益。

5. 节省用地，提高土地利用率

修建高速公路用地比一般公路要多，但从用地的效率来看，实际是节省了用地。据测算，每建 100 km 高速公路的用地，相比于修建担负同等交通量的一般公路可节省 4 km^2（6 000 亩）。同时，修路占用土地的损失，可以从整个公路运输的社会效益中得以补偿，并远远超过占用土地损失的经济效益。

6. 投资效益好，资金回收率高

高速公路多分布在工业及人口集中的地区，客、货流量大，运输效益高。如日本名神高速公路长 189 km，占日本公路总里程的 0.035%，而它所承担的货运量则占公路总运量的 12.3%；美国 1.3% 的高速公路，担负了全国 19.3% 公路货运量。

二、公路站场

根据运输对象的不同，汽车站分为客运站和货运站两种基本类型，在这里我们主要介绍汽车货运站：汽车货运站是道路运输的节点，是连接运力和货源的纽带。其主要功能是组织运输、中转和装卸储运、中介代理、通信信息和辅助服务。其存在目的是促进公路运输向组织化、综合化、现代化方向发展。

（一）汽车货运站的主要功能

汽车货运站（场）的主要功能为：中介代理功能、运输组织功能、通信信息服务、中转和装卸运转功能、辅助服务等。

1. 中介代理功能

汽车货运站除从事公路货运外，还应与其他运输方式开展联合运输，充分发挥各种运输方式的特点和优势，逐步完善综合运输体系。汽车货运站应通过交通信息中心和自身的信息系统，与铁路运输、水运、空运等行业和部门建立密切的货物联运关系，协调地开展联运业务。运输代理是指汽车货运站为其服务区域内的各有关单位或个体代办各种货物运输业务，

为货主和车主提供双向服务，选择最佳运输线路，合理组织多式联运，实行"一次承运，全程负责"，从而方便货主，提高社会效益和经济效益。

2. 运输组织功能

运输组织功能主要包括客流的组织、各种运输方式的发车停靠时间的安排和运输设备的调度，引导客流在各种运输方式间的有效分流。主要包括承运货物的发送、中转、到达等项作业，组织与其他运输方式的换装运输和联合运输及货物的装卸、分发、保管、换装作业，进行运力的调配和货物的配载作业，制定货物运输计划，进行货物运输全过程的质量监督与管理等项工作。

3. 通信信息服务

信息在现代社会中起着重要的作用，信息对于道路运输更是不可或缺的。由于道路运输生产是在广泛的空间进行，车辆情况、客货流量、流向、司乘人员的状况等各方面的变化都会影响运输效果，所以道路运输对信息的依赖程度比其他任何行业都要更深。汽车货运站应根据站级的具体情况采用不同形式的通信手段（如电话、GPS 定位系统、计算机网络等），建立一个快速反应的信息系统。其信息系统应具有下列几种功能。

（1）货运站的信息系统应能根据掌握的车流、货源信息、站场装卸、仓库堆存情况，以及货物运输的距离、货物的种类、批量大小，优化运输方案，合理安排货物的中转、堆存，并及时调整和安排车辆的装卸等。

（2）信息系统应能对中近期货物流量、流向、流时进行统计、计算处理，对近期货物品种、包装、运输特性的变化进行存储处理，为货运站的货物运输及组织管理提供依据。

（3）信息系统应向货主、车主等提供车、货配载信息，为车主和货主牵线搭桥，促进运输市场的发展，提高实载率和里程利用率。

（4）信息系统提供开放性服务，向相关方提供货物流量、流向、流时及站场的装卸、堆存情况等信息。

（5）中转和装卸储运功能随着产品和产业结构的变化、工业布局的调整，在特定的经济区域形成一定规模的工业网络。

4. 中转和装卸运转

中转换装是货运站的主要功能，而与之紧密相连的是装卸储运功能，如果货运站没有装卸功能，中转换装就无法实现。零担货物的运出和运进需要装车和卸车，集装箱需要装车和卸车，各种普通货物也都离不开装卸。通过各种运输方式运到货运站的货物需中转或送达用户，但货运站不可能将全部货物及时中转或送达用户，没有及时送出的货物需要在站内暂时存放。另外，货主的各种零担货物集中到货运站后，部分货物不能及时发出，也需要储存。货运站的仓库，不仅可以作为中转货物的储存地，还可以出租给各企业存放成品和半成品，许多企业为了达到"零库存"，企业自己不设成品、半成品及原料的仓库，而由货运站代为储存。货运站根据企业的销售信息，直接由货运站代为销售、运输，并由货运站代为结算，方便货主和买主，减少了物流的环节。

5. 辅助服务功能

汽车货运站除开展正常的货运业务外，还应提供与运输有关的其他服务。如为货主代办报关、报检、投保等业务；提供商情信息服务；提供商品的包装、加工处理等服务；代货主办理货物的销售、运输、结算等服务。另外，还应为货运车辆提供停放、清洗、加油、检测和维修服务，为货主和相关人员提供食、宿、娱乐服务等。

（二）汽车货运站内布局原则

根据货运站的功能和规模统一布局，并结合货运业务的实际情况，突出重点、分期实施。在布局中要优先考虑生产流通区域，重点是确保仓库、站场位置。分期实施的建设项目，应考虑分期建设过程中相互的衔接要求，与现有设施的改造利用相结合，减少用地、节约投资。按货运业务的不同，分区设置相应设施，并具有合理生产关系，生产设施、设备要符合生产工艺的要求。危险货物的储存与作业应在相对独立的专门区域内进行。站内道路统一规划，合理利用，把站内车流、货流、机械流、人流设计成为单向型和 U 字旋转型，并应符合国家和当地政府现行的安全、消防、环保等有关规定。

（三）汽车货运站的分类

目前我国的货运站按业务内容不同，可分为整车运输货运站、零担运输货运站、集装箱中转站、综合型货运站；按服务对象不同，可分为自用型货运站和公用型货运站；按业务范围不同，可分为全能型货运站、货运服务站、货物配载服务站、货运信息中心等；按业务量大小不同，可分为货运枢纽站、大型货运站、中型货运站、小型货运站和业务代办站。各种站的业务功能不尽相同，如有的货运站有仓储、配送、包装、半成品加工等服务功能，而有的货运站没有这些功能。这些情况给货运站的站级划分带来一定的困难，很难找到能全面反映和衡量综合型货运站的指标。

（四）整车、零担、集装箱货运站功能

当前我国汽车运输企业的货运形式，大致可分为整车货运、快速货运、零担货运、集装箱货运。与这四种运输形式对应的货运站为整车货运站（含快速货运）、零担货运站、集装箱货运站和由上述两种或三种以上站组成的综合型货运站。现对前三种货运站的功能简单介绍如下。

（1）零担货运站是专门经营零担货物运输的汽车站，简称零担站。汽车零担货物运输是指货主一次托运到站相同的货物，计费质量不满 3 t 的货物运输。零担货物要求其单件质量不超过 200 kg，单件体积不超过 1.5 m³，货物长度不超过 3.5 m，宽度不超过 1.5 m，高度不超过 1.3 m。

（2）整车货运站是指以货运商务作业机构为代表的汽车货运站，是调查并组织货源，办理货运商务作业的场所。商务作业包括托运、承运、受理业务、结算运费等。有些整车汽车货运站兼营小批货物运输，主要经办的还是大批货物运输。

（3）集装箱货运站主要承担集装箱的中转运输任务，所以又被称作集装箱中转站。其主要业务如下：

① 港口、火车站与货主之间的集装箱门到门运输，以及与中转运输集装箱货物的拆箱、装箱、仓储和接取、送达；

② 空、重集装的装卸、堆放和集装箱的检查、清洗、消毒、维修；

③ 车辆、设备的检查、清洗、维修和存放；

④ 为货主代办报关、报检等货运代理业务。

三、汽车运输设备

（一）汽车的分类

自世界上第一辆汽车于 1886 年在德国问世以来，至今已有一百多年的历史。汽车工业从无到有发展迅猛，产量大幅增加，技术不断更新，各种车型层出不穷。汽车类型是指按照不同的分类标准分出不同汽车类型。根据国家标准《汽车和挂车类型的术语和定义》（GB/T 3730.1—2001），分类如下：

1. 按用途分类

（1）汽车包括轿车、客车、货车、牵引汽车四大类。

① 轿车：用于载运人员（包括驾驶者在内，座位数最多不超过 9 个）和随身物品，且座位主要布置在两轴之间的汽车。

轿车可按发动机工作容积（发动机排量）的不同分为以下几种。

微型轿车：发动机工作容积在 1 L 以下，如天津汽车制造厂生产的微型轿车。

普通级轿车：发动机的工作容积为 1.0～1.6 L。

中级轿车：发动机工作容积为 1.6～2.5 L。

中高级轿车：发动机工作容积为 2.5～4 L。

高级轿车：发动机工作容积为 4 L 以上。

② 客车：具有长方体车厢，主要用于载运人员（包括驾驶员有 9 个以上座位）及随身行李的汽车。服务方式不同，客车可分为城市公共汽车、长途客车、团体客车、游览客车等类型。

按客车长度可分为以下几种。

微型客车：长度 3.5 m 以下。

轻型客车：长度在 3.5～7 m。

中型客车：长度在 7～10 m。

大型客车：长度在 10～12 m。

特大型客车：包括铰接式客车和双层客车两种。

③ 货车：用于运载各类货物，在其驾驶室内还可容纳 2～6 个乘员。由于所载运的货物品种较多，货车的装载量及车箱的结构也各有不同，主要分为普通货车和专用货车两大类。普通货车具有栏板式车箱，可运载各种货物。专用货车通常由普通货车改装而成，其车箱是为专门运输某种类型的货物而设计的，如运载易污货物的密闭式车厢，运载气体、液体的罐装车箱等。

货车按最大总质量可分为以下几种。

微型货车：总质量小于 1.8 t。

轻型货车：总质量为 1.8~6 t。

中型货车：总质量为 6~14 t。

重型货车：总质量大于 14 t。

④牵引汽车：专门或主要用于牵引挂车的汽车，通常可分为半挂牵引汽车和全挂牵引汽车等类型。半挂牵引汽车后部设有牵引座，用来牵引和支承半挂车前端。全挂牵引汽车本身带有车箱，其外形虽与货车相似，但其车辆长度和轴距较短，而且尾部设有挂钩。

（2）特种用途汽车：这种汽车是根据特殊的使用要求设计或改装而成的，主要是执行运输以外的任务。用于战争或带武器的作战车辆不属于此类，而被列为军事特种车辆。特种用途汽车的主要类型如下：

①娱乐汽车：随着人民生活水平的不断提高，汽车生产厂家设计出了专门供娱乐消遣的汽车，运输不再是这种汽车的主要任务，如旅游汽车、高尔夫球场专用汽车、海滩游玩车等。

②竞赛汽车：按照特定的竞赛规范而设计的汽车，如著名的一级方程式赛车、二级方程式赛车及拉力赛赛车等。

③特种作业的汽车：指在汽车上安装各种特殊的设备进行特种作业的车辆，如商业售货车、环卫环保作业车、市政建设工程作业车、农牧渔业作业车、石油地质作业车、医疗救护车、公安消防车、机场作业车等。

2. 按动力装置分类

（1）活塞式内燃汽车根据汽车使用的燃料不同，通常分为汽油车和柴油车。汽油和柴油在近期仍是活塞式内燃机的主要燃料，而各种代用燃料的研究工作也在大力开展中，如液化石油气、轻烃、甲醇和乙醇以及它们的衍生产品等。

活塞式内燃机还可以按照活塞的运动方式不同分为往复活塞式和旋转活塞式等类型。

（2）动力装置是直流电动机的电动汽车。电动机的优点是无废气排出、不产生污染、噪声小、能量转化率高、容易实现自动化操作。电动机的供能装置通常是化学蓄电池、太阳能电池或其他形式的电源。传统的蓄电池在使用、质量、放电等方面不尽人意。目前，碱性蓄电池的研究取得了较大的进展，这种电池性能好、质量轻，不足之处就是制造成本过高。

（3）燃气汽车与活塞式内燃机相比，其燃气轮机功率大、质量小、转矩特性好，所以对使用的燃油无严格限制，但这种内燃机耗油量大、噪声较大，制造成本因此也较高。

（二）汽车的选用与配置

1. 汽车的价值分析

从汽车的使用角度来看，汽车价值分析是汽车技术管理的一个重要内容。通过对汽车进行价值分析，可以把汽车的使用性能、寿命期费用与汽车的价值有机地联系起来，使汽车在使用过程中能获得最佳的经济效益。

提高汽车价值有两种途径：一是降低寿命周期费用，二是提高汽车的功能。这里所说的功能，有时指产品的使用性能和质量指标，有时是指其零部件在实现产品使用性能和其他质量特性指标中的作用。

汽车的价值在于其功能的体现，要努力找到其中那些对用户来讲必要的功能，如果欠缺某项必要的功能或该功能水平不高，就应予以补充和提高；一切多余或过高的功能都应消除或适当降低，使汽车功能最大限度地满足用户需要，避免因多余的功能而增加用户的负担。如经常行驶在城市道路和干线公路上的汽车，全轮驱动桥就是多余部件，高越野性为多余的功能，所以吉普车当一般乘坐车使用是很不合算的。又如普通斜交轮胎，其功能水平不高、寿命短、油耗高等缺点，就是汽车速度提高后的欠缺功能，选用具有相应速度等级的子午线胎，可使必要的功能得到完善和提高。

提高汽车价值并不是单纯地强调降低寿命周期费用，也不是片面提高使用性能，而是要求提高使用性能与寿命周期费用的比值。

汽车价值分析分为新车的价值分析和在用车辆的价值分析。

（1）新车的价值分析：购买车时，应根据运输任务的性质和要求，选择车辆的型号。如能满足运输任务的汽车有多个品牌，则应对它们进行最低寿命周期费用分析。如果车辆购置费低，但使用费用高，则汽车的寿命周期费用较高；如果车辆购置费偏高，但因使用费用降低，当使用年限在 4 年以上时，则选用寿命周期费用低的车是最佳方案。

在考虑货币的时间价值时，把各年的使用费用按一定的年利率折算成现值，则在计算汽车的寿命周期费时应考虑货币的时间价值。

综上所述，在购置新车时，不应只考虑汽车购置费的高低，还应考虑汽车的使用年限、使用费用和货币的时间价值等因素。

（2）在用汽车的价值分析：主要对车辆在改装、改造、加装附属装置和汽车修理中零部件的替代时进行价值分析。为了能够经常地完成某种运输作业，在企业运输车辆过剩和无法适应这种运输作业车辆的情况下，有两种方案可供选择：一是购买适应这种运输作业的新车，二是对原有的车辆进行改装或改造，使之适应这种运输作业的需要。为了判断以上两个方案哪一个更佳，就需要对这两个方案进行价值分析。分析时，将新车的寿命周期费用和原有车辆的寿命周期费用叠加后，与改装、改造后车辆的寿命周期费用进行对比分析，选择寿命周期费用最低的方案。例如，在冬季的北方，长途客车有无暖风装置对汽车的运营效益有很大影响。有暖风装置的客车，人们就愿意乘坐，汽车所获得的效益也就越大。针对无暖风装置的客车加装暖风装置，虽然使用费用有所增加，但汽车的使用性能得到了改善，因而提高了汽车的价值。

对进口车辆和配件供应短缺的车辆进行维修时，在无配件供应的情况下，可采用其他车型的相关零部件进行替代，不但降低了维修成本，还提高了汽车的价值。另外，通过对同型号的在用汽车的价值分析，还可以间接地反映出在用汽车的合理使用程度。合理使用程度不好的汽车，其寿命周期费用要比合理使用程度好的汽车要高，汽车的价值也低。

2. 车型的选择

车辆是运输企业生产的物质基础，是运输企业的主要生产设备。组织运输生产首先要有合适的运输车辆，因此，车辆选配应根据运输市场情况以及当地的油料供应、运量、运距、道路、气候等条件，制订车辆发展规划，择优选购，合理配置车辆，并做好车辆的分配和投用前的技术准备工作。否则，可能会发生车与客（货）不相适应或者"大车小用"的情况，使实载率降低，运行消耗增加，或者出现"小马拉大车"，使机件损坏加重，维修费用增加等，阻碍了车辆效能的发挥，影响运输单位经济效益。

随着我国物流业的发展，专用汽车需求量也将会逐年增加，交通运输部《道路运输业发展规划纲要》中提出："货车要大力发展快速货运、集装箱运输，促进化学危险货物、大型物件、冷藏保鲜货物等运输逐步实现专业化、规模化、现代化，引导道路货运企业发展第三方物流服务"。因此预计厢式车、罐装车、冷藏保温车等主要专用车在未来 10 年中的年均增长率将超过 10%，这几种车的特点如下。

（1）厢式车（见图 2-1）装备有全封闭的厢式车身，可使货物免受风吹、日晒、雨淋。将货物置于车厢内，能防止货物散失、丢失，安全性好，而且小型厢式载货汽车一般兼有滑动式侧门和后开车门，因此进行货物装卸作业非常方便。

图 2-1　厢式车

（2）拦板式货车（见图 2-2）具有整车重心低、载重量适中的特点。适合用作企事业单位、各个批发商店、百货商店的货物用车，用于装卸百货和杂品，在装卸过程中，可以将栏板打开。

图 2-2　拦板式货车

（3）自卸式货车（见图 2-3）可以自动后翻或侧翻，使货物能够依靠本身的重力自行卸下，具有较大的动力和较强的通过能力。矿山和建筑工地上的用车一般选用自卸式货车。

（4）罐式货车（见图 2-4）具有密封性强的特点，常用来运送易挥发、易燃等的危险品。

（5）集装箱牵引车（见图 2-5）和挂车是长距离运输集装箱的专用车辆。主要用于港口码头、铁路货场与集装箱堆场之间的运输。集装箱牵引车具有牵引装置、行驶装置，但自身不能载运货物，其内燃机和底盘的布置与普通牵引车大体相同，只是集装箱牵引车前后车轮均有行走制动器，车架后部装有连接挂车的牵引鞍座。

图 2-3　自卸式货车

图 2-4　罐式货车

图 2-5　集装箱牵引车

3. 货车选用和配置的原则

货车的选用要遵循择优选购、合理配置的基本原则。

（1）择优选购是根据运输生产需要和运行条件，按照对车辆的适应性、经济性、维修和供应配件的方便性以及产品质量的优劣等因素，进行择优选型购置车辆。

车辆能适应当地道路、气候等条件，就说明车辆的适应性好；车辆的可靠性一般通过其发生故障的平均里程和频率来评价；易于早期发现故障、易于更换或修复损坏的零件，缩短维修时间，减少维修费用都是维修和供应配件方便性好的标志；同类型车的燃油经济性可能会有差异，尽管有时差异很小，但长期积累后节约的量也相当可观，因此，也必须对燃油的经济性进行比较。同时车辆使用寿命长也是产品质量好的重要标志之一，所以，综上所述，在选购车辆时，应基于车辆的售价、适应性、可靠性、维修和配件供应方便性、使用寿命以及燃油经济性等因素综合考虑。

择优选购车辆是关系到运输单位和个人主要生产设备优劣的关键问题，应进行技术经济论证，避免盲目购置。要从实际出发、按需选购、量力而行、实用可靠，以及尽可能达到少投入多产出，综合经济效益好的目的。

（2）合理配置车辆是指运输单位根据其所承担运输任务的性质、运量、运距、气候以及油料供应情况等条件，合理配置车辆，如大、中、小型车辆比例，通用、专用车比例等。通过合理规划，优化车辆构成，充分发挥车辆吨（座）位和容量的利用率，满足运输市场的需要。合理配置车辆的原则是：

① 拥有先进技术的车型、安全可靠、货物装卸方便；

② 车辆规格齐全，能与当地货源相适应，且配比合理（吨位大小、座位多少、高中低档比例等），吨位利用率和容量利用率高；

③ 车辆的油耗、维修费用、运输成本均低而利润高；

④ 应用能力强，既能完成正常的生产任务，又能突出重点，完成特殊任务。

配置车辆时，除需要考虑当地运输市场状况，弄清现有在用运输车辆的基本技术情况外，还应考虑下列因素：

① 车辆经常行驶的道路条件。道路的通过能力、承载质量、坡度大小、路面质量和转弯半径等，均影响车辆的运行。因此，要注意所配置的车辆的技术参数是否适应所要行驶的道路条件，否则会影响运输效率。

② 气候、海拔条件。气候、海拔条件不同，对车辆要求不同，例如，寒冷地区就应考虑配置起动性能好的车辆；高海拔的地区空气稀薄，应配置动力性能高的车辆。因此，配置车辆时应充分考虑到本地区的气候和海拔条件。

③ 油料供应情况。车辆在使用中要消耗多种油料，如果油料来源困难，则会影响生产。所以选用新车尤其是进口车（使用优质燃润料）时，应注意到这一问题。

④ 车辆使用的经验。在性能先进的前提下，选择新车时应尽量选用本单位熟悉的车型，这样在管理、使用、维修上有较为完整且行之有效的规章制度、技术措施，从而可以避免重新组织技术培训和摸索管理方法。

⑤ 本单位或当地车辆构成情况和维修能力。配置车辆时应考虑当地车辆构成情况，要避

免一个地区或一个车队所拥有的车辆车型过于复杂，以免造成维修配件材料的供应储备及维修工作困难。

总之，合理配置车辆，在避免运力过剩、提高运输效率、保障安全生产、降低运输成本、争取更多的客货源等方面都起到较大的作用。

任务二　铁路运输设施与设备

铁路运输是陆地长距离运输的主要方式。由于它在固定轨道上行驶，可以自成体系，不受其他运输条件影响。它有以下优点：不受天气影响，稳定、安全；具有定时性；中长距离运货运费低廉；可以大批量运输；可以高速运输；可以按计划运行；网络遍布全国，可以运往各地；节能。

微课：铁路运输
设施的组成

一、铁路系统构成

铁路运输设施主要由铁路机车与车辆、铁路线路与轨道及信号设备组成。

（一）铁路机车与车辆

1. 机　车

机车是铁路运输中的动力输出装备。由于铁路车辆大都不具备驱动装置，因而列车的运行和车辆在车站内有目的地移动均需配备机车牵引或推送。

从原动力来看，机车分为蒸汽机车、内燃机车及电力机车。

蒸汽机车是最原始的驱动装置之一，其通过蒸汽机，把燃料的热能转换成机械能，目前我国的蒸汽牵引已逐渐被其他新的牵引型式取代。

内燃机车是用内燃机来输出动力的一种机车。一般说来，内燃机车由动力装置（即柴油机）、传动装置、走行部、车体车架、制动装置、辅助设备和车钩缓冲装置等主要部分组成。柴油机内燃机的热交换率可达 30% 左右，其起动加速快、运行线路长、通过能力大、单位功率质量轻、劳动条件较好，可实现多机联挂牵引。

电力机车靠其顶部升起的受电弓从接触电网上取得电能，并转换成机械能来牵引列车运行。电力机车由电气设备、车体、车架、走行部、车钩缓冲装置和制动装置等主要部分组成。电力机车输出的功率大，获得能量不受限制，因而能高速行驶。牵引较重列车，爬坡性能强、起动加速快，容易实现多机牵引，相较于内燃机车，其更适用于坡度大、隧道多的山区铁路和繁忙干线。

2. 车　辆

铁路车辆是运送旅客和货物的载体。车辆一般不具备动力装置，需要机车牵引运行。根据用途来分，可分为客车和货车两大类。

按照旅客旅行条件不同要求，常见的客车有硬座车、软座车、硬卧车、软卧车等。为了适应不同货物运送要求，货车种类很多，主要有棚车、敞车、平车、罐车及保温车等。

车辆按车轴数不同分为多轴车、六轴车和四轴车。货车通常按最大载重量不同可分为50 t、60 t车。车辆由车体、车底架、走行部、车钩缓冲装置和制动装置五个基础部分组成。走行部采用了能相对于底架自由转动的转向架结构，缩短了车辆的固定轴距，使车辆能顺利通过曲线从而提高车速和载重。由于车轮踏面为锥形，故能在轨道上以蛇行方式行进，使踏面磨损均匀并能在通过曲线时使外侧车轮以较大半径滚动，减少轮轨间的滑动。如转向架设计不妥，则车轮"蛇行"将加剧，使整个系统失稳。因此，任何车辆均应保证其失稳临界速度大于运行速度。加大临界速度的过程中，往往会造成弹簧悬架过硬，使动态响应加大，运行平稳性下降，旅客乘坐不舒适。所以，如何同时保证车辆的运行稳定性和运行平稳性，是车辆设计中经常遇到的主要问题。

我国机车与车辆都设有空气制动机和手制动机。空气制动机是将机车总风缸中压缩空气的压力经过列车的制动主管送入设在车辆底部的副风缸，司机在运行中按照"充气（增压）时车辆缓解、排气（减压）时车辆制动"的要求，操纵压缩空气的压力。当主管减压时，三通阀即沟通副风缸至制动缸的路径，制动缸活塞推动低压车轮踏面，达到制动目的。这种制动方式可确保列车运行完全。手制动是用人力进行的制动，一般只在调车时对个别车辆或车组实行制动。

为了提高运行效率，世界各国铁路车辆都向大型化发展。一种做法是保持原有轴数不变，提高轴重以增加车辆载重，另一种做法是增加轴数从而提高车辆载重。此外还采用新型车体材料以减轻车辆自重。

（二）铁路线路与轨道

铁路线路承受机车、车辆和列车的质量，并且引导它们的行走方向，所以它是运行的基础。铁路线路是由轨道（包括钢轨、连接零件、轨枕、道床、爬坡设备和道岔等）和路基、桥隧建筑物（包括桥梁、涵洞、隧道等）组成的一个整体工程结构。

1. 铁路主要技术标准

铁路主要技术标准由路面等级、限制坡度、正线数目、最小曲线半径、机车类型、牵引种类、车站分布、到发线有效长度和闭塞类别等组成。这些标准是确定铁路运输能力大小的决定性因素，不仅对设计线路的工程造价和运营质量有重大影响，而且是确定设计一系列工程标准和设备类型的依据，故称为铁路主要技术标准。

2. 路线与桥隧建筑物

（1）路基是铁路承受轨道和列车载荷的基础结构物。按地形条件及线路平面和纵断面设计要求，路基横断面可以修成路堤、路堑和半路堑三种基本形式。路堤是指路肩设计标高高于地面，经填筑而成的路基。

路基顶面的宽度通过铁路等级、轨道形状、路肩宽度、道床标准和线路间距等因素确定。路基面的形状分为无路拱和路拱两种。非渗水的路基面通常被做成不同形式的路拱，以便排水。为保证路基的整体稳定，路堤和路堑的边坡都应根据有关规定筑成一定的坡度。

为了消除或减轻地面和地下水对路基的危害作用，使路基处于干燥状态，必须采用地下排水措施，将降落或渗入路基范围的地面或地下水拦截、汇集、引导和排到路基范围外。这些排水设施有侧沟、截水沟、渗（暗）沟等。

（2）桥隧建筑物为铁路通过江河、溪沟、谷地和山岭等天然障碍物或跨越公路及其他铁路线时需要修筑的建筑物。桥隧建筑物包括桥梁、隧道、涵洞、轨道等。

① 桥梁：桥梁主要由桥面、桥跨结构和墩台组成。桥面是桥梁上的轨道部分。墩台包括桥台和桥墩，位于两端和路基邻接的部分叫桥台；中间的部分叫桥墩；桥墩上面的部分叫桥跨；两个墩台之间的空间叫桥孔；每个桥孔在设计水位处与两桥墩之间的距离叫孔径；每一桥跨两端桥墩间的距离叫跨度。整个桥梁包括桥台在内的总长度，称为桥梁的全长。铁路桥梁按照桥跨所用的材料可分为钢筋混凝土桥、石桥等。

② 隧道：铁路隧道是线路穿越山岭的主要方式之一，也有穿越江河湖海与地面障碍的功能，如越江隧道、地下隧道等。

③ 涵洞：涵洞设在路堤下部的填土中，可以通过少量水流。

④ 轨道：轨道由钢轨、轨枕、联结零件、道床、防爬设备及道岔等组成。

（3）无缝线路和新型轨道基础。

① 无缝线路：无缝线路是把若干根标准长度的钢轨焊接成为每段 800～1000 m 的长钢轨，再在铺轨现场焊接成更长的钢轨，具有接头很少、行车平稳、轮轨磨损少及线路养护维修工作量小等优点，是轨道现代化的主要技术表现之一。

② 混凝土轨枕和整体道床：宽钢筋混凝土轨枕比普通混凝土轨枕宽而且稍薄，在线路上连续铺设，提高了线路的稳定性，改善三个基础部分用钢筋混凝土一次浇捣形成，具有线路强度高、维修工作量少等优点。

（三）信号设备

信号设备的主要作用是保证列车运行安全和提高铁路的通过能力，包括铁路信号、闭塞设备和联锁设备。

（1）信号是对列车运行和调车工作的命令，用以保证安全和提高作业效率。我国规定用红色、黄色和绿色作为信号的基本颜色，红色表示停车，黄色表示减速慢行，绿色表示按规定的速度运行。

铁路信号形式可分为视觉信号和听觉信号两大类，设备形式可以分为固定信号、移动信号和手信号三类。

（2）闭塞设备是用来保证列车在区间内运行安全的区间信号设备。

（3）联锁设备的主要作用是保证站内列车运行和调车作业的安全以及提高车站的通过能力。

在车站上，为列车进站、出站所准备的通路，称为列车进路。凡是为各种调车作业准备的通路，都被称作调车进路。一般每一个列车，调车进路的始端都应设立一架信号机进行防护，以保证作业时的安全。

二、铁路站场

车站是集中了和运输有关的各项技术设备并参与整个过程的各个工作环节的基本生产单位。车站按技术作业性质不同可分为中间站、区段站、编组站；按业务性质不同可分为客运站、货运站；按等级不同可分为特等站、一等站至五等站。

在车站内除与区间直接连通的正线外，还有供接发列车用的到发线、供解体和编组列车用的调车线和牵出线、供货物装卸作业的货物线、为保证安全而设置的安全线、避难线以及供其他作业的线路，如机车行走线、存车线、检修线等。

（一）中间站

中间站是为提高铁路区段通过能力，保证行车安全和为沿线城乡及工农业生产服务而设的车站。其主要任务是办理列车会让、越行和客货运输业务。

1. 中间站的主要作业

（1）列车的到发、通过、会让和越行。

（2）旅客的乘降和行李的承运、保管与交付。

（3）货物的承运、装卸、保管与交付。

（4）本站作业车摘挂作业和向货场、专用线取送车辆的调车作业。

（5）对于客货运量较大的中间站，还有始发、终到客货列车的作业。

2. 中间站的设备

（1）客运设备：包括旅客站舍（售票房、候车室、行李房）、旅客站台、雨棚和跨越设备（天桥、地道、平过道）等。

（2）货运设备：包括货物仓库、货物站台和货运室、装卸机具等。

（3）站内线路：包括到发线、牵出线和货物线等，分别用于接发列车、调车和货物的装卸作业。

（4）信号及通信设备。

（二）区段站

区段站一般设在中等城市和铁路网上牵引区段的分界线上。其主要任务是办理货物列车的中转作业，进行机车乘务组的换班或机车的更换以及解体、摘挂列车和编组区段列车。

1. 区段站的作业

区段站主要办理以下五类作业。

（1）客运业务：与中间站基本相同，但数量相对中间站较大。

（2）货运业务：与中间站基本相同，但作业量相对中间站要大。

（3）运转业务：主要办理旅客列车接发、货物列车的中转作业，摘挂列车的编组、解体，向货场及专用线取送作业等。某些区段站还担当少量始发直达列车的编组任务。

（4）机车业务：主要是机车的更换或机车乘务组的换班，以及对机车进行检修和整备。

（5）车辆业务：办理列车的技术检查和车辆检修业务。

2. 区段站的主要设备

（1）客运设备：与中间站基本相同，但规模较大。

（2）货运设备：与中间站基本相同，但数量较多。

（3）运转设备：包括调车场、牵出线、到发线或机车走行线及机车等待线。

（4）机务设备：机务折返段或机务段。

（5）车辆设备：列车站修所和检修所。

（三）编组站

编组站是铁路网上专门办理货物列车解体、编组作业，并为此设有比较完善的车辆设备的车站。其主要任务是根据列车编组计划的要求，办理各种货物列车解体和编组作业，并组织和取送本地区机车（小运转列车），供应列车动力，整备检修机车，货车的日常技术维修保养等。编组站是铁路运输的重要生产基地，大量装载货物的重车和卸货后回送的空车，汇集后被编成各种列车开往各自的目的地。因此，编组站被称为编组货物列车的工厂。

（1）编组站的作业：主要有机车作业、运转作业和车辆作业。

（2）编组站的设备：主要设备有行车设备（到达场、出发场或到发场）、调车设备（调车驼峰、牵出线编组场）、车辆设备（车辆段）及机务设备（机务段）。

任务三　水路运输设施与设备

水路运输是指利用船舶，在江、河、湖泊、人工水道及海洋运送旅客和货物的一种运输方式。水路运输是一种最古老、最经济的运输方式。进行大批量和远距离运输时，利用水路进行运输货物时，价格相对最为便宜，并可以运送超大型和超重物。运输线路主要为自然的海洋与河流，不受道路的限制，在隔海的区域之间其是代替陆地运输的必要方式。水运系统综合运输能力主要由船队的运输能力和港口的通过能力所决定。

一、港口基本知识

（一）港口的作用

1. 现代港口在国际物流中的地位

微课：水路运输
设施的组成

（1）港口是国际物流与国内物流的汇交点，其作业方式已经由原来的装卸和储存服务延伸到为产品提供增值服务的水平。

（2）港口作为海上运输的起点和终点，在整个运输链上是货物吞吐量最大的结点。在国与国之间的货物运输中，海运以其低廉的价格，占据着市场较大的份额，国际物流量的 90% 以上都是由海运完成的。

（3）港口作为国内市场与国际市场的接轨点、国内经济与国际经济的交汇点，已经从传统的货流发展为人流、货流、商流、资金流、信息流的大流通，是货物、资金技术、人才、信息的聚集点。它能够发挥经济的聚集效应，整合各种生产要素。因此，世界上各主要港口已成为运输网络的神经中枢及重要的经贸中心和工业基地。

2. 现代港口具有综合物流中心的功能

在现代物流时代，港口的功能发生了很大的变化。现代港口的功能更加广泛，将朝着成为全方位增值服务中心的方向发展，具备 5 个"中心"的功能，即物流服务中心、商务中心、信息与通信服务中心、现代产业中心和后援服务中心。通过以上功能的加强，港口能为产品提供增值服务。

(二) 港口及相关概念

1. 港　口

港口既是水运货物的集散地，又是陆地与船舶及其他运输工具的衔接点。除了提供船舶靠泊、旅客上下船、货物装卸、储存、驳运以及其他相关业务外，还必须与陆路交通相接，并具有明确的水域范围。

2. 港　区

港区是当地政府机关划定并由港务部门管理的区域（包括陆地和水域）。一般不包括所属小港、站、点。

3. 港　界

港界是港口范围的边界线。一般利用海岛、山角、河岸突出部分、岸上显著建筑物，或者设置灯标、灯桩、浮筒等作为规定港界的标志，也有按地理上的经纬度划分的。

4. 港口作业区

港口根据货种、吞吐量、货物流向、船形和港口布局等因素，将港口划分为几个相对独立的装卸单位，称为港口作业区。通过划分作业区，可以提高生产效率和管理水平，避免不同货物的相互影响，防止污染的同时保证货物的质量和安全，便于货物的存放和保管，从而充分利用仓库能力等优点。

5. 泊　位

泊位为供船舶停泊的位置。一个泊位可供一艘船舶停泊，泊位的长度依船的大小而有差异，并要在两船之间留出一定的距离，便于船舶系解绳缆。

6. 码　头

码头是供船舶靠泊、货物进行装卸作业的水上建筑物。码头前沿线称为港口的生产线，是港口水域和陆域的交接线。

7. 港口腹地

港口腹地是港口吞吐货物和旅客集散所涉及的地区范围。腹地内的货物经由该港进出，在运输上是比较经济合理的。其范围一般通过调查分析确定。

（三）港口分类

1. 按用途不同分类

（1）工业港：固定为某一工业企业服务的港口，它专门负责该企业原料、产品和所需物资的装卸转运工作。一般设在工厂企业附近，属该企业领导，如武钢工业港。

（2）军用港：专供海军舰船用的港口。

（3）商业港：主要供旅客上下和货物装卸转运的港口。又可分为一般商业港和专业商业港。

（4）避风港：供大风情况下船舶临时避风的港口。

2. 按地理条件不同分类

（1）河口港：地理位置位于内河流入海口处的港口。

（2）海港：地理位置处于海岸线上的港口。

（3）河港：地理位置处于河流沿岸上的港口，如长江上的南京港、武汉港。

（4）湖港：处于湖泊岸壁的港口。

（5）水库港：处于水库壁的港口。

二、港口设施与设备

（一）港区生产设施与设备

（1）港口机械：主要指各种作业机械，包括港口起重机械、港口输送机械、港口装卸搬运车辆及专用机械等。

（2）生产设施：主要指用于生产或流通加工的设施。在港口中，如码头、仓库、货场、客运站、铁路、道路等；在造船企业中，如船坞、船台、轮机车间、船体制造车间等。

（3）辅助生产设施：指为生产辅助服务的设施。如港口的流动机械库、修理所、供应站、航修站、变电所、候工室、作业区办公室、消防站、通信建筑及港务管理办公建筑等。

（4）港区作业调度室：是所有日常装卸作业、生产的指挥中心。其任务是编制港口生产作业计划和组织船舶与港口的生产等活动。

（二）港口集疏运设施

（1）港区道路：港区内用于行人、各种流通机械和运输车辆通行的道路。

（2）港口铁路：在港口范围内专门用于港口货物的装卸、转运的铁路及设备。

（3）港口铁路专用线：专用线不包括在铁路网的线路之内，而以轨道与铁路网的线路相连接，直接伸入港口、码头和库场等的线路。

（4）码头铁路线：码头上直接为船舶装卸服务的铁路线。线路的布置取决于码头的位置和形式、机械设备的类型、货物的种类和性质、直取作业的比重等。

（三）集装箱码头

集装箱码头是专供停靠装箱船舶、装卸集装箱的港口作业场所。既是在集装箱运输过程中，水路和陆路运输的连接点，也是集装箱多式联运的枢纽。

集装箱码头作为运输系统中货物的交汇点，应具有的必要设施，如泊位、码头前沿、集装箱堆场、货运站、控制室、行政楼、检查口、维修车间等。

（1）泊位，是专供集装箱船舶停靠的位置，应有一定的岸壁线，其长度应根据所要停靠的集装箱船舶的主要技术参数确定，并有一定的水深。一般集装箱船舶泊位长度为 300 m，水深在 12 m 左右。

（2）码头前沿，系指码头岸线，即从码头岩壁到堆场前这一部分区域。前沿处设有集装箱装卸桥，供船舶装卸集装箱之用。前沿的宽度主要根据集装箱装卸桥的跨距以及使用的装卸机械的种类而定。

（3）集装箱码头堆场如图 2-6 所示，广义的集装箱堆场可理解为进行装卸、交接和保管重箱、空箱的场地，包含前方堆场、后方堆场和码头前沿；狭义的集装箱堆场是指除码头前沿以外的堆场，其中也包含存放底盘车的场地。

图 2-6　集装箱码头堆场

前方堆场位于码头前沿和后方堆场之间，是为加快船舶装卸作业效率、用以堆放集装箱的场地。它的主要作用是船到港前，预先堆放要装船出口的集装箱；卸船时，临时堆存卸船进口的集装箱。

后方堆场又称集装箱堆场，是指储存和保管空、重箱的场地，是码头堆场中除前方堆场以外的部分。包括中转堆场、进口重箱堆场、空箱堆场、冷藏箱堆场、危险品箱堆场等。

（4）集装箱货运站俗称仓库，但与传统的仓库不同的是，集装箱货运站是一个主要用于装、拆箱作业的场所，而不是主要用于保管货物的场所。

（5）大门是集装箱码头的出入口，是集装箱和装箱货物的交接点，是划分集装箱码头与其他部门责任的分界点，其又被称作检查桥、闸口等。

（6）控制塔是集装箱码头各项作业的指挥调度中心，其又被称作控制中心或中心控制室。

它的作用是监督、调整和指挥集装箱码头作业计划的执行。其地理位置一般设置在码头或办公楼的最高层，从这里可看到整个码头的各作业现场。

（7）维修车间是对机械设备进行维修、保养的地方，以保证集装箱码头机械化作业高效而顺利地进行。

三、港内的作业方式

港口内的物流活动主要为操作过程和装卸过程。

（1）操作过程，是根据要求的装卸工艺完成一次货物的搬运作业过程，通常有五种形式：

① 卸车装船或卸船装车（船—车）。

② 卸车入库或出库装车（库—车）。

③ 卸船装船（船—船）。

④ 卸船入库或出库装船（库—船）。

⑤ 库场间倒载搬运（库—库）。

（2）装卸过程，是货物从进港到出港所进行的由一个或多个操作过程所组成的全部作业过程。

四、船舶基本知识

船舶是指在水域上航行或停泊及进行运输的工具，在不同的使用条件下具有不同的技术性能、装备和结构形式。本教材介绍以载运货物为主的货船。

货船的船型很多，大小悬殊，排水量可从数百吨至数十万吨。

（一）货船分类

1. 干散货船

干散货船又称散装货船，是用以装载无包装的大宗货物的船舶。一般习惯把装载粮食、煤等积载因数相近的货物的船舶称为散装货船，而装载积载因数较小的矿砂等货物的船舶称为矿砂船。用于装载粮食、煤、矿砂等大宗散货的船舶通常分为如下几个级别。

（1）好望角型船，总载重量为 15 万吨级，该船型以运输铁矿石为主，由于尺度限制不能通过巴拿马运河和苏伊士运河而需绕行好望角，故称"好望角型船"。

（2）巴拿马型船，是一种巴拿马运河所容许通过的最大船型。通常运载约 6 ~ 7.5 万吨煤炭或谷物货物。

（3）轻便型散货船，总载重量为 35 000 ~ 40 000 吨级。吃水较浅，全世界各港口基本都可以停靠。

（4）小型散货船，总载重量为 20 000 ~ 27 000 吨级。是可驶入美国五大湖泊的最大船型。船长最大不超过 222.5 m，船宽最大不大于 23.1 m，最大吃水小于 7.9 m。

2. 杂货船

杂货船主要用于装载一般包装、袋装、箱装和桶装的普通杂货物。一般为双层甲板，配备了完善的起货设备。货舱和甲板分层较多，便于分隔货物。新型的杂货船一般为多用途型，既能运载普通件杂货，也能运载散货、大件货、冷藏货和集装箱。

3. 冷藏船

冷藏船最大的特点就是其冷藏空间可保持适合货物久藏的温度。冷藏船所需的冷源由设置在机舱内的大型制冷机提供。为保证一定的制冷效率，冷藏舱的四壁、舱盖和柱子都敷有隔热材料，以防止外界热量传入。此外，为了有效地抑制各类微生物的繁殖和活动，舱内还设有臭氧发生器，使舱内在特定的持续时间内能保持一定的臭氧浓度，起到杀菌消毒的作用。由于不同种类的货物所要求的冷藏温度不同，因此冷藏船还可按此要求进行细分，如专门运输水果、蔬菜的保温运输船；鱼、肉等动物性货物，因其需在较低的温度下以冻结的状态进行运输，所以冷冻并运输这类货物的船舶被称为冷冻船。

4. 木材船

木材船是专门用以装载木材或原木的船舶。船舱及甲板上均可装载木材。这种船舱口大，舱内无梁柱及其他妨碍装卸的设备。为防甲板上的木材被海浪冲出舷外，在船舷两侧一般设置不低于 1 m 的舷墙。

5. 原油船

原油船是专用于运载原油的船舶，简称油船。由于原油运量巨大，油船载重量亦可超 50 万吨，是所有船舶中载重量最大的。

6. 成品油船

成品油船是专门载运柴油、汽油等石油制品的船舶。结构与原油船相似，但吨位较小。由于安全性的要求，成品船有很高的防火、防爆要求。

7. 集装箱船

集装箱船是一种专门载运集装箱的船舶。其全部或大部分船舱用来装载集装箱，往往在甲板或舱盖上也会堆放集装箱。集装箱船具有瘦长的外形，机舱设在尾部或中部偏后。集装箱的装卸通常是由岸上的起重机负责，绝大多数集装箱船上不设起货设备。集装箱船按装载情况不同可分为全集装箱船、部分集装箱船和可变换集装箱船三种。

（1）全集装箱船：全部货舱和上甲板均装载集装箱，舱内装有格栅式货架，以适于集装箱的堆放，适应于货源充足而稳定的航线。

（2）部分集装箱船：一部分货舱设计成专供装载集装箱，另一部分货舱可供装载一般杂货，适应于集装箱联运业务不太多或货源不甚稳定的航线。

（3）可变换集装箱船：由于其货舱内装载集装箱的结构为可拆装式的，因此它既可装运集装箱，必要时也可装运普通杂货。

8. 滚装船

滚装船又称滚上滚下船。这种船本身无须装卸设备，一般在船侧或船的首、尾有开口斜坡连接码头，载货汽车或载有集装箱的拖车直接从船的大舱里开至码头或由码头直接开进大舱里进行装卸货。这种船的优点是不依赖码头上的装卸设备，装卸速度快，可加速船舶周转。

9. 液化气运输船

液化气运输船是专门运输液化气体的船舶。所运输的液化气体有液化石油气、液化天然气、氨水、乙烯、液氯等。这些液体货物的沸点低，多为易燃、易爆的危险品，还有剧毒和强腐蚀性。因此液化气运输船货舱结构复杂，造价昂贵。

10. 载驳船

载驳船又称母子船，是专门载运货驳的船舶。其运输方式与集装箱运输方式相仿，因为货驳亦可视为能够浮于水面的集装箱。

（二）船舶的基本组成

船舶根据各部分组成的作用和用途，可分为船体、船舶动力装置、船舶舾装等三大部分。

（1）船体是船舶的基本部分，可分为上层建筑和主体部分。

① 上层建筑，位于上甲板以上，由左、右侧壁和前、后端壁及各层甲板围成。其内部主要用于布置各种用途的舱室，如工作舱室、生活舱室、储藏舱室、仪器设备舱室等。上层建筑的大小、层楼的形式因船舶用途和尺度而异。

② 主体部分，一般指上甲板以下的部分。它是由船壳（船底及船侧）和上甲板围成的具有特定形状的空心体，是保证船舶具有所需浮力、航海性能和船体强度的关键部分。主要包括以下几部分。

船架：是指为支撑船壳所需各种材料的总称，分为纵材和横材两部分。纵材包括龙骨、纵骨和桁材；横材包括肋骨、船梁和舱壁。

船壳：即船的外壳，是将多块钢板铆钉或电焊结合而成的，包括船底板、舭列板、舷侧板三部分。

甲板：是铺在船梁上的钢板，将船体分隔成上、中、下三层。大型船甲板数可分至六、七层，其作用是加固船体结构和便于分层配载及装货。

船舱：是指甲板以下的各种用途空间，包括船首舱、船尾舱、货舱、机器舱和锅炉舱等。船舱一般用于布置动力装置、装载货物、储存燃油和淡水以及布置其他各种舱室。

（2）船舶动力装置，包括推进装置及为推进装置运行服务的辅助机械设备，推进装置也称推进器。船舶的行驶是由主机经减速装置、传动轴系带动推进器完成。船舶推进器广泛采用螺旋推进器。辅助机械设备包括燃油泵、润滑油泵、冷却水泵、加热器、过滤器和冷却器等。

（3）船舶舾装，包括舱室内装结构（内壁、天花板、地板等）、家具和生活设施（炊事、卫生等）、涂装和油漆、门窗、梯和栏杆、桅杆、舱口盖等。

（4）船舶的其他装置和设备，除推进装置外，还有锚设备与系泊设备、舵设备与操舵装置、救生设备、消防设备、船内外通信设备、海水和生活用淡水系统、压载水系统、液体舱的测深系统和透气系统、舱底水疏干系统、船舶电气设备和其他特殊设备。

（三）船舶的主要技术指标

1. 船舶的主要技术指标

船舶的主要技术指标有船舶主尺度、排水量、船体型线图、舱容、船舶总设计图、船体结构图等。

（1）船舶主尺度，包括船舶总长、最大船宽、型宽、型深、设计水线长度、满载（设计）吃水等。钢船船型尺度的度量指量到船壳板内表面的尺寸。

（2）排水量，即船体水线以下所排开水的质量，也就是船舶所受到的浮力（等于船舶总质量），称为船舶排水量，一般来说，排水量越大的船舶其容积也越大。

（3）船体型线图，用以表示船舶主体的型表面的形状和尺寸，是设计和建造船的主要图样之一。它由三组线图构成：横剖线图、半宽水线图和纵剖线图。三者分别由横剖面、水线面和纵剖面体型表面切割而成。

（4）舱容，指货舱、燃油舱、小舱等体积，它是从容积能力方面表征船舶的装载能力和续航能力，它影响船舶的营运能力。登记吨位是历史上遗留下的用以衡量船舶装载能力的度量指标，作为买卖船舶、纳税、服务收费的依据之一。

（5）船舶总设计图，是设计和建造船舶的主要图样之一。它反映船的建筑特征、外形和尺寸、各种舱室的位置和内部布置、内部梯道的布置、甲板设备的布局。总布置图由侧视图、各层甲板平面图和双层底舱划分图组成。

（6）船体结构图，是反映船体各部分的结构情况的图样。船体和相关部分的结构既独立又相互联系。船舶主体结构是保证船舶纵向和横向强度的关键，通常把它看成为一个空心梁进行设计，并且用船中横剖面结构图来反映它的部件尺寸和规格。

2. 船舶的主要性能

船舶的主要性能包括浮性、稳性、抗沉性、快速性、耐波性、操纵性和经济性等。

（1）浮性，是指船在各种装载情况下，能浮于水中并保持一定的首、尾吃水和干舷的能力。根据船舶的重力和浮力的平衡条件，船舶的浮性关系到装载能力和航行的安全。

（2）稳性，是指船受外力作用离开平衡位置而倾斜，当外力消失后，船自行回复到原平衡位置的能力。稳性是与船舶安全密切相关的一项重要性能。为使船舶具有良好的稳性，可采取措施降低船的重心，减小上层建筑受风面积等措施。

（3）抗沉性，是指船体水下部分如发生破损，船舱淹水后仍能浮于水面而不沉和不倾覆的能力。船舶主体部分的水密分舱的合理性、分舱甲板的干舷值和船舶稳性的好坏等，是影响抗沉性的主要因素。安全限界线指船侧舱壁甲板边线下 76 mm 平行于甲板边线的曲线。按《国际海上人命安全公约》的规定，船舶遭受海损，船舱进水后，其吃水应不超过安全限界线。

（4）快速性，是表征船在静水中直线航行速度，与其所需主机功率之间关系的性能。它是船舶的一项重要技术指标，对船舶营运费用影响较大。船舶快速性涉及船舶阻力和船舶推进力两个方面。合理地选择船舶主尺度、船体系数和线型，是降低船舶阻力的关键。

（5）耐波性，指船舶在风浪中遭受由于外力干扰所产生的各种摇荡运动及抨击上浪、失速飞车和波浪弯矩时，仍具有足够的稳性和船体结构强度，并能保持一定的航速安全航行的性能。耐波性不仅影响船上乘员的舒适和安全，还影响船舶安全和营运效益等，因而日益受到重视。

（6）操纵性，是指船舶能按照驾驶者的操纵保持或改变航速、航向或位置的性能，主要包括航向稳定性和回转性两个方面的内容，是保证船舶航行中少操舵、保持最短航程、靠离码头灵活方便和避让及时的重要环节，关系到船舶航行安全和营运经济性。

（7）经济性，是指船舶投资效益的大小。它是促进新船型的开发研究、改善航运经营管理和造船工业发展的最活跃因素，日益受到人们重视。船舶经济性属船舶工程经济学研究的内容，它涉及使用效能、建造经济性、营运经济性和投资效果等指标。

任务四　航空运输、管道运输设施与设备

航空运输由于其突出的高速直达性，使之在交通系统中具有特殊的地位并且拥有很大的发展潜力。其主要优点包括：高速直达性、安全性、经济特性良好、包装要求低。这些都和其运输设施及设备的特点密不可分。

一、航空运输设施与设备

（一）航空运输设施与设备

航空港为航空运输的经停点，又称航空站或机场，是供飞机起飞、降落和停放及组织、保障飞机活动的场所。近年来随着航空港功能的多样化，港内除了配有装卸客货的设施外，一般还配有商务、娱乐中心及货物集散中心，满足往来旅客的需要，同时提升和刺激周边地区的生产和消费。

航空港按照所处的位置不同分干线航空港和支线航空港；按业务范围不同分国际航空港和国内航空港。其中国际航空港需经政府核准，可以用来供国际航线的飞机起降营运，航空港内配有海关、移民、检疫和卫生机构。而国内航空港仅供国内航线的飞机使用，除特殊情况外不对外国飞机开放。通常来讲，航空港内配有以下设施。

（1）跑道，跑道体系由结构道面、道肩、防吹坪和跑道安全地带组成。结构道面在结构荷载、运转、控制、稳定性等方面支承飞机；道肩抵御喷气气流的吹蚀，并承载维护和应急设备；防吹坪防止紧邻跑道端的表面地区受各种喷气气流吹蚀；跑道安全地带支撑应急和维护设备以及可能发生转向滑出的飞机。

跑道按形式不同可分为单条跑道、平行跑道、交叉跑道和开口V形跑道。

（2）滑行道，是飞机在跑道与停机坪之间出入的通道，是连接跑道和航站区、维修库的通道。

（3）停机坪，供飞机停留的场所，也可称为"试车坪"或"预热机坪"，设置于邻近跑道端部的位置。

（4）机场交通，分为出入机场交通和机场内交通两部分。机场内交通设施包括供旅客、接送者、访问者、机场工作人员使用的公用通道；供特准车辆出入的公用服务设施和非公用

服务道路；供航空货运车辆出入的货运交通通道。出入机场交通的客运交通方式有私人小汽车、出租汽车、机场班车、公共汽车、轨道交通等；而货运交通方式则主要是道路汽车交通。

（5）指挥塔或管制塔，是飞机进出航空港的指挥中心。其位置应有利于指挥与航空管制，以维护飞机安全。

（6）助航系统，为辅助安全飞行的设施。包括通信、气象、雷达、电子及目视助航设备。

（7）输油系统，为飞机补充油料的系统。

（8）维护修理基地，为飞机归航以后或起飞以前做例行检查、维护、保养和修理的地方。

（9）货运设施，机型大型化致使客货混合作业时间延长，因此，规划机坪门位系统时应考虑货物处理问题。货运量大的机场应将处理货物运输的系统与旅客运输系统分开。

航空货物包括空运货物和航空邮件。飞机与航站楼之间的空运货物，由航空公司或货运商负责运送，需要提供运货卡车专门道路；空运邮件通常是用车辆直接运送至机场邮件中心。

航空港采用高效率的装卸设备，常见的是装卸一体运输联合机，而升降式装卸机适用于机舱高度不同的飞机。

（10）其他各种公共设施，包括给水、电、通信、交通、消防系统等。

（二）运载工具

飞机也称航空器，是航空运输系统的运载工具。飞机依其分类标准的不同，可有以下几个划分方法。

1. 按飞机的用途分类

按用途不同可分为民用飞机和军用飞机两类。

民用飞机主要指民用的客机、货机、客货两用机、农业机、林业机、教练机（民用）、体育运动机及多用途轻型飞机等。

客机主要用来运送旅客和邮件，一般行李则装在飞机的深舱中。到目前为止，航空运输仍以客运为主，客运航班密度高、收益大，所以大多数航空公司都通过客机运送货物。不足的是，由于舱位少，每次运送的货物数量都十分有限。全货机运量大，可以弥补客机货运量的不足，但经营成本高，只限在某些货源充足的航线使用。客货混合机可以同时在主甲板运送旅客和货物，并根据需要调整运输安排，是最具灵活性的一种机型。

2. 按飞机发动机的类型分类

按发动机的类型不同可分为螺旋桨式飞机和喷气式飞机。

螺旋桨式飞机利用螺旋桨的转动将空气向机后推动，借其反作用力推动飞机前进，所以螺旋桨转速越高，飞行速度越快。但当螺旋桨转速高到某一程度时，会出现"空气阻碍"的现象，即螺旋桨四周已成真空状态，螺旋桨的转速无论如何加快也无法提升飞机的速度。喷气式飞机最早由德国人在 20 世纪 40 年代制成，是将空气多次压缩后喷入飞机燃烧室内，通过空气与燃料混合燃烧后产生的大量气体来推动涡轮，然后于机后以高速度将空气排出机外，借其反作用力使飞机前进。它的结构简单、制造、维修方便，速度快[一般时速可达 500 ~ 600 mile（1 mile=1 609.344 m）]，节约燃烧费用，装卸载量大（一般可载客 400 ~ 500 人或 100 t 货物），使用率高（每天可飞行 16 h），所以目前已经成为世界各国机群的主要机种。超声速飞机（又称超音速飞机）指航行速度超过声速的喷气式飞机，如英法在 20 世纪 70 年代联合研制成功的协和式飞机。目前超声速飞机由于耗油大、载客少、造价昂贵、使用率低，使许多航空公司望而却步。且由于它的噪声很大，被许多国家的机场以环境保护的理由拒之门外，或者被限制在一定的时间起降，从而更加限制了其发展。

3. 按飞机的发动机数量分类

按发动机数量不同可分为单发（动机）飞机、双发（动机）飞机、三发（动机）飞机、四发（动机）飞机。

4. 按飞机的航程分类

按航程不同可分为近程、中程、远程飞机。

远程飞机的航程为 11 000 km 左右，可以完成中途不着陆的洲际跨洋飞行。中程飞机的航程为 3 000 km 左右；近程飞机的航程一般小于 1 000 km。近程飞机一般用于支线航运，因此又称支线飞机；中、远程飞机一般用于国内干线和国际航线，又称干线飞机。

我国民航总局是按飞机客座数划分的大、中、小型飞机，飞机的客座数在 100 座以下的为小型飞机，100 ~ 200 座为中型飞机，200 座以上为大型飞机。航程在 2 400 km 以下的为短程，2 400 ~ 4 800 km 为中程，4 800 km 以上为远程。但分类标准是相对而言的。

（三）飞机基本构造和工作原理

1. 飞机构造要求

飞机构造要求包括空气动力、质量及强度、使用维护、工艺和经济等方面的要求。

2. 飞机主要组成

飞机主要由机翼、机身、动力装置、起落装置、操纵系统等部件组成。

（1）机翼，是为飞机飞行提供举力的部件。机翼受力构件包括内部骨架、外部蒙皮以及与机身联接的接头。

（2）机身，是装载人员、货物、燃油、武器、各种装备和其他物资的构件，也是连接机翼、尾翼、起落架等的构件。

（3）动力装置，飞机飞行速度提高到需要突破"声障"时，要用结构简单、质量轻、推力大的涡轮喷气式发动机。涡轮喷气式发动机包括进气道、压气机、燃烧室、涡轮和尾喷管五部分。

（4）起落装置，飞机起落装置使飞机能在地面或水面上平顺地起飞、着陆、滑行和停放，吸收着陆撞击的能量，它由减震器、机轮和收放机构组成。改善起落性能的装置包括增举装置、起飞加速器、机轮刹车和阻力伞（或减速伞）等。

（5）操纵系统，飞机操纵系统分为主操纵系统和辅助操纵系统。主操纵系统指对升降舵、方向舵和副翼三个主要操纵面的操纵。辅助操纵系统指对调整片、增举装置和水平安定面等的操纵。

（四）民用航空器标志

国籍标志是识别航空器国籍的标志，登记标志是航空器登记国在航空器登记后给定的标志。

1. 国籍标志

我国选定拉丁字母"B"作为中国航空器的国籍标志，并已载于《国际民用航空公约》附件 7 的附录中。

2. 共用标志

共用标志的确定规则：共用标志须从国际电联分配给国际民航组织的无线电呼叫信号的代号系列中选定。由国际民航组织给共用标志登记当局指定共用标志。

3. 登记标志

一般规定登记标志须是字母、数字或者两者的组合，列在国籍标志之后，第一位是字母，在国籍标志与登记标志之间应有一短横线。

二、管道运输设施与设备

管道运输主要是利用管道，通过一定的压力差来完成货物运输的一种现代运输方式。随着第二次世界大战的结束，石油工业蓬勃发展，管道建设开始了它的新阶段，各产油国纷纷投资建设石油及油气管道，管道逐渐往大管径、长距离、成品油运输的方向发展，并开始尝试用管道运输煤浆。目前全球的管道运输承担着相当大比例的能源物资运输，包括原油、成品油、天然气、油田伴生气、煤浆等。其完成的运量虽常常大于人们的想象（如在美国其完成了接近于汽车运输的运量），但一般人很少意识到它的地位与作用。近年来，管道运输也被用于解决散状物料的近距离运输，如粮食、矿粉等，并且还进一步研究了将轻便物体放在特定的密封管道里的输送。

管道运输由于具有运量大、运输成本低、易于管理等特点而备受青睐，并呈快速发展的趋势，各国也越来越重视输煤管道的研究和应用。随着运行管理的自动化，进入 21 世纪后，管道运输将会发挥越来越大的作用。

（一）管道运输的特征

（1）管道运输既是运输行业的重要组成部分之一，也是衡量一个国家的能源与运输业是否发达的特征之一。目前，长距离、大管径的输油气管道均由独立的运营管理企业来负责其经营和管理。

（2）管道运输多用来输送流体，如原油、成品油、天然气及固体煤浆等。它与其他运输方式（铁路、公路、海运、河运）相比，主要区别在于驱动流体的输送工具是静止不动的泵机组、压缩机组和管道。泵机组和压缩机组给流体以压力能，使其沿管道连续不断地向前流动，直至输送到指定地点。

（二）管道运输的优点

（1）运输量大。

一条输油管管道就可以源源不断地完成运输任务。根据管径的不同，每年的运输量可达数百吨到几千吨甚至超过亿吨。

（2）能耗少、成本低、效益好。

发达国家采用管道运输石油，吨公里的能耗不到铁路的1/7，在大量运输时的成本与水运运输成本接近，因此在无水运条件下，采用管道运输是一种最节能的运输方式。管道运输是一种连续性很强的工程，运输系统不存在空载行程，因而系统的运输效率高，理论分析和实践表明，管径越大，运输的距离就越长，运量就越大，成本也就越低。以运输石油为例，管道运输、水路运输、铁路运输的运输成本之比为1：1：1.7。

（3）占地少。

运输管道常埋在地下，其占用土地资源少。实践证明，运输管道埋藏于地下的部分占管道总长度的95%以上，因而对土地的永久性占用很少，分别为公路的3%，铁路的10%，大大节约了土地的资源。

（4）安全可靠，连续性强。

由于石油天然气易燃、易爆、易挥发和泄漏，采用管道运输不仅安全，还大大降低了物流中无效的搬运及装卸，同时在很大程度上减少了挥发损耗和泄漏导致的污染。也就是说，管道运输能较好地满足运输工程的绿色环保要求，此外，由于运输管道常埋地下，其运输过程基本上不受恶劣气候的影响，能够长期、安全、稳定运行。

（5）管道建设周期短、费用低、营运费用也较低。

管道运输系统的建设周期与相同运量的铁路周期相比，一般来说要短1/3以上。有资料表明，相同距离的情况下，铁路的建设费比管道的建设费高出60%左右。

（三）管道运输的缺点

管道运输最大的缺点就是不如其他运输方式（汽车运输）灵活，除承运的货物种类比较单一外，也不许随便扩展管线。对一般的用户来说，管道运输常常要与铁路运输、汽车运输或水路运输配合才能完成全程运输。另外如果运输量不足，那么运输成本就会居高不下，对用户来说是否选择管道运输是一个值得考虑的问题。

（四）管道运输设施的组成

管道运输设施由管道线路设施、管道站库设施和管道附属设施三部分组成。

（1）管道线路设施，是管道运输的主体，主要有石油管道和天然气管道。

①管道主体由钢管及管阀件组焊连接而成。

②管道防腐保护设施包括阴极保护站、阴极保护测试桩、阳极地床和杂散电流排流站。

③管道水工防护构筑物、抗震设施、管堤、管桥及管道专用涵洞和隧道。

（2）管道站库设施，按照管道站、库位置的不同，分为首站（起点站）、中间站和末站（终点站）。按照所输送介质的不同，又可分为输油站和输气站。输油站包括增压站（泵站）、加热站、热泵站、减压站和分输站，输气站包括压气站、调压计量站和分输站等。

（3）管道附属设施，主要包括管道沿线修建的通信线路工程、供电线路工程和道路工程。此外还有管理机构、维修机构及生活基地等设施。

（五）运输管道的分类

运输管道常按所输送物品的不同分为原油管道、成品油管道、天然气管道和固体料浆管道（前两类常被统称为油品管道或输油管道）。

1. 原油管道

原油一般具有比重大、黏稠和易于凝固等特性。用管道输送时，要针对所输原油的特性，采用不同的输送工艺。原油运输不外乎是自油田将原油输送给炼油厂，或输送给转运原油的港口或铁路车站。其运输特点是输量大、运距长、收油点和交油点少，故特别适宜用管道输送。世界上约有超过 85% 的原油是用管道输送的。

2. 成品油管道

成品油管道负责输送汽油、煤油、柴油、航空煤油和燃料油以及从油气中分离出来的液化石油气等成品油。每种成品油在商业上有多种牌号，常采用在同一条管道中按一定顺序输送多种油品的工艺，这种工艺能保证油品的质量和其能准确地被分批运到交油点。成品油管道的任务是将炼油厂生产的大宗成品油输送给各大城镇的加油站或用户。有的燃料油则直接用管道输送给大型电厂或用铁路油槽车外运。成品管道运输的特点是批量多、交油点多，因此管道的起点段管径大，输油量大，经多处交油分输以后，输油量减少，管径亦随之变小，从而形成成品油管道多级变径的特点。

3. 天然气管道

输送天然气和油田伴生气的管道，包括集气管道、输气干线和供配气管道。就长距离运输而言，输气管道系指高压、大口径的输气干线，这种输气管道约占全世界管道总长的一半。

4. 固体料浆管道

固体料浆管道技术是 20 世纪 50 年代中期发展起来的，到 20 世纪 70 年代初已建成能输送大量煤炭料浆的管道。其输送方法是将固体粉碎，掺水制成浆液，再用泵按液体管道输送工艺进行输送。运输管道按用途不同又可分为集输管道、输油（气）管道和配油（气）管道三种。

5. 集输管道

集输管道（或集气管道）是指从油（气）田井口装置经集油（气）站到起点压力站的管道。主要用于收集从地层中开采出来的未经处理的原油（天然气）。

6. 输油（气）管道

以输气管道为例，它是指从气源的气体处理厂或起点压气站到各大城市的配气中心、大型用户或储气库的管道以及气源之间相互连通的管道，输送经过处理后符合管道输送质量标准的天然气，是整个输气系统的主体部分。

7. 配油（气）管道

对于油品管道来说，它是指在炼油厂、油库和用户之间的管道；对于输气管道来说，是指从城市调压计量站到用户支线的管道，压力低、分支多、管网稠密、管径小，除大量使用钢管外，低压配气管道也可选用塑料或其他材质。

微课：管道运输设备　　微课：航空运输设施的组成

实训设计　运输方式的选择

一、实训目的

熟悉公路、铁路、水运三种运输方式的主要载运工具，能根据需要选择适当的运输方式，并能熟练填写运单。

二、训练步骤

[第一步] 比较运输商品的情况。

运输商品的情况包括运输商品的数量大小、规格和包装状态、商品的价值大小和运输商品对运输条件的具体要求。

[第二步] 比较交通运输情况。

交通运输情况包括供应地和需求地之间包含几条运输线路、每条运输线路的长度及通过能力有多大和每条运输线路可供选用的运输方式有哪几种。

[第三步] 比较商品运输费用。

商品运输费用的比较除考虑运输费用大小以外，还要考虑每种运输方式的运杂费水平及商品运杂费在商品价格中所占比重的大小。

[第四步] 商品运输交货的时间。

考虑到货主要求的到货时间和商品的市场需求状况，在选择运输方式时，要根据每种运输方式的运输速度和运距的长短，计算出商品运输需要花费的时间，并根据商品运输辅助作业的情况（如装卸搬运、验收、分拣、换装等）推算出商品运输辅助作业所花费的时间，两者合计后为商品运输的交货时间。从运输方式上看，各种运输方式的运到期限由快到慢的顺序是航空运输、汽车运输、铁路运输、水路运输。

[第五步] 比较不同运输方式对商品的损耗影响。

根据运输商品的性质、不同运输方式的特征、在途时间的长短以及作业环节的多少，预先估算出商品在运输中的损耗大小，确保商品在运输过程中的损耗在合理范围内。

[第六步] 比较不同运输方式中商品在途时间的长短，并计算商品在途时间内银行产生的

利息。先计算商品价值总额，再比较不同运输方式商品在途时间的长短，以当日银行同期存款利率计算每种运输方式商品在途时间占用的资金利息，比较利息大小。

[第七步] 综合考虑上述因素，确定运输商品的运输方式和运输工具。

[第八步] 填写具体要求。

（1）发站、到站（局）和到站所属省（市）自治区各栏。

发站和到站应按《铁路货物运价里程表》中所列载的名称填写，不得省略，不得填写简称。到站及所属铁路局、省（市）自治区，三者必须相符。

（2）托运人、收货人名称、地址及电话各栏。

托运人、收货人名称应填写托运单位、收货单位的完整名称。当托运人、收货人为自然人时，应填写其姓名。

托运人地址或收货人地址应详细填写其所在省、市、自治区城镇街道、门牌号或乡、镇、村名称。电话号码也要填写，以便到货时通知或联系。

（3）货物名称栏。

货物名称栏里应填写《铁路货物运价规则》附件三"铁路货物运输品名检查表"内所列载的品名，危险货物名称应填写《铁路危险货物运输管理规则》附件一"铁路危险货物运输品名表"内所列载的品名并在品名之后用括号注明危险货物的编号。对于"铁路货物运输品名检查表"或"铁路危险货物运输品名表"中未列载品名的货物，应填写生产或贸易上通用的具体名称。

（4）包装栏。

填写包装种类，如"木箱""纸箱""铁桶"等，按件承运的无包装的货物填写"无"，只按质量承运的货物可不填写。

（5）件数栏。

按货物名称与包装种类，分别填写件数，使用集装箱运输的货物填写箱数，只按质量承运的货物，填写"散""堆""罐"字样。

（6）货物价格栏。

按保价运输和（或）货物保险运输时，必须填写此栏。一票多种货物时，可按货物的名称分别填写，也可填写一个总数。

（7）托运人确定质量栏。

按货物名称与包装种类，以千克（kg）为单位，分别填写货物的质量，也可填写一个总数。

（8）合计栏。

"货物价格""托运人确定质量"各栏填写其合计数。"件数"栏填写其合计数或"散""堆""罐"等字样。

（9）领货凭证。

领货凭证各栏的内容应与运单相应各栏内容保持一致。

[第九步] 水路货物运单填写要求。

（1）一份运单填写一个托运人、收货人、起运港、到达港。

（2）货物名称、件数、体积、包装方式、识别标志等应与运输合同的约定相符。

（3）对整船散装的货物，如果托运人在确定质量时有困难，则可要求承运人提供船舶水尺计量数作为确定质量的依据。

（4）对单件货物质量或长度（沿海为 5 t、12 m，长江、黑龙江干线为 3 t、10 m），超过标准的，按笨重、长大货物运输办理，在运单内载明总件数、质量和体积。

（5）水路货物运单一般为六联，第一联为起运港存查联；第二联为解缴联，起运港航运公司留存；第三联为货运收据联，起运港交托运人留存；第四联为船舶存查联，承运船舶留存；第五联为收货人存查联；第六联为货物运单联，作为提货凭证，收货人交款、提货、签收后交到达港留存。

思考题

（一）名词解释

管道输送、首站、末站。

（二）填空题

1. 运输管道常按所输送物品的不同分为（　　）、（　　）和（　　）。

2. 按照我国《公路工程技术标准》（JTG B01—2014），并根据公路的使用任务、功能和交通量，将公路分为（　　）、（　　）、（　　）、（　　）和（　　）五个级别。

3. 目前我国的货运站按业务内容不同，可分为（　　）、（　　）、（　　）、（　　）。

（三）简答题

1. 我国公路是如何划分等级的？其依据是什么？

2. 简述集装箱船的分类和适用范围。

3. 简述管道运输的优缺点。

（四）选择题

1. （　　）又称集装箱堆场，是指贮存和保管空、重箱的场地，是码头堆场中除前方堆场以外的部分。

    A. 集装箱码头

    B. 后方堆场

    C. 集装箱

    D. 集装箱船泊

2. （　　）用牵引列车，其本身不装运旅客或货物。

    A. 铁路机车

    B. 铁路车辆

    C. 火车

    D. 编组站

3. 下列各项不属于高速公路的特点的是（　　）。

    A. 通行能力大

    B. 运输费用省，经济效益高

C. 最高速度可达到 130 km/h

D. 行车安全

4. 在港口的分类中，河口港、海港和河港是按照（　　）进行分类的。

A. 性质

B. 用途

C. 位置

D. 报送流程

项目三 仓储设施设备

1. 了解仓储设备的功能与选择考虑的主要因素。
2. 理解仓储设备、货架、自动化立体仓库的概念、基本类型及其主要特征。
3. 掌握货架的基本结构、自动化立体仓库的结构及其主要功能。
4. 运用本章相关理论分析相应的案例。

任务一 仓库分类与功能

微课：仓库的分类 　　微课：仓库的功能 　　微课：通用仓库

一、仓库分类

仓储系统由仓库、月台、装卸设备、搬运设备和货架以及其他辅助设施组成，其中，仓库是仓储系统中一个重要的组成部分，根据不同的分类方法可以分为不同的形态。

（一）按使用对象和权限分类

1. 自备仓库

它附属于企业、机关、团体，是专门为这些单位储备自用物资的仓库。其优点是具有较强的控制能力、成本低、可以充分发挥人力资源。缺点是缺乏柔性、财务方面限制大、投资回报率低。

2. 营业仓库

它是一种社会化的仓库，面向社会提供服务，以经营为手段，以盈利为目的。其优点是节省资金投入、缓解存储压力、减少投资风险、具有较高的柔性化水平。缺点是沟通困难、缺乏个性化服务。

3. 公共仓库

公共仓库为本身不单纯进行经营，而是为其他公用事业进行配套服务的仓库。公共仓库的服务提供方和接受方之间是一种合同关系。合同经营使双方容易沟通和协调，提供较大的灵活性并可进行信息资源共享。

（二）按所属的职能分类

1. 生产仓库

它是为企业生产或经营储存原材料、燃料及产成品的仓库。

2. 流通仓库

它是专门从事中转、代存等流通业务的仓库，以物流中转为主要职能。在运输网点中，也以转运、换载为主要职能。

3. 储备仓库

它是专门负责长期存放物资，以完成国家或相关部门物资储备保证的仓库。

（三）按结构和构造分类

1. 平房仓库

它是单层的，一般有效层高在 5 ~ 6 m 的仓库。

2. 楼房仓库

它是两层及以上的仓库，楼房各层之间通过垂直运输机械或坡道相连。

3. 高层货架仓库

这种仓库建筑形式表现为单层，但内部设置层数多、总高度较高的货架。这种仓库的建筑总高度高于一般的楼房仓库，是一种自动化程度较高、存货能力较强的仓库。

4. 罐式仓库

它是以各种罐体为储存库的大型容器型仓库。

（四）按技术处理方式及保管方式分类

1. 普通仓库

它是常温保管、自然通风、无特殊功能的仓库。

2. 冷藏仓库

它是具有制冷装置和保温隔热设施，专门用于储存冷冻物资的仓库。

3. 恒温仓库

它是能调节温度，并能恒定在一定温度范围内的仓库。

4. 露天仓库

它是在自然条件下保管，无建筑物围挡遮蔽的，直接对货堆进行防护的仓库。

5. 水上仓库

它是利用水面或水下在高湿度条件下储存货物的仓库。

6. 危险品仓库

它是专门用于保管危险品，并能对危险品具有一定防护作用的仓库。

7. 散装仓库

它是专门保管散粒状、粉状物资的容器式仓库。

8. 地下仓库

它是利用地下的洞穴或建筑物储存物资的仓库。这种仓库主要用来储存石油等战略物资，具有较高的储存安全性。

（五）特种仓库

1. 移动仓库

它是不固定在一定位置，而利用本身可移动的性能，能移动至所需地点完成储存任务的仓库。

2. 保税仓库

它是根据有关法律和进出口贸易的规定，专门保管暂未纳进口税的进口货物的仓库。

二、仓库的作业环节

仓储系统一般包括收货、存货、取货、发货等作业环节。收货时，需要站台或场地供车辆停靠，需要升降平台作为站台和载货车辆之间的过桥，需要托盘搬运车或叉车等设备完成卸车作业。

卸车时需要核对货物的品名和数量，检查货物是否完好无损。一般还需要把货物整齐地码放在仓库内部专用的托盘上或容器内。在仓库的收货处一般都设有计算机终端，用来输入收货信息。有时需要用计算机打印出标签和条形码贴在货物托盘上，以便在随后的储运过程中识别和跟踪。

存货是仓库的主要功能。存货之前首先要确定存货的位置。在人工管理库存的情况下，为了便于查找和避免差错，通常都采取分区存放法。这种存放原则的优点是简单，缺点是即使位置空着，别的货物也不能占用，从而使库位的利用率降低。在计算机管理库存的情况下，可以采取随意存放的原则而不会出错。有时为了加快入库作业，如在大批量地集中入库然后零星出库的场合，可以把货物存放在离入库口最近的库位。有时为了加快出库作业，如零星入库然后集中出库的场合，则可以在入库时把货物存放在离出库口最近的库位。存放作业通常由叉车或巷道堆垛机来完成。为了对所放的货品进行清洗、涂油、重新包装等维护保养工作以及裁料（分割）、配货等加工处理工作，还需配备相应的设备。

取货是仓库的另一个主要作业环节。根据不同的情况可以有不同的取货原则。最通常采用的原则是先入先出。如果同一种货物分多次存入仓库，则取货时要把最早存入的货物取出来。对于货架仓库，这个原则比较容易实现。对于无货架密集堆放的仓库，由于先入的货物存放在货堆的深处，货被压在后入库的货物的下面。所以只能实行后入先出的原则。在仓库的保管环境下，有些货物不会因为存放期长而变质，为了加速出库作业，也可以采取就近出库的原则，即离出库口最近的货物先出库。

在由先进的计算机管理的仓库内，根据订单或取货申请单，计算机从库存货物中按一定的出库原则输出相应取货位号。在每个库位处都有一个小的显示屏（电子标签），指出所需拣取的货物品种的数量。拣货员不需要任何拣货单，只需沿货架走动，看到指示灯亮的地方就停下来拣货，按显示屏上的指令进行拣货作业，完成后按一下按钮，计算机就得到完成拣货的信息，随即指示灯熄灭。当所有的库位上的指示灯都不亮时，就表示这批作业已经完成。随后计算机就可以发出第二批拣货指令。

发货是仓库的最后一项任务。根据服务对象的不同，有些仓库只向单一的用户发货，有些则向多个用户发货。一般来说，用户需要的是多种货品，因此在发货前需要配货和包装。向多个用户发货时，一般需要多个站台，在自动化程度较高的仓库内，拣出的货品通过运输机运到发货区。货品上或装着货品的容器上贴着计算机打印出来的条形码和装箱单。自动识别装置在货品运动过程中阅读条形码，识别该货品属于哪一个用户。信息输入到计算机中，计算机随即控制分选运输机上的分岔机构，把货品拨到相应的包装线上，包装人员按装箱单核查货品的品种和数量是否正确无误，确认无误后装入纸箱并封口。然后通过码盘机码放成托盘单元，由叉车完成装车作业。

三、仓储系统的主要参数

仓储系统的参数很多，大致可以分为两个大类，即设计参数和经营参数。前者主要是在设计阶段反映仓库的一种潜在能力，后者主要反映管理者的经营能力和水平。

（一）设计参数

1. 仓库建筑系数

它是各种仓库建筑物实际占地面积与库区总面积之比。该参数反映库房及用于仓库管理的建筑物在库区内排列的疏密程度，即反映总占地面积中库房比例的高低。

2. 库房建筑面积

它是仓库建筑结构实际占地面积，用仓库外墙线所围成的平面面积来计算。多层仓库建筑面积是每层面积之和。其中，除去墙、柱等无法利用的面积之后的面积称为有效面积，从理论上来说有效面积都是可以利用的面积。但是，在实际中，有一部分是无法直接进行生产活动的（如楼梯等），除去这一部分的剩余面积就是使用面积。

3. 库房建筑平面系数

它是衡量使用面积占库房建筑面积多少的参数。

4. 单位面积的库容量

它是总库容量与仓库占地面积之比。在土地紧缺、土地征用费用高的场合，这是一个很重要的经济指标。

5. 库容量

库容量是仓库中可以存放货物的最大数量，一般以重量来表示。它是仓库的主要参数之一，是规划设计仓库时首先要确定的设计参数。库容量的大小直接关系着仓库的建设投资规模和建成后的经营能力。

（二）经营参数

1. 库房面积利用率

它是使用面积中实际堆存货物面积所占的比例。它表示实际使用面积被有效利用的程度，其余数即非保管面积所占的比例。

2. 库房高度利用率

它是反映库房空间高度被有效利用的指标。它表示实际使用空间被有效利用的程度。

3. 库容量利用系数

库容量利用系数等于实际库容量与设计库容量之比。由于这是一个随机变动的量，一般取它的年平均值作为考核指标。

4. 库存周转次数

它是年入库容量或者年出库容量与年平均库存量之比。对于生产性和经营性的仓库，库存周转次数越多说明资金周转越快，经济效益越高。有些经营好的企业库存周转次数可达到每年24次以上，即十天到半个月就可周转一次。衡量仓库经营效率的最主要的指标是库容量利用系数和库存周转次数。

5. 出入库频率

它决定仓库搬运设备的规格和数量。出入库频率又与库容量有密切的关系。从理论上说，如果管理得当，使供应和消费的节奏一致，即入库和出库的频率和数量一致，库容量可为极小值。但是组织频繁入库和出库，需要增加搬运设备的能力，也是需要投资的部分。因此，在规划设计一个仓库时，应在二者之间作恰当的选择以求得最经济合理的方案。

6. 全员平均劳动生产率

这是仓库全年出入库容量与仓库总人数之比，通常它取决于仓库作业的机械化程度。

7. 机械设备的利用系数

首先根据全年出入总量算出机械设备的全年平均小时搬运量，它与机械设备的额定小时搬运量之比即为机械设备的利用系数。这个系数可用来评估机械设备配置的合理性。

任务二　货架认知与选择

一、货架的作用和功能

（一）货架的概念

一般而言，货架泛指存放货物的架子。在仓库的设备中，货架是指专门用于存放成件物品的保管设备。货架在仓库占有非常重要的地位，随着现代工业的迅猛发展，物流量的大幅度增加，为实现仓库的现代化管理，改善仓库的功能，不仅要求货架数量多，而且要求货架具有多功能，并能满足机械化、自动化要求。

（二）货架的作用和功能

货架在现代物流体系中起到重大的作用。仓库管理能否实现现代化，与货架的种类、功能有直接的关系。货架的作用及功能主要表现在以下几个方面。

（1）货架是一种架式机构物，通过其可以充分利用仓库空间，提高库容利用率，扩大仓库储存能力。

（2）存入货架的货物互不接触、互不挤压，物质损耗小，可以完整保证物质本身的功能，减少货物的损失。

（3）货架中的货物存取方便，便于清点和计量，可以做到先进先出。

（4）保证货物的存储质量，可采用防潮、防尘、防盗、防破坏等措施来提高货物储存质量。

（5）很多新型货架的结构及功能有利于实现仓储系统的机械化及自动化管理。

二、货架的分类

（一）按货架的发展不同分为传统货架和新型货架

托盘货架、层格式货架、抽屉式货架、橱柜式货架、U 形架、悬臂架、栅架、鞍架、轮胎专用架等属于传统货架；旋转式货架、移动式货架、装配式货架、驶入式货架、高层货架、阁楼式货架、重力式货架等属于新型货架。

微课：货架的分类

（二）按货架的结构不同分为整体式货架和分体式货架

货架是库房的骨架，屋顶支承在货架上，这种结构的货架称为整体式货架；货架独立建在库房内，货架与仓库分开，这种结构的货架称为分体式货架。

（三）按货架的承载量不同分为轻型货架、中型货架和重型货架

轻型货架的每层承重在 150 kg 以下，常用于超市货架；中型货架的每层承重为 150 ～ 500 kg，一般为工业货架；重型货架的每层承重在 500 kg 以上，主要为重型工业货架。

（四）按货架高度不同分为低层货架、中层货架和高层货架

高度在 5 m 以下，用于普通仓库的是低层货架；高度在 5 ～ 15 m，用于立体仓库的是中层货架；高度在 15 m 以上，主要用于立体仓库的是高层货架。

（五）按货架形式不同分为通道式货架、密集型货架、旋转式货架

货架间留有存取货通道的是通道式货架，如货柜式、托盘式、悬臂式、贯穿式等，通道式货架间的通道数量很少；高库容率的是密集型货架，如移动式、重力式等；货架可沿一定的轨道旋转，便于拣货的货架是旋转式货架，它根据旋转的方式不同又分水平旋转式和垂直旋转式两种。

三、常见货架

（一）托盘货架

1. 托盘货架的结构

托盘货架是装有托盘以存放货物的货架。托盘货架一般为用钢材或钢筋混凝土做成的单排或双排货架，适用于品种中等、批量一般的托盘货物的储存，高度为 6 m 以下，以 3 ～ 5 层为宜。高层托盘货架一般用巷道式堆垛机自动存取货，低层托盘货架用叉车存取货。

2. 托盘货架的特点

使用托盘货架存放货物可以避免货物直接堆码时的挤压、损坏和失稳现象。另外，托盘货架存取货方便，可实现机械化作业，便于单元化存取，库容利用率高，利于计算机管理，拣货效率高，能实现先进先出，但储存密度低，需较多的通道。托盘货架可配合叉车等工具储存大件或重型货物等，其运用领域广泛。

3. 托盘货架的选择

一般在选用层架时，需考虑单元负载的尺寸、重量以及叠放的层数，以决定适当的支柱及横梁尺寸。图 3-1 所示的层架为一般常用的托盘叠放方式，即一个横梁开口，存放 2 ～ 3 个托盘。此种托盘货架一般高度为 4 ～ 6 m，并需配合使用电动平衡重式叉车来进行存取作业。

图 3-1 托盘货架

（二）层格式货架

层格式货架与层架类似，其区别在于会在某些层，甚至每层中用间隔板分成若干格。

1. 开放层格式货架

开放层格式货架的每格一般只放一种物品，物品不易混淆，但是层间光线暗，存放数量不大，主要用于存放规格复杂、多样，必须互相隔开的物品（见图 3-2）。

图 3-2 开放层格式货架

2. 抽屉式货架

它属于封闭式货架的一种，具有防尘、防潮、避光的作用，用于比较贵重的小件物品的存放，或用于怕尘土、怕湿等的贵重物品（如刀具、量具、精密仪器、药品等）的存放（见图 3-3）。

3. 橱柜式货架

它与抽屉式货架类似，也是一种封闭式货架。其在层格架或层架的前面装有橱门，上下左右及后面均封闭起来，门可以是开关式，也可以是左右拉开式或卷帘式。门的材质有木、玻璃、钢、纱等。橱柜式货架主要用于存放贵重文物、文件及精密配件等（见图 3-4）。

图 3-3　抽屉式货架　　　　　　　　　　图 3-4　橱柜式货架

（三）悬臂式货架

悬臂式货架又称为悬臂式长形料架。

1. 悬臂式货架的结构

悬臂式货架由 3～4 个塔形悬臂和纵梁相连而成，如图 3-5 所示。它一般分为单面和双面两种，臂架用金属材料制造。为了防止材料被碰伤或划伤，常在金属悬臂上垫有木质衬垫，也可以用橡胶带保护。悬臂架的尺寸不定，一般根据所放长形材料的尺寸大小来确定其尺寸。

图 3-5　悬臂式货架及其应用

2. 悬臂式货架的特点及用途

悬臂式货架是边开货架的一种，可以在货架两边存放货物，但不太便于机械化作业，存取货作业强度大，一般适于轻质的长条形材料存放，可用人力进行存取操作，重型悬臂架用于存放长条形金属材料。要放置圆形物品时，可以在其臂端装设阻挡块以防止滑落。悬臂式货架适用于杆形料生产厂或长形家具制造商。其缺点是高度受限，一般在 6 m 以下，且空间利用率低，约为 35%～50%。

（四）倍深式托盘货架

倍深式托盘货架（见图 3-6）与托盘货架具有相同的基本架构，只是把两排托盘货架结合，以增加第二列的储存位置，因此储存密度可增加一倍，但相对地其存取性及出入库能力则会降低，而且必须配合使用倍深式堆高机或者货叉前移式叉车以存取第二列的托盘。

图 3-6　倍深式托盘货架

（五）驶入式货架

1. 驶入式货架的结构

驶入式货架又称为进车式货架，这种货架采用钢质结构。钢柱上在一定的高度有向外伸出的水平突出物。当托盘被送入时，突出的构件将托盘底部的两个边托住，使托盘本身起横梁的作用。当架子上没有放托盘时，货架正面便变成了无横梁状态，形成了若干通道，可以方便叉车等的出入。

2. 驶入式货架的特点及应用

这种货架的特点是叉车直接驶入货架进行作业，叉车与架子的正面呈垂直方向驶入，在最内部设有托盘的位置卸放托盘货载直至装满，取货时再从外向内按顺序取货。驶入式货架能起到保管场所及叉车通道的双重作用。但是叉车只能从架子的正面驶入，一方面虽可以提高库容量以及空间利用率，另一方面却很难实现先进先出。故此每一巷道只宜保管同一品种的货物，此种货架只适用于少品种、大批量以及不受保管时间限制的货物的存放。驶入式货架是高密度存放货物的主要货架，储存密度高，库容利用率可达 90% 以上，具体如图 3-7 所示。

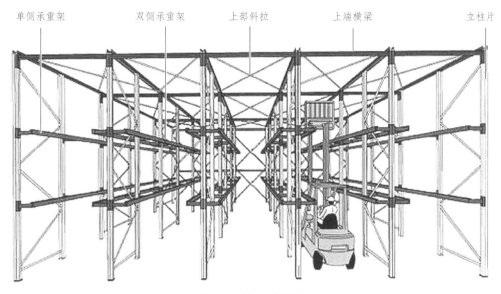

单侧承重架　　双侧承重架　　上部斜拉　　上端横梁　　立柱片

图 3-7　驶入式货架

（六）移动式货架

1. 移动式货架的结构及分类

移动式货架是一种带轮且可沿轨道移动的货架。在货架下面装有滚轮，在仓库地面装有导轨，货架可以通过轮子沿导轨移动。根据驱动方式不同，移动式货架分为人力摇动式和电力驱动式两种，移动式货架如图 3-8 所示。

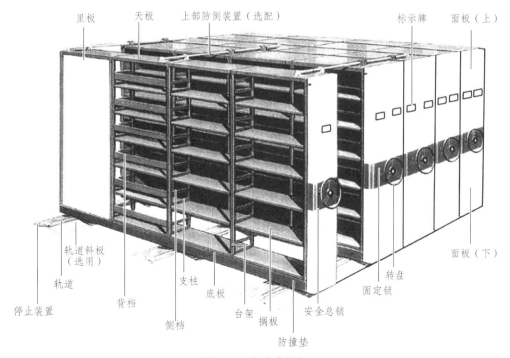

里板　　天板　　上部防倒装置（选配）　　　　　　　标示牌　　面板（上）

轨道斜板（选用）　　支柱　　底板　　台架　　安全总锁　　转盘　　面板（下）
轨道　　背档　　侧档　　搁板　　防撞垫　　固定锁
停止装置

图 3-8　移动式货架

2. 移动式货架的特点及用途

移动式货架平时紧靠在一起，密集排列，可以密集储存货物。存取货物时，通过手动或电动驱动使货架沿轨道横向移动，形成通道，并可用这个方法不断变化通道，以便于对另一货架进行操控，利用叉车等设备进行存取作业，作业完毕，再将货架移回原来位置。这样就克服了普通货架每列必须留出通道的弊病，减少了作业通道数，一般只需要留出一条通道位置即可。通常而言，移动式货架相比托盘式货架要增加 50% 的空间，可以提高仓库利用率。而且使用移动式货架存取货物方便，易于控制，安全性能好。

移动式货架主要用于小件、轻体货物的存取，如果采取现代技术，也可制成可存取大重量物品的移动货架，如管件、阀门、电动机托盘等。这种货架尤其适用于环境条件要求高、投资大的仓库，如冷冻、气调仓库，可以减少环境条件的投资。其缺点是机电装置多，维护困难，建造成本高，施工速度慢。

（七）阁楼式货架

1. 阁楼式货架的结构

阁楼式货架为两层堆叠制成的阁楼布置的货架。其结构有的是由底层的货架承重，上部搭载楼板，形成一个新的楼面；有的是由立柱承重，上部搭载楼板形成楼面。阁楼式货架如图 3-9 所示。

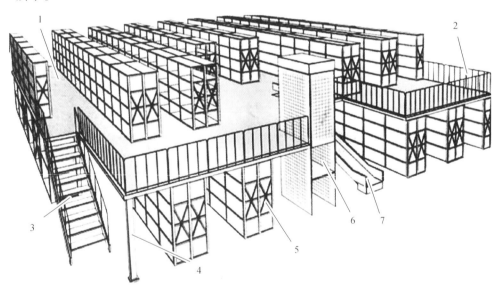

1—楼板；2—护栏；3—楼梯；4—立柱；5—斜拉；6—提升机；7—滑道。

图 3-9　阁楼式货架

2. 阁楼式货架的特点及应用

阁楼式货架是在已有的仓库工作的场地上建造楼阁，在楼阁上面放置货架或直接放置货物。货物的提升可以通过输送机、提升机、电葫芦，也可以利用升降台等。在上层可以使用轻型小车或托盘车进行货物的堆码。其特点是能充分利用原有平房的空间，提高储存量，一般用于旧库改造。

一般的旧库，库内有效高度在 4.5 m 以上，如果安装一般货架或者就地堆码，在操作上受人的高度的限制，只能利用 2 m 的空间，采用阁楼式货架后，可以成倍提高原有仓库利用率，但存取作业效率低。阁楼式货架主要用于存放储存期较长的中小件货物。

（八）重力式货架

重力式货架又称流动式货架，一般细分为托盘重力货架（见图 3-10）和箱式重力货架（见图 3-11）。它是现代物流系统中的一种重要的、应用广泛的设备。其原理是利用货体的自重，使货体在有一定高度差的通道上，从高处向低处运动，从而完成进货、储存、出库的作业。

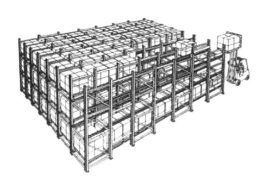

图 3-10　托盘重力货架

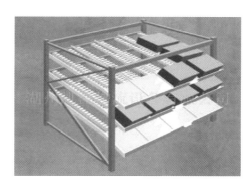

图 3-11　箱式重力货架

1. 重力式货架的结构

重力式货架和一般层架从正面看外观基本相似，不过，其深度比一般层架深得多，类似于许多层架密集靠放。每一层隔板有出货端（前端）比进货端（后端）低的坡度。有一定坡度的隔板可以制成滑道形式，货物顺着滑道从高端向低端滑动，也可以制成滑轨、辊子或滚轮等形式，以提高货物的运动性能。

2. 重力式货架的特点

重力式货架具有如下特点：

（1）单位面积库容量大。重力式货架属于密集型货架，可以大规模密集存放货物，与移动式货架的密集存放相比，规模还能更大，而且无论轻体货物还是托盘货物甚至小型集装箱都可以存放于重力式货架中。由于高度密集，减少了通道，可以有效节约仓库的面积。与普通货架相比可以提高 50% 的空间利用。

（2）固定了出入库位置，减少了出入库工具的运行距离。采用普通货架出入库时，搬运工具如叉车、作业车等需要在通道中穿行，容易出错，而且工具运行线路难以规划，运行距离也较长。例如，采用重力架存储货物，叉车进行作业时运行距离可以缩短 1/3。

（3）由于出入库作业完全分离，两种作业可以各自向专业化、高效率的方向发展，而且进行出入库作业时，工具互不交叉、互不干扰，可以有效降低事故发生的概率，提高安全性能。

（4）和进车式货架等其他密集存储方式不同，重力式货架绝对能保证货物的先进先出，因而符合仓库管理现代化的要求。

（5）和一般货架相比，重力式货架大大缩小了作业面，有利于拣选活动，既是拣选式货架的主要形式，也是储存型拣选货架的主要形式。

3. 重力式货架的应用范围

重力式货架的主要应用领域有两个：

（1）进行大批量货物的储存，这种方式采用的是大型重力式货架。

（2）拣选式货架普遍应用于物流中心、转运中心、配送中心、仓库、门店的拣选配货作业中，这种方式一般采用轻型重力式货架。

四、货架的选择

（一）物品特性

储存物品的外形、尺寸，直接关系到货架规格的选定，储存物品的重量大小则直接影响到选用何种强度的货架。托盘、容器或单品均有不同的货架选用类型。另外预测所需总储位的数量，必须考虑到未来数年的成长需求。这些资料可以经过储存系统分析获得。

（二）存取性

一般存取性与储存密度是相对的。也就是说，为了得到较高的储存密度，就必须相对牺牲物品的存取性。虽然有些型式的货架可得到较佳的储存密度，但相对的其储位管理较为复杂，也常无法做到先进先出。只有立体自动仓库可通过往上发展，使存取性与储存密度俱佳，但相对的投资成本较为昂贵。因此选用何种型式的储存设备，可以说是各种因素的折中，也是一种策略的应用。

（三）入出库量

某些型式的货架虽有很好的储存密度，但入出库量却不高，适合于低频率的作业。入出库量高低是非常重要的数据，是选用何种货架设备型式时要考虑的重要因素。

（四）搬运设备

储存设备的存取作业是通过搬运设备来完成的。因此选用储存设备需一并考虑搬运设备。叉车是一般通用的搬运设备，而货架巷道宽度则会直接影响到叉车型式的选用。

（五）厂房架构

储存设备的选用须考虑梁下有效高度，以决定货架高度。而梁柱位置则会影响货架的配置。地板承受的强度、地面平整度也与货架的设计及安装有关。另外尚须考虑防火设施和照明设施的安装位置。

任务三　月台技术与设备

一、线路和站台

和仓库相连的线路或进入到仓库内部的线路，以及线路与仓库的连接点称为站台，也称为月台、码头，是仓库进发货的必经之路。月台设施既是仓库运行的基本保证条件，又是仓库高效工作不可忽视的部位。

微课：月台的设计

（一）线　路

和仓库相连的线路基本要求是能满足进出货运量的要求，不造成拥挤阻塞。

1. 铁路专用线

铁路专用线简称专用线，是与铁路网相接的专供仓库使用的线路。大量进出货的集散型仓库，一般依靠专用线将仓库与外界沟通，煤炭、水泥、油类、金属材料配送型仓库或配送中心，也往往依靠专用线解决大量进货的问题。

2. 汽车线

汽车线是与公路干线相连的汽车线路，可深入库内，一般用于进出货量不大的仓库。生产企业的大型成品库靠铁路线路及汽车线向外出货。一般流通仓库，铁路线与进货区相连而汽车线与出货区相连。现代仓库在汽车大型化的前提下，很多不设铁路线，尤其是大城市中的仓库，主要依靠公路线与外界连接。

（二）站　台

站台的基本作用是车辆停靠处、装卸货物处、暂存处，利用站台能方便地将货物装进车辆中或从车辆中取出，实现物流网络中线与结点的衔接转换。

二、站台的主要形式

（一）高低站台

站台可以根据站台的高度分为高站台和低站台两种。其中，高站台的高度与车辆货台高度一样，车辆停靠后，车辆货台与站台处于同一水平面，有利于使用作业车辆进行水平装卸，使装卸合理化。而低站台和地面一样高，往往和仓库地面处于同一高度，以利于站台与仓库之间的搬运。一般而言，低站台与车辆之间的装卸作业不如高站台方便。但是如果采用传送装置装卸货物，由于传送装置安装需要一定的高度，使用低站台，在安装完成以后，可以与车厢底板保持同等高度。此外，使用低站台也有利于叉车的作业。

（二）站台高度的确定

在一个库区内可以考虑停靠车辆的种类，有若干不同高度的停靠位置，也可考虑车种平均高度，尽可能缩小货车车箱底板与站台的高度差，以达到提高作业效率的目的。

三、站台距离的调整

在仓库中，进出货车种类可能很多，因而即使考虑不同高度的站台，也很难使全部车辆与站台相接合。要克服车辆与月台间的间距和高度差，一般站台为作业安全与方便起见，常采用以下三种设施。

（一）可移动式楔块

可移动式楔块又叫竖板，如图 3-12 所示。装卸货品时，可移动式楔块放置于卡车或拖车的车轮旁固定，以减少装卸货期间车轮意外滚动可能造成的危险。

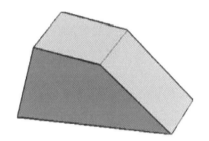

图 3-12　可移动式楔块

（二）升降平台

升降平台属于最安全也最有弹性的卸货辅助器材。它分为卡车升降平台（见图 3-13）和码头升降平台（见图 3-14）两种。卡车升降平台多用于无站台的仓库，通过提高或降低车子后轮使得车底板高度与月台一致从而方便装卸货。码头升降平台则是通过调整码头平台高度来配合配送车车底板的高度。

图 3-13　卡车升降平台

图 3-14　码头升降平台

（三）车尾附升降台

车尾附升降台（见图 3-15）是装置于配送车尾部的特殊平台。当装卸货时，可运用此平台将货物装上卡车或卸至月台。车尾附升降台既可延伸至月台，也可倾斜放至地面，有多种样式，适合于无月台设施的物流中心或零售点的装卸货使用。

图 3-15　车尾附升降台

四、站台设计

出入口站台的设计要根据作业的性质以及厂房的型式，主要需要考虑如下几个方面的因素。

（一）进出货站台的安排方式

以仓库内物流的情况决定进出货站台的安排方式。为了使物料能顺畅地进出仓库，进货码头与出货码头的相对位置安排非常重要，很容易影响进出货的效率及品质。一般来说，这两者之间的安排方式有以下四种。

1. 进货及出货共用站台

这种设计可提高空间及设备使用率，但是管理较难，尤其是在进出货高峰时刻，容易造成进出货相互牵绊和混乱的局面，适合于进出货时间错开的仓库。

进货口及出货口	仓库

2. 进出货站台分区相邻

这种设计使进货及出货作业空间分隔，可以解决上一方案中进出货物可能互相牵绊的困扰，提高设备使用率，但是作业空间不能弹性互用的情形必将使空间效率变低。此安排方式比较适合厂房空间适中，且易造成进出货相互干扰的仓库。

进货口	仓库
出货口	

3. 进出货作业使用不同码头，且两者不相邻

这种安排使进出货作业属于完全独立的两部分，不仅空间分开，设备的使用也做划分，因而可以使进货与出货作业迅速顺畅，但设备及空间的使用率低。一般适合于厂房空间大且进出货时段冲突频繁的仓库。

4. 数个进货、出货码头

不管采用以上哪种方案，若厂房空间足够且货品进出频繁复杂，就需要规划多个码头以实现对存货的及时需求管理，如图 3-16 所示。

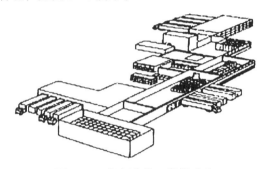

图 3-16　多个进货、出货码头

（二）月台数量的确定

要做到任何时刻都能够让进出货车辆通行无阻，不用等待即可装卸货，就必须拥有足够数量的月台来运作停泊。在一定的空间内要想预计准确的月台数来运作停泊，就需要掌握以下资料：

（1）有关进出货的历史资料。

（2）尖峰时段的到达车辆数。

（3）每车装卸货所需时间。

（4）在可预见的未来，进出货能力的预留。

（三）作业通道

在月台设计中同样存在作业通道宽度的确定问题。作业通道主要供搬运车辆载货至暂存区进出使用。它与装卸货使用的搬运车辆型式有关。使用手动托盘车所需的作业通道宽度大约是 1.8～2.4 m。动力叉车所需作业通道宽度大约是 2.4～4.5 m。此作业通道只限于装卸货物使用，不能作为仓库的主要通道。

（四）码头设计型式

码头设计型式一般分为两大类，即锯齿型及直线型。这两种型式的特点如下：锯齿型的优点在于车辆回旋纵深较浅，缺点为占用仓库内部空间较大；直线型的优点在于占用仓库内部空间较小，缺点是车辆回旋纵深较深，外部空间要求较大。

由以上可知，这两种形式的设计是一个互补的关系，因而在做决策的时候，就需要考虑土地及建筑物的价格。如果土地价格昂贵，可考虑锯齿型；若土地价格与仓库的造价差距不大时，采取直线型者为佳。

（五）回转作业空间

所谓回转作业空间，是指货车进出及停靠码头所需的活动空间。该空间大小与货车的长度及回转半径相关，并与月台的宽度及数目相关。

以 40 ft 长的货柜车为例，从码头到最近的障碍物（围墙）的距离，至少要有两部货车的长度，才能使货车有足够作业回转空间。

任务四　自动化立体仓库

微课：自动化立体
仓库的分类

一、自动化立体仓库概述

自动化立体仓库是当代货架储存系统发展的最高阶段，它与自动分拣系统和自动导向车并称为物流技术现代化的三大标志。

所谓自动化高层货架仓库是指用高层货架储存货物，以巷道堆垛起重机存取货物，并通过周围的装卸设备，自动进行出入库存取作业的仓储货架系统。随着工业现代化进程的加快，工业产品的仓储也朝着大面积、大空间的方向发展。自动化立体仓库实现了机械化、自动化控制，并日益向立体化方向发展，如图 3-17 所示。

图 3-17　自动化高层货架仓库示意图

自动化立体仓库是采用自动化控制技术、实现计算机辅助管理货物的自动储运的无人高架仓库，是仓库储运科学中的一门新兴的综合性科学技术。自动化立体仓库的货物管理具有先进的储运设备，具有可实现对货物的单元化集装、大容量贮存和货物储运的机电一体化动态管理等特点。自动化立体仓库的货物管理既是仓储业的一门高效、科学的管理系统，也是对传统物料管理技术的深刻的变革。

自动化高层货架仓库经常应用于大型生产性企业的成品仓库，柔性自动化生产系统，流通领域的大型流通中心、配送中心。

一般而言，和使用其他货架技术相比，使用自动化立体仓库具有以下优点：

（1）立体仓库能大幅度地增加仓库高度，充分利用仓库面积与空间，减少占地面积。用人工存取货物的仓库，货架高 2 m 左右。用叉车的仓库可达 3 ~ 4 m，但通道需要的宽度超过 3 m。用这种仓库存储机电零件，单位面积储存量一般为 0.3 ~ 0.5 t/m²。而高层货架仓库目前最高的已经超过 40 m，其单位面积储存量比普通仓库大得多。一座 15 m 高的立体仓库同样储存机电零件，单位面积储存量可达 2 ~ 15 t/m²，是普通仓库的 4 ~ 7 倍。

（2）便于实现仓库的机械化、自动化，从而有利于提高出入库效率，降低物流成本。以库存 11 000 托盘、月吞吐量 1 000 托盘的冷库为例，自动化立体仓库与普通仓库比较，占地面积为普通仓库存的 13%、需要的工作人员数量为 21.9%、吞吐成本为 55.7%、总投资为 63.3%。立体仓库的单位面积储存量为普通仓库的 4 ~ 7 倍。

（3）提高仓库管理水平，有效利用仓库的储存能力，加速周转，减少库存，节约库存资金。

（4）可以较容易地实现先进先出的出入库原则，减少储存原因造成的货物损失。

（5）采用自动化技术后，立体仓库能满足黑暗、有毒、低温等特殊场合的需要。

（6）自动化仓库一般都配有信息管理系统，数据及时准确，便于企业领导随时掌握库存的情况，提高生产的应变能力和决策能力。

同样，其缺点表现在以下几个方面：

（1）一次性投资巨大，和普通仓库相比，投资达到数倍以上。

（2）除了库房内部的设施设备外，还需要与其他外部设施设备配套，才能高效使用。

（3）对建筑、材料、设备、元件、安装的技术要求比较高。

二、自动化立体仓库的分类

自动化立体仓库是一个复杂的综合自动化系统，作为一种特定的仓库形式，一般有以下几种分类方式。

（一）按照建筑物形式分类

自动化立体仓库按照建筑形式可分为整体式和分离式两种。

整体式是指货架除了存储货物以外，还作为建筑物的支撑结构，构成建筑物的一部分，即库房货架一体化结构，一般整体式的高度在 12 m 以上，这种仓库结构重量轻，整体性好，抗震好；分离式仓库中，货架在建筑物内部是独立存在的，分离式仓库高度在 12 m 以下（也有高度在 15 ~ 20 m 的）。分离式仓库适用于利用原有建筑物作为库房，或在厂房和仓库内单建一个高货架的场合。

（二）按照货物存取形式分类

自动化立体仓库按照货物存取形式的不同可分为单元货架式、移动货架式和拣选货架式。单元货架式是常见的仓库形式。货物先放在托盘或集装箱内，再装入单元仓库货架的货格中。移动货架式由电动货架组成，货架可以在轨道上行走，由控制装置控制货架合拢和分离。作业时货架分开，可在巷道中进行作业；不作业时可将货架合拢，只留一条作业巷道，从而提高空间的利用率。拣选货架式仓库的分拣机构是其核心部分，分为巷道内分拣和巷道外分拣两种方式。"人到货前拣选"是拣选人员乘拣选式堆垛机到货格前，从货格中拣选所需数量的货物出库。"货到人处拣选"是将存有所需货物的托盘或货箱由堆垛机推至拣选区，拣选人员按提货单的要求拣出所需货物，再将剩余的货物送回原址。

（三）按照货架构造形式分类

自动化立体仓库按照货架构造形式不同可分为单元货格式、贯通式、水平旋转式和垂直旋转式。

在单元货格式仓库中，巷道占去了 1/3 左右的面积。为了提高仓库利用率，可以取消位于各排货架之间的巷道，将个体货架合并在一起，使每一层、同一列的货物互相贯通，形成能一次存放多个货物单元的通道，而在另一端由出库起重机取货，成为贯通式仓库。根据货物单元在通道内的移动方式，贯通式仓库又可分为重力式货架仓库和穿梭小车式货架仓库。重力式货架仓库每个存货通道只能存放同一种货物，所以它适用于货物品种不太多而数量又相对较大的仓库。穿梭式小车可以借由起重机从一个存货通道搬运到另一通道。

水平旋转式仓库的货架本身可以在水平面内沿环形路线来回运行。每组货架由若干独立的货柜组成，用一台链式传送机将这些货柜串联起来。每个货柜下方有支撑滚轮，上部有导向滚轮。传送机运转时，货柜便相应运动。需要提取某种货物时，只需在操作台上给予出库指令。当装有所需货物的货柜转到出货口时，货架停止运转。这种货架对于小件物品的拣选作业十分合适。它简便实用，充分利用空间，在作业频率要求不太高的场合是很实用的。垂直旋转式仓库与水平旋转式仓库相似，只是把水平面内的旋转改为垂直面内的旋转。这种货架特别适用于存放长卷状货物，如地毯、地板革、胶片卷、电缆卷等。

（四）按照负载的能力分类

自动化立体仓库按照负载的能力可分为单元负载式和轻负载式。

单元负载式仓库（见图 3-18），高度可达 40 m，储位量可达 10 万余个托盘，适用于大型的仓库。而一般使用最普遍的高度以 6~15 m 为主，储位数约为 100~1 000 个。因此自动仓库制造商多以此高度（6~15 m），将自动仓库的货架及存取机标准化，制造成各种不同高度的规格，并可配合使用各种不同托盘的规格（800~1 500 mm）及负载的高度。因此使用者在选用时可非常快速地计算出系统的外形尺寸。并且由于标准化及规格化，施工的工期较短，且施工成本较低。而随着自控技术的不断进步，存取时间愈来愈快，以 100 个托盘存取为例，平均存取时间为 70 秒/托盘，故每小时可存取约 50 个托盘。一般单元负载式的常用荷重为 1 000 kg，以托盘为存取单位。

070

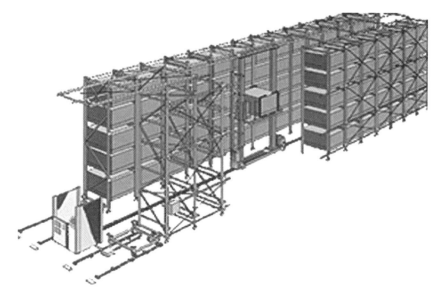

图 3-18　单元负载式自动仓库

　　轻负载式仓库，以塑料容器为存取单位，质量为 50～100 kg，高度以 5～10 m 最为普遍，一般制造厂均已标准化，可供客户选用。一般最适合储存重量轻的物品，如电子零件、精密机器零件、汽车零件、药品及化妆品等，如图 3-19、图 3-20 所示。

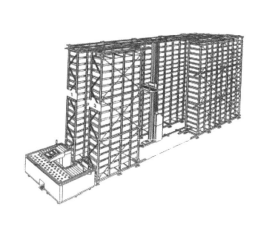

图 3-19　单叉式轻负载自动仓库

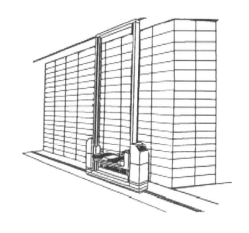

图 3-20　双叉式较重负载自动仓库

（五）按照控制方式分类

　　自动仓储有多种控制方式，可依据每座自动仓储运转需求来选择适当的控制方式，一般主要由以下四种：

　　（1）手动操作：操作员在存取机上直接操作按键或开关操作机器运转。

　　（2）机上自动操作：操作员只在机上设定指令，机器自动执行指令。

（3）遥控操作：操作员在地面控制器上设定指令，遥控机器自动运转。

（4）计算机控制：操作员在计算机输入资料，由计算机程序直接控制机器运转。

三、自动化立体仓库的组成

自动化立体仓库一般由高层货架、巷道式堆垛机、周围出入库配套机械设施、管理控制系统以及土建公用设施等部分组成。

（一）高层货架

高层货架是自动化立体仓库的主要组成部分，是保管物料的场所。高层货架有钢货架和钢筋混凝土货架两种。钢货架的优点主要是构件尺寸小，仓库空间利用率高，制作方便，安装建设周期短，而且随着高度的增加，钢货架相比于钢筋混凝土货架，其优越性更明显。因此，目前国内外大多数自动化立体仓库中都采用钢货架。钢筋混凝土货架的突出优点就是防火性能好，抗腐蚀能力强，维护保养简单。

随着单元货物重量和仓库高度的提高，要求货架立柱、横梁的刚度和强度随之提高，同时随着仓库自动化程度的提高，要求货架制造和安装精度也相应提高，高层货架的高精度是自动化仓库的主要保证之一。

1. 高层货架的类型

高层货架可以按建筑形式不同分为整体式和分离式，也可以按照负载能力不同分为单元负载式和轻负载式等。其中，单元负载式的货架还可以按布置方式不同再细分为单向式、复合行程式、侧入式和移转车式。

（1）单向式。单向式高层货架流动整齐，但是在入库、储存、出库之后无法避免出现回程空载，如图 3-21 所示。

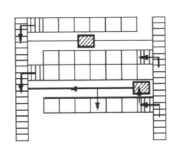

图 3-21　单向式出入库的配置方式

（2）复合行程式。复合行程式高层货架以复合行程来提高存取效率，但列数多时，入库口会混乱。因此有的将入库、出库分为双列，左列入库，右列出库，如图 3-22 所示。

（3）侧入式。侧入式高层货架执行由侧边入、出库的多存取机、多巷道配置方式。它以多机运转的方式来提高入出库的能力，如图 3-23 所示。

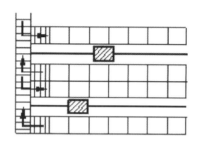

图 3-22 复合行程式出入库的配置方式

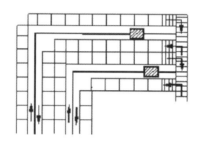

图 3-23 侧入式出入库的配置方式

（4）移转车式。移转车式高层货架把移转车利用在多巷道的单一存取机上。它用于库存种类多，但是入出库的频次少的情况，如图 3-24 所示。

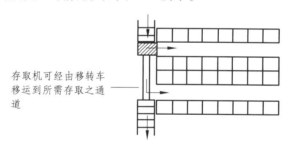

存取机可经由移转车移运到所需存取之通道

图 3-24 移转车式出入库的配置方式

2. 货格单元尺寸

恰当地确定货格单元净空尺寸是立体仓库设计中一项极为重要的设计内容，因为它直接影响仓库面积和空间利用率。对于给定尺寸的货物单元，货格尺寸取决于单元四周需要留出的空隙大小，同时在一定程度上也要受到货架结构造型的影响。

"牛腿"是货架上的一个重要机构。货箱或托盘支托在牛腿上，取货时堆垛机货叉从牛腿下往上升，托起货箱后收回货叉取走货箱。存货时，货叉支托着货箱从牛腿上方向下降，当其低于牛腿高度时货物就支托在牛腿上了。

3. 货架的刚度和精度

作为一种承重结构，货架必须具有足够的强度和稳定性，才能在正常工作条件下和特殊的非工作条件下都不至于被破坏。同时作为一种设备，高层货架还必须具有一定的精度和保证其在最大工作载荷下仅发生有限的弹性变形。

自动控制和半自动控制的立体仓库对货架的精度要求是相当高的，是仓库成败的决定因素之一。精度包括货架片的垂直度、牛腿的位置精度和水平度。为了达到设计的要求，有必要对所设计的货架进行力学分析。目前货架设计常采用刚性假设，即认为地基在货架和货物作用下不会产生弹性形变。这种处理使设计计算大为简化。但是该假设与实际情况却有较大的差距，比较好的货架设计是采用弹性基础梁的假设，将钢筋混凝土层视为弹性基础梁或板。其下层视为等效弹簧，这样可以同时考虑土层与混凝土层的影响，较好地反映实际情况。

（二）巷道式堆垛机

1. 巷道式堆垛机的结构特点

巷道式堆垛机是立体仓库中最重要的运输设备（后文 109 页有详细介绍）。巷道式堆垛机是随着立体仓库的出现而发展起来的专用起重机。它的主要作用就是在高层货架的巷道内来回穿梭运行，将位于巷道口的货物存入货格，或者相反，取出在货格内的货物并将其运送到巷道口。这种工艺对巷道式堆垛机在结构和性能上提出了一系列严格的要求，其外形如图 3-25 所示。

图 3-25　巷道式堆垛机

巷道式堆垛机的额定载重量一般为数十千克到数吨，其中使用最多的是 0.5 t 的。它的行走速度一般为 4 ~ 129 m/s，提升速度一般为 3 ~ 30 m/s。有轨式巷道式堆垛机是由叉车、桥式堆垛机演变而来的。桥式堆垛机由于桥架笨重，故运行速度比较慢，仅仅适用于出入库频率不高或者是存放长形原材料和笨重货物的仓库。其优点则是可以方便地为各巷道服务。目前立体仓库中应用最为广泛的就是巷道式堆垛机。巷道式堆垛机由运行机构、起升机构、装有存取货机构的载货台、机架和电气设备等部分构成。

2. 安全保护装置

堆垛机作为一种重要的起重设备，在狭窄的通道内高速运行，起升高度较大，其安全性和可靠性尤为重要。为了保证人身安全以及设备安全，生产制造及安装厂家必须具有资格证，设备需经当地劳动部门验收。在国家标准中规定有多种安全保护装置，并在电气控制上采取一系列连锁和保护措施，除了一般起重设备常用的安全保护装置以外，还增设了以下装置和保护措施。

（1）声光警告：堆垛机在启动前，先响铃或者同时闪光数秒钟，发出警报信号，然后才启动。

（2）堆垛机货叉与运行、起升机构连锁。在堆垛机行走，货物高速升降时，可切断货叉伸缩机构的电动机的控制线路，防止因为误操作而使货叉伸出，碰翻货架。在货叉开始伸缩时，堆垛机的运行机构不能启动，起升机构只能以慢速升降。

（3）堆垛机停准后才能伸缩货叉。堆垛机采用自动控制方式或半自动控制方式。在运行机构停稳，起升机构使货叉对准货格的时候，货叉才能向两侧伸出。

（4）货位虚实探测。堆垛机到达入库货位，货叉将货物单元送入货格前，先用光电开关探测一下该货格有无货物。若无货物，则伸出货叉将货物送入货格。若已有货物，则拒绝货叉伸出，并发出双重入库警报。

（5）限制货叉在货格内的升降行程。货叉在货格内微升降，取送货物时，用检测开关限制微升降行程，或限制微升降时间，防止货叉微升降过度，撞毁货物、货架或工作机构。

（6）堆垛机负荷限制。松绳过载装置是控制堆垛机载货台承载能力大小的保护装置，其作用是当载货台上承受载荷超过最大或最小允许值时通过钢丝绳的拉力大小，调节装置中的弹簧以产生不同行程，从而切断起升装置电机回路电源，使装置及时停止运转。

（7）载货台断绳保护。断绳保护装置由螺杆、压缩弹簧、左右安全钳及连杆机构等组成，主要原理是载货台上滑轮组的 U 形板联结座下装有螺杆和压缩弹簧，当起升钢丝绳受载货台和货物重量的作用时，压缩弹簧便会处于压缩状态，一旦钢丝绳断裂，滑轮组即失去载货台和货物的重力作用，同时压缩弹簧施放，使连杆机构动作，把安全钳中的楔块向上运动，在楔块的斜面作用下使断绳保护装置夹紧在起升导轨上，从而保证载货台在断绳时不致坠落。

（8）货物外形和位置异常检测。为了防止超高、超宽、超长以及位置异常的货物进入储存系统，必须接受外形检查。在自动控制系统中，一般在入库输送机上自动检测。在无输送机的系统中，可以在堆垛机载货台上安装检测装置进行检测。

（三）装卸堆垛机器人

随着物流系统通信技术的开发，装卸堆垛机器人得到了充分的应用。它的作业速度高，作业准确，尤其适合有污染、高温、低温等特殊环境和反复单调的作业场合。机器人在仓库中的主要作业有码盘、搬运、堆垛和拣选。在仓库中利用机器人作业的优点是机器人能够在搬运、拣选和堆码过程中完成决策，起到专家系统的作用。机器人在自动化仓库入库端的作业过程为：被运送到仓库中的货物通过人工或机械化手段放到载货台上，放在载货台上的货物通过机器人将其分类。由于机器人具有智能系统，可以根据货箱位置和尺寸进行识别，将货物放到指定的输送系统上，如图 3-26 所示。

图 3-26 装卸堆垛机器人

（四）自动导引车

自动导引车是一种物料搬运设备，是一个能在一个位置自动进行货物的装载，再自动行走到另一个位置完成货物的卸载，自动完成货物装卸的运输装置，如图 3-27 所示。通过系统集中控制和计算机管理，能对自动导引车的作业过程进行优化，发出搬运指令，控制自动导引车的路线及跟踪输送中的各种信息，完全实现全自动作业，即自动识别、自动运输、自动检测、自动搬运、自动存取、自动信息交换和自动监控等。

自动导引车的应用代替了传统的人工搬运，大大促进了企业的技术进步，改善了工作条件和环境，提高了自动化生产水平，有效地解放了劳动生产力，减轻了工人的劳动强度，缩减了人员配备，优化了生产结构，节约了人力、物力、财力，创建了人机友好、和谐宜人、科学文明的生产环境。

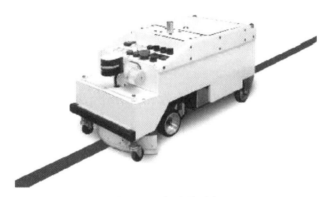

图 3-27　自动导引车

1. 自动导引车系统的构成

自动导引车系统以自动导向的无人驾驶搬运小车为主体，由导向系统、自动寄送系统、数据传输系统、管理系统、安全保护装置及周边设备等组成。自动导向车是无人驾驶的、能自动导向运行的搬运车辆，大多由蓄电池供电和直流电动机驱动。自动导向车的承载量一般为 50～5 000 kg，最大承载量已达到 100 t。根据用途的不同，自动导向车有多种型式，如自动导向搬运车、自动导向牵引车、自动导向叉车等。其中自动导向搬运车是使用最多的一类，大约占 85%。

2. 导引工作原理

自动导引车按照引导方式不同可分为电磁感应导引、激光导引、磁带导引、惯性导引和视觉导引。

（1）电磁感应导引是利用沿预先设定的行驶路径埋设的低频导引电缆形成的电磁场及电磁传感装置引导自动导向车运行。天线及其感应线圈用于检测自动导向车相对于导引电缆的偏移量，精确校正自动导向车的运行方向。

（2）激光导引的工作原理是利用安装在自动导向车上的激光扫描器识别设置在其活动范围内的若干个定位标志来确定其坐标位置，从而引导自动导向车运行，这种工作方式属于导航式导引。

（3）惯性导引的工作原理是在自动导向车上安装惯性陀螺仪，在行驶地面上安装定位块，自动导向车可通过对陀螺仪偏差信号的计算及地面定位块信号的采集来确定自身的位置和方向，从而实现导引。其主要优点是技术先进，定位准确性高，灵活性强，便于组合和兼容。

（4）磁带导引的工作原理与电磁导引相近，用在路面上贴磁带替代在地面下埋设金属线，通过磁感应信号实现导引。磁带导引灵活性比较好，改变或扩充路径较容易，磁带铺设也相对简单。但是这种导引方式易受环路周围金属物质的干扰，由于磁带外露，易被污染且对机械损伤极为敏感，因此导引的可靠性受外界因素影响较大，适合于环境条件较好，地面无金属物质干扰的场合。

（5）视觉导引是目前快速发展、较成熟的方式。这种方式是在自动导向车上装有CCD摄像机和传感器，在车载计算机中设置有自动导向车欲行驶路径周围环境的图像数据库。自动导向车行驶过程中，摄像机动态获取车辆周围环境图像信息并与图像数据库进行比较，从而确定当前位置并对下一步行驶作出决策。这种方式由于不要求人为设置任何物理路径，因此理论上具有良好的引导柔性。随着计算机图像采集、储存和处理技术的飞速发展，该种方式的实用性将越来越高。

实训设计　机务员岗位操作流程图绘制

一、实训目的

仓储功能的发挥，离不开合理、高效的仓储设施和设备的运用。仓储设施设备的管理是由机务员来承担的。通过本项目的实训，使学生了解机务员的工作职责，掌握机务员岗位操作流程。

二、实训任务

请结合机务员的工作职责，绘制一份机务员岗位操作流程图。

三、实训道具

无。

四、实训操作时间

1学时。

五、实训地点

教室或物流实训室。

六、实训操作指导

（一）第一步

指导老师向学生讲解机务员的主要工作职责。

机务员的主要工作职责包含以下几方面的内容：

（1）负责对仓库使用的各类仓储设施和设备、搬运装卸设施和设备、商品养护设施和设备、运送车辆等进行维护和保养，保证其经常处于正常使用状态。

（2）制订合理的设备和车辆的使用和维护保养计划，执行设备的预防保养制度。

（3）定期检查各种在用的仓储设施设备，及时发现设施设备使用的各种事故隐患，保证生产安全。

（4）加强技术改造，节约设备的运营费用，降低仓储成本。

（5）对机械设备操作员进行定期的技术培训。

（二）第二步

根据机务员的工作职责，指导老师向学生讲解机务员岗位操作流程。

流程一：制定合理的设备使用制度，保证其安全使用，同时制订设备的维护保养计划，保证其正常运作。

流程二：对机械设备操作员进行系统定期培训，保证操作员的人身安全，正确地使用设备，降低机械耗损。

流程三：定期检查设备，确定其完好性、正常使用性，以保证生产的正常进行。

流程四：定期维护设备，以延长设备的使用寿命，节约仓储固定资金的投入。

流程五：在熟练操作设备的基础上，对设备进行技术创新，节约设备的使用费用，从而降低仓储成本。

（三）第三步

学生根据指导老师的上述讲解，绘制机务员岗位操作流程图。

思考题

（一）名词解释

自动立体仓库、货架、站台。

（二）填空题

（1）托盘式货架可实现（　　）装卸作业，便于（　　）存取，库容利用率高，可提高劳动生产率，实现高效率地存取作业，便于实现（　　）的管理和控制。

（2）自动仓储有多种控制方式，可依据每座自动仓储运转需求来选择适当的控制方式，一般主要由以下四种：（　　）、（　　）、（　　）、（　　）。

（3）货架由（　　）、（　　）、（　　）等构件组成，可以任意拆装，组装成各种高度的货架和货格。

（三）简答题

1. 货架有哪些形式？货架的作用主要是什么？

2. 储存设备选用的一般步骤是什么？

3. 使用自动化立体仓库要注意哪些方面的内容？

4. 自动化立体仓库相较于传统仓库有哪些明显优势？

项目四　包装与流通加工设备

学习目标

1. 了解包装的概念以及包装的分类、作用与地位。
2. 掌握常用的包装材料、包装容器知识。
3. 熟悉常用的包装机械设备工作原理。
4. 掌握一定的包装方法，了解包装标志、包装技法等基本内容。

任务一　物流包装概述

一、包装的分类与作用

国家技术监督局发布的《中华人民共和国国家标准物流术语》将包装定义为："包装是指为在流通过程中保护产品、方便储运、促进销售，按一定技术方法而采用的容器、材料及辅助材料等的总体名称。包装也指为了达到上述目的而在采用容器、材料、辅助材料的过程中施加一定技术方法等的操作活动"，这个定义是通用的，并给了包装一个非常广的范围，它表明包装被使用来增加产品在市场和销售中的价值。

（一）包装的分类

1. 按包装在流通中的作用分类

（1）运输包装。

运输包装是指用于安全运输、保护商品的较大单元的包装形式，又称为外包装或大包装。例如，纸箱、木箱、桶、集合包装、托盘包装等。运输包装一般体积较大，外形尺寸标准化程度高，坚固耐用，表面印有明显的识别标志，主要功能是保护商品，方便运输、装修和储存。

（2）销售包装。

销售包装是指以一个商品作为一个销售单元的包装形式，或由若干个单体商品组成一个小的整体的包装，也称为个包装或小包装。销售包装的特点一般是包装件小，对包装的技术要求为美观、安全、卫生、新颖、易于携带，对印刷装潢的要求较高。销售包装一般随商品销售给顾客，起着直接保护商品、宣传和促进商品销售的作用，也起着保护优质名牌商品以防假冒的作用。

2. 按包装材料分类

（1）纸制包装。

纸制包装是指以纸与纸板为原料制成的包装，包括纸箱、瓦楞纸箱、纸盒、纸袋、纸管、纸桶等。

（2）木制包装。

木制包装是指以木材、木材制品和人造板材（如胶合板、纤维板等）制成的包装，包括木箱、木桶、胶合板箱、纤维板箱和桶、木制托盘等。

（3）金属包装。

金属包装是指以黑铁皮、白铁皮、马口铁、铝箔、铝合金等制成的各种包装，包括金属桶、金属盒、马口铁及铝罐头盒、油罐、钢瓶等。

（4）塑料包装。

主要的塑料包装材料有聚乙烯（PE）、聚氯乙烯（PVC）、聚丙烯（PP）、聚苯乙烯（PS）、聚酯（PET）等。塑料包装主要有全塑箱、钙塑箱、塑料盒、塑料瓶、塑料袋、塑料编织袋等。

（5）玻璃与陶瓷包装。

这类包装主要有玻璃瓶、玻璃罐、陶瓷瓶、陶瓷罐、陶瓷坛、陶瓷缸等。

（6）纤维织品包装。

这类包装主要有麻袋、布袋、编织袋等。

（7）复合材料包装。

复合材料包装是指两种或两种以上材料黏合制成的包装，主要有纸与塑料、塑料与铝箔和纸、塑料与铝箔、塑料与木材、塑料与玻璃等材料制成的包装。

（8）其他材料包装。

其他材料包装是指用竹类、藤皮、藤条、草类等编织而成的筐、篓、包、袋等。

（二）包装的作用与地位

1. 包装的四种作用

（1）保护功能。

包装最根本的目的就是给产品以保护和防护。产品防护性可以通过合理的包装来实现，根据运输、搬运、仓储的手段、条件，考虑物流的时间和环境，根据产品的特性和保护要求而选择合理的包装材料、包装技术、缓冲设计、包装结构、尺寸、规格等要素，才能完成物流中的首要任务——将产品完好无损地实现物理转移。

（2）便利功能。

包装可以提供方便。制造者、营销者及顾客要把产品从一个地方搬到另一个地方，使用包装就会比散装方便得多。

（3）单元化。

包装有将物资以某种单位集中的功能，这就是单元化。包装单元的规格要视物资的生产情况、消费情况以及物资种类、特征，还有物流方式和条件而定。

一般来讲，包装的单元化主要应达到两个目的：方便物流，即包装单位的大小要和装卸、保管、运输条件的能力相适应，应当尽量做到便于集中输送以获得最佳的经济效果，同时又要求能分割及重新组合以适应多种装运条件及分货要求；方便商业交易，即包装单位大小应适合于进行交易的批量，在零售物资方面，应适合于消费者的一次性购买。

（4）销售功能。

促进某种品牌的销售，特别是在自选商店里更是如此。在商店里，包装吸引着顾客的注意力，并能把顾客的注意力转化为兴趣。有人认为，"每个包装箱都是一幅广告牌"。良好的包装能够提高新产品的吸引力，包装本身的价值也能引起消费者购买某项产品的动机。此外，提高包装的吸引力要比提高产品单位售价的代价低。

2. 包装在物流中的地位

在社会再生产过程中，包装处于生产过程的末尾和物流过程的开头，既是生产的终点，又是物流的始点。

在现代物流观念形成以前，包装被天经地义地看成生产的终点，因而一直是生产领域的活动。包装的设计往往主要从生产终结的要求出发，因而常常不能满足流通的要求。物流的研究认为，包装与物流的关系，比其与生产的关系要密切得多，其作为物流始点的意义比其作为生产终点的意义要大得多。因此，包装应进入物流系统之中，这是现代物流的一个新观念。

二、典型包装容器

包装容器是为了满足内装商品的销售、仓储和运输过程要求而使用的包装制品。它们是包装材料、包装工艺、包装结构、包装造型以及包装标识的综合产物。根据内装物的理化性质、内装物形态和物流环境条件，包装容器一般包括纸、纸板、瓦楞纸、塑料、金属、木材、竹藤、天然纤维和化学纤维及各种复合材料的包装袋、包装盒、包装罐、包装箱、包装桶等基本形式。

（一）包装袋及其种类

包装袋属于软包装技术，其所采用的挠性材料具有较高的韧性、拉伸强度和耐磨性。包装袋的一般结构为管状结构，一端预先封死，在完成对内装物的充填操作之后再封合另一端。包装袋能够分别适用于多种产品的运输包装、商业包装、内包装和外包装，用途较为广泛。

对于物流包装而言，一般是根据内装物容量的大小对包装袋进行分类。包装袋可以分为集装袋、一般运输袋和小型包装袋（即普通包装袋）三种类型。

1. 集装袋

集装袋是一种盛装内装物重量在 1 t 以上的大容器运输包装袋，多用聚丙烯、聚乙烯等聚酯纤维或由涂胶布、帆布制成，必要时内衬一个较大的塑料薄膜袋，用于盛装怕潮商品。集装袋适用于装运粮食、化工原料、水泥等颗粒状和粉状物品。

2. 一般运输包装袋

一般运输包装袋是指盛装重量为 10~100 kg 的包装袋，大部分是由植物纤维或合成树脂纤维纺织而成的织物袋，或者是由几层挠性材料构成的多层材料包装袋。例如，纸和合成纸袋、麻袋、草袋等。

3. 普通包装袋

普通包装袋一般是指盛装内装物重量较轻（10 kg 以内）的包装袋，通常用单层材料或双层材料制成。这种袋型通常用于液状、粉状、块状和异型内装物等物品的包装，其包装范围较广。其常见结构包括信封式袋（封筒）、平袋、角撑袋（折档袋）、六角形粘贴袋、方底袋、手提式便携袋（购物袋）等。

（二）包装盒、罐

包装盒、罐是介于刚性包装和柔性包装之间的包装技术，其包装材料具有一定的挠性和抗压强度。包装盒、罐外观造型多为规则几何状立方体，也可设计制造为圆柱形、异棱柱形、近似于球状等其他不规则形状，常设置为可以反复开闭的结构。一般容装量较小，通过人工或机械装填动作完成包装操作。

1. 纸盒、罐

纸盒、罐结构造型多变，是纸包装容器中重要的一种。若与金属、金属箔或塑料加工纸等材料复合制作，则可在许多场合取代玻璃、陶瓷、金属、塑料材质的包装容器。

2. 金属盒、罐

金属盒、罐类容器装量较少，刚性一般，外观多样，多用于食品、药品和香烟的包装。金属盒、罐按制造方法不同可分为焊接罐（三片罐）与冲制罐（二片罐）。常见的三片罐由罐底、罐盖两片材料焊接形成罐身，然后压合易开盖，主要用于肉、蔬菜、粥、果汁等罐藏食品的包装。常见的二片罐罐身由一片铝板材或钢板材经冲压拉伸而成，然后压合易开盖。其罐底与侧壁之间无接缝，耐内压性能好，适于啤酒、碳酸饮料等含气内装物的包装。

铝箔容器是指以铝箔为主体材料的容器。其特点是质量轻、传热好、隔绝性好、加工性能好、开启方便、用后易处理，而且外表美观，能够进行彩色印刷。铝箔包装容器包括两类：一类是以铝箔为主经过成形加工制成的盒式、盘式容器；另一类是以纸/铝箔、塑料/铝箔、纸/铝箔/塑料等复合材料制成的袋式容器。铝箔容器被广泛用于医药、化妆品、工业产品及食品包装等领域。

3. 塑料盒、罐

塑料盒、罐类容器是指塑料材质的广口销售包装容器，有塑料盒、杯、盘、罐等包装形式。塑料罐大多由塑料、纸、铝箔、镀铝塑料膜等几种复合材料复合或组合而成，多用于饮料、食品及机械润滑油等产品的包装，具有质量轻、密封性能好的特点。其具有一定强度，内装物寿命长，装运和使用方便，而且在大量生产时成本低于金属罐。

（三）包装箱

包装箱是刚性包装技术中的重要一类，其包装材料为刚性或半刚性材料，有较高强度且不易变形。包装箱容装量较大，适合做运输包装和外包装，也可以用于从果蔬、加工食品、纺织品、化妆品、玻璃陶瓷制品到自行车、家电、精美家具等各种产品的包装，使用范围很广。

1. 瓦楞纸箱

瓦楞纸箱（见图4-1）是用瓦楞纸板制成的刚性纸质容器，其凭借优越的使用性能和良好的加工性能越来越普遍地被应用于运输包装中，同时也以多变的造型和精美的印刷开始跻身于一些产品的销售包装中。

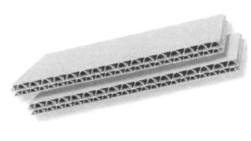

图 4-1　瓦楞纸盒

根据国际纸箱箱型标准，瓦楞纸箱型结构分为基型和组合型两大类。基型即在标准中有图例可查的箱型，组合型即由两种以上基型组成或演变而来的箱型。除了国际标准纸箱箱型，还有非标准瓦楞纸箱，如包卷式纸箱、分离式纸箱、三角柱型纸箱、大型组合纸箱等。总之，各种纸箱结构上的变化都是为了能够更好地保护内装物，方便各个作业环节的使用，最终完善和优化物流过程。

2. 塑料周转箱

塑料周转箱（见图4-2）是一种能够长期重复使用的运输包装，包括矩形、方形、梯形和其他形状，一般为敞开品式，另设箱盖。根据需要箱内可设置隔板，箱壁通过加强筋

图 4-2　塑料周转箱

加强。塑料周转箱主要用于食品、饮料、啤酒等瓶装和袋装产品或车间内半成品和零部件的短途周转运输。

（四）包装桶

包装桶是材料强度高、整体抗变能力强、容装量较大的刚性包装容器，在物流过程中常被用作运输包装或外包装。

1. 纸　桶

纸桶是以纸板作坯料，可加内衬材料的大型桶形包装容器（容积可为 25～250 L）。纸桶原料成本低，来源丰富，制作工艺及设备简单，易于实现加工机械化、连续化、自动化，主要用来储运干性散装粉粒性产品，若经过特殊处理或附加塑料内衬，也可用来储运膏状或液状产品。

2. 塑料桶

塑料桶是容积为 5～250 L 的大型包装容器。塑料桶的口部结构有小盖密封式、大盖密封式和敞口盖式等。可采用挤出吹塑和旋转成型等加工工艺成型。塑料桶主要用于化工产品、腌渍食品等货物的包装。

3. 金属桶

金属桶是用厚度大于 0.5 mm 的钢质薄板制成的容积在 10 L 以上的桶状容器，包括圆柱形、长方形和椭圆形等造型。金属桶的强度和韧性好，在物流过程中能承受较大的冲击，即使桶身凹瘪也不至破损或泄漏。金属桶不宜包装对温度敏感和易爆的货物，有时必须进行特殊喷涂处理，而且金属桶自重较大，其生产成本和物流成本均较高。

三、现代化包装技术

（一）防震保护技术

防震包装又称缓冲包装，在各种包装方法中占有重要的地位。产品从生产出来到开始使用要经过一系列的运输、保管、堆码和装卸过程，置于一定的环境之中，在任何环境中都会有力作用在产品之上，并可能使产品发生机械性损坏。为了防止产品遭受损坏，就要设法减小外力对其的影响。所谓防震包装，是指为减缓内装物受到冲击和振动，保护其免受损坏所采取的一定防护措施的包装。防震包装主要有以下三种方法：

（1）全面防震包装方法：全面防震包装方法是指内装物和外包装之间全部用防震材料填满进行防震的包装方法。

（2）部分防震包装方法：对于整体性好的产品和有内装容器的产品，仅在产品或内包装的拐角或局部地方使用防震材料进行衬垫即可。所用包装材料主要有泡沫塑料防震垫、充气型塑料薄膜防震垫和橡胶弹簧等。

（3）悬浮式防震包装方法：对于某些贵重易损的物品，为了有效地保证其在流通过程中不被损坏，其外包装容器比较坚固。悬浮式防震包装方法用绳、带、弹簧等将被装物悬吊在包装容器内。在物流中，无论是什么操作环节，内装物都被稳定悬吊而不与包装容器发生碰撞，从而减少损坏。

（二）防破损保护技术

缓冲包装有较强的防破损能力，因而是防破损包装技术中有效的一类。此外还可以采取以下几种防破损保护技术：

（1）捆扎及裹紧技术。捆扎及裹紧技术的作用，是使杂货、散货形成一个牢固整体，以增加整体性，便于处理及防止散堆来减少破损。

（2）集装技术。利用集装可以减少与货体的接触，从而防止破损。

（3）选择高强保护材料。通过外包装材料的高强度可以防止内装物受外力作用破损。

（三）防锈包装技术

防锈包装技术主要包括防锈油防锈蚀和气相防锈包装技术两大类。

（1）防锈油防锈蚀包装技术：大气锈蚀是空气中的氧、水蒸气及其他有害气体等作用于金属表面引起电化学作用的结果。如果使金属表面与引起大气锈蚀的各种因素隔绝（即将金属表面保护起来），就可以达到防止金属大气锈蚀的目的。防锈油包装技术就是根据这一原理将金属涂封以防止锈蚀的。

用防锈油封装金属制品，要求油层要有一定厚度，油层的连续性好，涂层完整。不同类型的防锈油要采用不同的方法进行涂覆。

（2）气相防锈包装技术：气相防锈包装技术就是用气相缓蚀剂（挥发性缓蚀剂），在密封包装容器中对金属制品进行防锈处理的技术。气相缓蚀剂是一种能减慢或完全停止金属在侵蚀性介质中的破坏过程的物质，它在常温下即具有挥发性。它在密封包装容器中，在很短的时间内挥发或升华出的缓蚀气体就能充满整个包装容器内的每个角落和缝隙，同时吸附在金属制品的表面上，从而起到抑制大气对金属锈蚀的作用。

（四）防霉腐包装技术

在运输包装内装运食品和其他有机碳水化合物货物时，货物表面可能生长霉菌，在流通过程中如遇潮湿，霉菌生长繁殖极快，甚至伸延至货物内部，使其腐烂、发霉、变质，因此要采取特别防护措施。

包装防霉烂变质的措施，通常包括采用冷冻包装、真空包装或用高温灭菌等方法。冷冻包装的原理是减慢细菌活动和化学变化的过程，以延长储存期，但不能完全消除食品的变质；高温杀菌法可消灭能引起食品腐烂的微生物，因此可在包装过程中通过高温处理防霉。有些经干燥处理的食品包装，应防止水汽浸入以防霉腐，可选择防水汽和气密性好的包装材料，采取真空和充气包装。

真空包装法也称减压包装法或排气包装法。这种包装可阻挡外界的水汽进入包装容器内，也可防止在密闭着的防潮包装内部存有潮湿空气，在气温下降时结露。采用真空包装法，要注意避免过高的真空度，以防损伤包装材料。

防止运输包装内货物发霉，还可使用防霉剂，防霉剂的种类甚多，用于食品的防霉剂必须选用无毒的。

机电产品的大型封闭箱，可酌情开设通风孔或通风窗等进行相应的防霉。

（五）防虫包装技术

防虫包装技术常用的是驱虫剂，即在包装中放入有一定毒性和臭味的药物，利用药物在包装中挥发的气体杀灭和驱除各种害虫。常用驱虫剂有萘、对位二氯化苯、樟脑精等。也可采用真空包装、充气包装、脱氧包装等技术，使害虫无生存环境，从而防止虫害。

（六）危险品包装技术

危险品有上千种，按其危险性质，交通运输及公安消防部门规定将其分为十大类，即爆炸性物品、氧化剂、压缩气体和液化气体、自燃物品、遇水燃烧物品、易燃液体、易燃固体、毒害品、腐蚀性物品、放射性物品等，有些物品同时具有两种以上的危险性能。

对有毒商品的包装上要明显地标明有毒的标志。防毒的主要措施是包装严密不漏、不透气。例如，用作杀鼠剂的磷化锌有剧毒，应用塑料袋严封后再装入木箱中，箱内用两层牛皮纸、防潮纸或塑料薄膜衬垫，使其与外界隔绝。

对有腐蚀性的商品，要注意商品和包装容器的材质是否会发生化学变化。金属类的包装容器，要在容器壁涂上涂料，防止腐蚀性商品对容器的腐蚀。例如，氢氟酸是无机酸性腐蚀物品，有剧毒，能腐蚀玻璃，因此不能用玻璃瓶作包装容器，应装入金属桶或塑料桶，然后再装入木箱。

对黄磷等易自燃商品的包装，宜将其装入壁厚不少于 1 mm 的铁桶中，桶内壁须涂耐酸保护层，桶内盛水，并使水面浸没商品，桶口严密封闭，每桶净重不超过 50 kg。

对于易燃、易爆商品，例如有强烈氧化性的，遇有微量不纯物或受热即急剧分解引起爆炸的产品，防爆炸包装的有效方法是采用塑料桶包装，然后将塑料桶装入铁桶或木箱中，每件净重不超过 50 kg，并应有自动放气的安全阀，当桶内达到一定气体压力时，能自动放气。

（七）特种包装技术

1. 充气包装

充气包装是采用二氧化碳气体或氮气等不活泼气体置换包装容器中空气的一种包装技术方法，因此也称为气体置换包装。这种包装方法是根据好氧性微生物需氧代谢的特性，在密封的包装容器中改变气体的组成成分，降低氧气的浓度，抑制微生物的生理活动、酶的活性和鲜活商品的呼吸强度，达到防霉、防腐和保鲜的目的。

2. 真空包装

真空包装是将物品装入气密性容器后，在容器封口之前抽真空，使密封后的容器内基本没有空气的一种包装方法。

一般的肉类商品、谷物加工商品以及某些容易氧化变质的商品都可以采用真空包装。真空包装不但可以避免或减少脂肪氧化，而且抑制了某些霉菌和细菌的生长。同时在对其进行加热杀菌时，由于容器内部气体已排出，因此加速了热量的传导，提高了高温杀菌效率，也避免了加热杀菌时，由于气体的膨胀而使包装容器破裂。

3. 收缩包装

收缩包装就是用收缩薄膜裹包物品（或内包装件），然后对薄膜进行适当加热处理，使薄膜收缩而紧贴于物品（或内包装件）的包装技术方法。

收缩薄膜是一种经过特殊拉伸和冷却处理的聚乙烯薄膜，由于薄膜在定向拉伸时产生残余收缩应力，这种应力受到一定热量后便会消除，从而使其横向和纵向均发生急剧收缩，同时使薄膜的厚度增加，收缩率通常为 30%～70%，收缩力在冷却阶段达到最大值，并能长期保持。

4. 拉伸包装

拉伸包装是 20 世纪 70 年代开始采用的一种新包装技术，它是由收缩包装发展而来的。拉伸包装是依靠机械装置在常温下将弹性薄膜围绕被包装件而拉伸、紧裹，并在其末端进行封合的一种包装方法。由于拉伸包装不需进行加热，所以消耗的能源只有收缩包装的 1/20。拉伸包装可以捆包单件物品，也可用于托盘包装之类的集合包装。

5. 脱氧包装

脱氧包装是继真空包装和充气包装之后出现的一种新型除氧包装方法。脱氧包装是在密封的包装容器中，使用能与氧气起化学作用的脱氧剂与之反应，从而除去包装容器中的氧气，以达到保护内装物的目的。脱氧包装方法适用于某些对氧气特别敏感的物品，常用于那些即使有微量氧气也会促使品质变差的食品的包装中。

（八）绿色包装

绿色包装是指符合环保要求的包装。绿色包装首先要求用料要节约资源，力求减少废弃物量，用后易于回收、重复使用或再生为其他有用之材。绿色包装物焚烧时可回收热能，不会产生有毒气体，填埋时少占用土地并能自然降解。为了实现绿色包装，各国厂商主要从以下几个方面入手。

1. 简化包装，节约材料

简化包装是针对市场上的过分包装而言的。过分包装超出了包装功能的实际需要，既浪费了资源，又增加了垃圾数量，加重了环境污染，而且会增加生产成本，引起商品价格的提高，影响商品竞争力。

2. 包装重复使用和回收再生

包装的重复使用和回收再生是节约资源、减少垃圾的有效手段，得到了各国的普遍重视。包装能否顺利和方便地回收和再生，主要取决于包装的设计。在进行产品的包装设计时，不但要考虑到包装的一般要求，也要考虑到环境保护的要求。目前回收技术比较成熟的包装材料是玻璃、铝、纸等，回收率也比较高，而塑料则较难于回收和再生利用，回收率也相应较低。

3. 开发可分解、降解的包装材料

为了解决给生态环境带来巨大威胁的种种问题，各国纷纷研制开发可降解的包装材料。目前的可降解塑料大体分为三种类型，即生物降解、光降解和水溶解三种。

任务二　常见的包装机械设备

按照加工方式的不同，可以将包装机械大致分为以下几种，即切割机械、充填机械、灌装机械、缝合机械、包裹机械、贴标机械、捆扎机械等。以下介绍几种具有代表性的机械。

微课：包装机械
设备的分类

一、填充机械

（一）容积式充填机

容积式充填机是将精确容积的物料装进每一个容器，而不考虑物料密度或质量，常用于那些比例相对不变的物料，或用于那些体积要求比质量要求更高的物料。根据计量原理不同有固定量杯式、螺杆式、计量泵式等多种充填机。我们重点介绍固定量杯式充填机。

固定式量杯充填机的定量装置如图 4-3 所示，物料经供料斗 1 自由落入计量杯内，圆盘口上装有四个量杯和对应的活门底盖 4，当转盘主轴 8 带动圆盘 7 旋转时，刮板 10 将量杯 3 上面多余的物料刮去。当量杯转到卸料工位时，顶杆推开量杯的活门底盖 4，量杯中的物料在自重作用下充填到下面的容器中。

固定量杯式充填机适用于颗粒较小且均匀的物料，计量范围一般以在 200 mL 以下为宜。在选用时应注意，假如量杯的容量调得不正确、料斗送料太慢或不稳定、料斗的装料面太低、进料管太小、物流流动不畅、进料管和量杯不同心等都会引起量杯装不满。或机器运转速度过快、料斗落下物料的速度过快都会引起物料重复循环装料。量杯伸缩机构调节不当常会造成过量回流。如果容器与进料管不同心、节拍不准、容器太小或物料粘在料管中使送料滞后，都会引起物料的溢损。

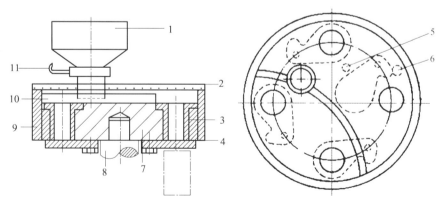

1—料斗；2—外罩；3—量杯；4—活门底盖；5—闭合圆销；6—开启圆销；
7—圆盘；8—转盘主轴；9—壳体；10—刮板；11—下料闸门。

图 4-3　固定式量环充填机的定量装置

（二）称重式充填机

称重式充填机是将产品按数目充填到包装容器内的机器。按计量方式不同有杠杆式、簧片式、电阻应变片式、电子秤式、连续式等多种充填机。这里介绍应用较广的连续式称量充填机。连续式称量充填机是应用连续称量检测和自动调节技术，确保在连续运转的输送机上得到稳定的质量流率，然后进行等分截取，以得到各个相同的定量。其特点是计量速度高，计量精度较低，多用于粮食、化肥类货物，这类货物多采用先散装长途运输，到达目的地后再袋装出售的方式。

如图 4-4 所示的连续式称量充填机主要是通过测量连续输送过程中散料的流量，并将之等分，从而得出某一时间段内散料的总量。其工作过程如下：散料加入料斗 1 内，通过闸门 3 均匀洒落到输送带 4 上，其流量可通过电动机 2 调节，输送带 4 的下部是一台重力式电子皮带秤，输送带上的散料重量由它来检测。输送带上的散料运到最右端，落入秤斗 8，然后再落入配料转盘上。配料转盘是一种有等分格子的圆盘，可按给定的速度做回转运动，盘子的每个格子在回转中获得相等重量的散料。当盘子转到卸料工位时，散料就从格子的底部经漏斗落入包装袋内。

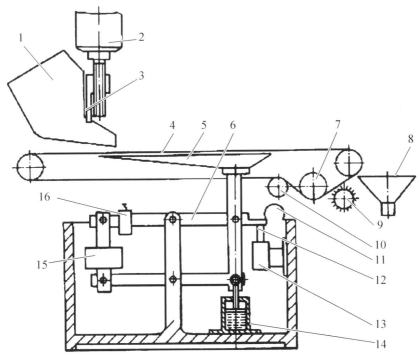

1—料斗；2—电动机；3—闸门；4—输送带；5—秤盘；6—主秤杆；7—张紧轮；
8—秤斗；9—刷轮；10—导轮；11—弹簧；12—变压器铁芯；13—传感器；
14—阻尼器；15—砝码；16—配重。

图 4-4　连续式称重充填机

（三）计数式充填机

计数式充填法是把精确个数的产品装进每一个容器的计量充填机械，多用于被包装物呈规则排列的产品的包装。根据其计数原理不同，分为长度式、容积式、堆积式等几种计数形式。图 4-5 为长度式计数充填机的原理图。

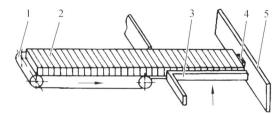

1—输送带；2—被包装物品；3—横向推板；4—微动开关；5—挡板。

图 4-5　长度式计数充填机

长度式计数充填机常用于饼干包装、云片糕包装、茶叶装盒后的第二次大包装等。计量时，排列有序的物品经输送机构被送到计量机构中，当行进物品的前端触到计量腔的挡板 5 时，挡板上的微动开关 4 动作，横向推板 3 将一定数量的物品送到包装台上进行包装。

二、灌装机械

灌装机械（见图 4-6）主要用于在食品领域中对饮料、乳品、酒类、植物油和调味品的包装，还包括洗涤剂、矿物油和农药等化工类液体产品的包装。包装所用容器主要有桶、瓶、听、软管等。按照灌装产品的工艺不同可分为常压灌装机、真空灌装机、加压灌装机等。灌装机械通常与封口机、贴标志等连结使用。灌装机的计量方法有定位法、定量法和定时法三种，它们均有相应的控制装置。如在进料上方安置与储槽相连的计量装置，则借助装置内沿液体方向安装的孔板来测量。

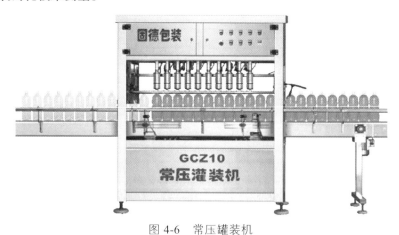

图 4-6　常压罐装机

三、封口机械

封口机械是指在包装容器内盛装产品后对容器进行封口的机器。

不同的包装容器有不同的封口方式，如塑料袋多用接触式加热加压封口或非接触式的超声波熔焊封口，麻袋、布袋、编织袋多采用缝合的方式封口，瓶类容器多采用压盖或旋盖封口，罐类容器多采用卷边式封口，箱类容器多采用钉封或胶带粘封。

自动缝合机的外形结构如图 4-7 所示，主要由机头、线挑、机头支架、备用支架、输送带、脚踏开关等部件组成。从连续式称量充填机输送过来的包装袋依次于输送带 6 上行进，袋口合拢从机头经过，此时踩下脚踏开关，缝合机开始工作，将袋口缝合。输送带的高度可以调整，以适应不同高度的包装袋。缝合机的输送带速度可以调整，以便与各种包装生产线匹配。底座装有四个轮子，可以自由移动。

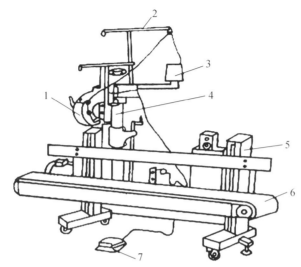

1—缝纫机头；2—线挑；3—缝纫线；4—机头支架；5—备用支架；
6—输送带；7—脚踏开关。

图 4-7　自动缝合机

四、包裹机械

包裹机械是用薄型挠性材料（如玻璃纸、塑料膜、拉伸膜、收缩膜等）包裹产品的包装设备，广泛应用于食品、烟草、药品、日用化工品及音像制品等领域。包裹机械种类较多，功能各异，按包裹方式不同可分为折叠式包裹机、接缝式包裹机、覆盖式包裹机、贴体式包裹机、拉伸式包裹机、缠绕式包裹机等。

折叠式包裹机是用挠性包装材料包裹产品，将末端伸出的包裹材料按一定的工艺方式进行折叠封闭，通常适用于长方形的物品，外观整齐，视觉效果好。图 4-8 是转塔折叠式包裹机结构图，其工作原理如图 4-9 所示。包装物品叠放于装料机构 1 中，推料机构 2 将最底部的物品推送出去，其余物品由于重力作用自动填补到下一位置。被推出去的物品与切下的薄膜相遇，在前沿挡板的作用下，薄膜将物品三面包住，一起进入转塔（由间歇回转机构 4 控制，每转 45°为一动作周期）的回转盒中，此时两端面的一角被折叠；当转塔转到 90°时作间歇停顿，由两折叠爪完成长侧边的折叠与加热定型；转到 135°时，进行加热黏合；转到 180°时，转塔再次停顿，此时物品已调头，两卸料杆将物品取出，由两推进器送往端侧面折叠机构 6 进行侧面折叠热封。首先折叠两端面的另一短边，随着物品被推进，物品端面的上边被折叠，接着折叠下边，至此折叠全部完成，随后是侧面热封，转向叠放，最后由输送带输出，完成整个包装过程。

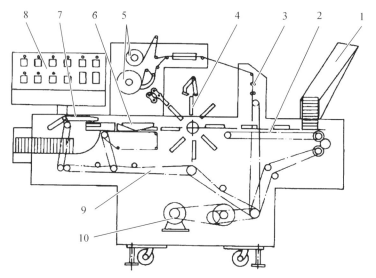

1—装料机构；2—推出机构；3—包装材料进给机构；4—间隙回转机构；5—包装材料；
6—端侧面折叠机构；7—整列排除机构；8—电器控制箱；9—传动装置；10—电动机。

图 4-8 转塔折叠式包裹机结构

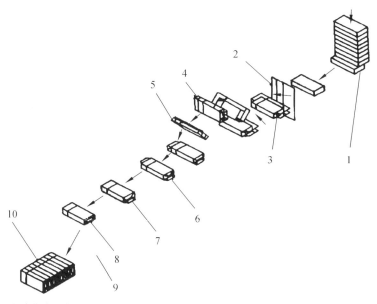

1—包装物被依次推出；2—包装材料切下；3—端侧面短边折叠；4—长侧边折叠加热；
5—长侧边加热封口；6—端侧面折上边；7—端侧面折下边；8—端侧面热封；
9—包装物回转集合；10—端侧面热封。

图 4-9 转塔折叠式包裹机工作原理

五、捆扎机械

捆扎机械是利用带状或绳状捆扎材料将一个或多个包件紧扎在一起的机器，属于外包设备。目前我国生产的捆扎机械基本都采用塑料带作为捆扎材料，利用热熔搭接的方法使紧贴包件表面的塑料带两端加压黏合，从而达到捆紧包件的目的。

任务三　流通加工及设备

一、流通加工的概念及其功用

流通加工机械是完成流通加工任务的专用机械设备。

流通加工机械通过对流通中的商品进行加工，改变或完善商品的原有形态，以实现构架生产与消费的"桥梁和纽带"作用。利用流通加工机械进行流通加工的主要优点表现在以下几个方面。

（一）可以提高原材料利用率

利用流通加工机械对流通对象进行集中下料，即可将生产厂直接运来的简单规格产品，按使用部门的要求进行下料。例如，将钢板进行剪板、切裁，将钢筋或圆钢裁制成各种长度及大小的板、方等。集中下料可以优材优用、小材大用、合理套裁，有很好的技术经济效果。北京、济南、丹东等城市对平板玻璃进行流通加工（集中裁制、开片供应），玻璃利用率从60%左右提高到85%~95%。

（二）可以进行初级加工，方便用户

用量小或临时需要的使用单位，缺乏进行高效率初级加工的能力，依靠流通加工点的机械设备进行流通加工可使使用单位省去进行初级加工的投资、设备及人力，从而搞活供应，方便了用户。目前发展较快的初级加工有将水泥加工成生混凝土，将原木或板方材加工成门窗，加工冷拉钢筋及冲制异型零件，钢板预处理、整形、打孔等加工项目。

（三）提高加工效率

由于建立集中加工点，可以采用效率高、技术先进、加工量大的专门机具和设备。这样做既提高了加工质量，也提高了设备利用率，还提高了加工效率，其结果是降低了加工费用及原材料成本。例如，一般的使用部门在对钢板下料时，采用气割的方法留出较大的加工余量，不但出材率低，而且由于热加工容易改变钢的组织和性能，加工质量也不好。集中加工后可设置高效率的剪切设备，在一定程度上回避了上述缺点。

（四）充分发挥各种输送手段的最高效率

流通加工环节将实物的流通分成两个阶段。一般来说由于流通加工环节设置在消费地，因此，从生产厂到流通加工的第一阶段输送距离长，而从流通加工到消费环节的第二阶段距离短。第一阶段是在数量有限的生产厂与流通加工点之间进行定点、直达、大批量的远距离输送，因此，可以采用船舶、火车等可进行大量输送的手段；第二阶段则是利用汽车和其他小型车辆来输送经过流通加工后的多规格、小批量、多用户的产品。这样可以充分发挥各种输送手段的最高效率，加快输送速度，节省运力运费。

（五）改变功能，提高收益

在流通过程中进行一些改变产品某些功能的简单加工，其目的除上述几点外还在于提高产品销售的经济效益。例如，我们的许多制成品（如洋娃娃玩具、时装、轻工纺织产品、工艺美术品等）会在深圳进行简单的装潢加工，改变了产品外观功能，仅此一项就可使产品售价提高 20% 以上。所以，在物流领域中，流通加工可以成为高附加价值的活动。这种高附加价值的形成，主要是着眼于满足用户的需要，提高服务功能而取得的，是贯彻物流战略思想的表现，是一种低投入、高产出的加工形式。

二、常见的流通加工方式与设备

流通加工机械类型很多，根据流通加工的对象不同，采用不同的流通加工机械。一般按加工对象不同，可分为金属加工设备机械、搅拌混合机械、木材加工机械、玻璃加工机械、其他流通加工机械等。

（一）混凝土搅拌机械

混凝土搅拌机械是搅拌混合机械中常用的机械之一。它是制备混凝土，将水泥、骨料、砂和水均匀搅拌的专用机械。它主要包括混凝土搅拌站、混凝土输送车、混凝土输送泵、车泵等。

（二）金属加工机械

金属加工机械是对金属进行剪切、折弯、下料、切削加工的机械。它主要包括剪板机、折弯机等。

热连轧钢板和钢带、热轧厚钢板等板材最大交货长度常可达 7~12 m，有的是成卷交货。对于使用钢板的用户来说，大、中型企业由于消耗批量大，可设专门的剪板、下料加工设备，按生产需要进行剪板、下料加工。但是，对于使用量不大的企业和多数中、小型企业来讲，单独设置剪板、下料的设备，有设备闲置时间长、人员浪费大、不容易采用先进方法等缺点，钢板的剪板及下料加工可以有效地解决上述弊病。剪板加工是在固定地点设置剪板机进行下料加工或通过设置种种切割设备将大规格钢板裁小或切裁成毛坯，降低销售起点，便利用户。集中下料加工目前专设于流通部门的情况还较少，主要是大型企业、公司都是集中安装设备进行此项工作。钢板剪板机下料的流通加工有如下几项优点：

（1）物料本身不发生变化，可保证原来的交货状态，因而有利于进行高质量加工。

（2）加工精度高，既可减少废料、边角料，也可减少再进行机加工的切削量；既可提高再加工效率，又有利于减少消耗。

（3）由于集中加工可保证批量及生产的连续性，可以专门研究此项技术并采用先进设备，从而大幅度提高效率和降低成本。

（4）使用户能简化生产环节，提高生产水平。和钢板的流通加工类似的还有圆钢、型钢、线材的集中下料、线材冷拉加工等。

（三）木材加工机械

它是对木材加工的机械，主要有以下几种。

1. 磨制、压缩木屑机械

木材是容重轻的物资，在运输时占有相当大的容积，下面往往使车船满装但不能满载，同时，装车、捆扎也比较困难。下面以原木运输为例：从林区外送的原木中有相当一部分是造纸树，美国相关企业在林木生产地就地将原木磨成木屑，然后采取压缩方法使之成为容重较大、容易装运的形状，再运至靠近消费地的造纸厂，取得了较好的效果。根据美国的经验，采取这种办法比直接运送原木节约一半的运费。

2. 锯木机械

锯木机械可在流通加工点利用木锯机等机械将原木锯裁成各种规格的锯材，将碎木、碎屑集中加工成各种规格板，还可根据需要进行打眼、凿孔等初级加工。过去用户直接使用原木不但加工复杂、加工场地大、加工设备多，更严重的是资源浪费大，木材平均利用率不到50%，平均出材率不到 40%。实行集中下料，按用户要求供应规格料，可以使原本利用率提高到95%，出材率提高到72%左右，有相当大的经济效果。

（四）玻璃切割机械

它是对玻璃进行切割的专用机械，包括各种各样的切割机。平板玻璃的"集中套裁、开片供应"是重要的流通加工方式，这种方式是在城镇中设立若干个玻璃套裁中心，负责按用户提供的图纸统一套裁开片，向用户供应成品，用户可以将其直接安装到采光面上。在此基础上也可以逐渐形成从工厂到套裁中心的稳定的、高效率的、大规模的平板玻璃"干线输送"，以及从套裁中心到用户的小批量、多户头的"二次输送"这样的现代物流流通模式。采取这种方式的好处有以下几种：第一，平板玻璃的利用率可由不实行套裁时的 62%～65%提高到90%以上。第二，可以促进平板玻璃包装方式的改革，从工厂向套裁中心运输平板玻璃，如果形成固定渠道便可以进行大规模集装，这样不但节约了大量包装材料，而且可防止流通中出现大量破损。第三，套裁中心按用户需要裁制，有利于玻璃生产厂简化规格，搞单品种大批量生产，这不但能提高工厂生产率，而且可以简化工厂切裁、包装等工序，使工厂能集中力量解决生产问题。第四，现场切裁玻璃劳动强度大，废料也难于处理，搞集中套裁可以广泛采用专用设备进行裁制，废玻璃相对数量少并且易于集中处理。

（五）煤炭加工机械

它是对煤炭进行加工的机械，主要包括除矸加工机械、管道输送煤浆加工机械、配煤加工机械。除矸是以提高煤炭纯度为目的的加工形式。一般煤炭中混入的矸石有一定发热量，因此混入一些矸石是允许的，也是较经济的。但是，有时则不允许在煤炭中混入矸石。例如，在运力十分紧张地区要求充分利用动力，多运"纯物质"，少运矸石，在这种情况下，可以采用除矸的流通加工排除矸石。煤炭主要采取用运输工具载运的方法，运输中不仅损失浪费较大，还容易发生火灾。采用管道运输是近代兴起的一种先进技术。目前，某些发达国家早已开始投入运行，有些企业内部也采用这一方法进行燃料输送。在流通的起始环节将煤炭磨成细粉，本身便有了一定的流动性，再用水调和成浆状则使其具备更大的流动性，可以像其他液体一样进行管道输送。这种方式不和现有运输系统争夺运力，输送连续、稳定而且快速，是一种经济的运输方法。配煤加工是在使用地区设置集中加工点，将各种煤及一些其他发热物质按不同配方进行掺配加工，生产出各种不同发热量的燃料，称为配煤加工。这种加工方式可以按需要发热量生产和供应燃料，防止出现热能浪费、"大材小用"的情况，也能防止发热量过小，不能满足使用要求的情况出现。工业用煤经过配煤加工还可以起到便于计量控制、稳定生产过程的作用，在经济及技术上都有价值。

（六）其他流通加工机械

其他流通加工机械主要包括包装机械、刷涂标签机械等。

实训设计　包装基础知识

一、实训目标

1. 理解掌握各种常见产品的包装方法。
2. 掌握产品的合理包装。

二、任务描述

包装在追求成本降低的同时，向着节省材料、节省空间、构造简单、大小适当、重视安全的方向发展。一名学习包装行业相关知识的学生赵丹青了解了包装的基础知识后，对包装不再陌生。但是他认为光靠这一点的感性认识是远远不够的，包装技术并非那么简单，里面还包含了很多技巧。在此让我们和赵丹青一起去探索包装的技术。

三、任务分析

包装技术是针对产品的特殊需要而采用的包装技术和方法。赵丹青首先从包装技术的基本概念入手，从包装技术的发展出发，逐步了解和掌握各种产品的包装方法，掌握对产品的合理包装。

四、任务实施与心得

（一）任务实施

1. 体验包装技术

赵丹青利用周末的时间，到超市参观，观察不同商品的包装，通过实地调研，了解了不同商品包装的特点。他还去了本市的其他一些主要业务为超市物流的公司，认真观察了物流公司对不同货物的包装，并通过百度图片，查看了不同产品的不同包装技法，大开眼界。他通过以下网站查到了相应的文献资料。

（1）百度图片：http://image.baidu.com/（输入"包装技术"关键词进行相应的查询）。

（2）百度百科：http://baike.baidu.com/（查看了"现代包装技术"相关的百科资料）。

（3）包装技术专家网：http://www.packagingunion.com/forum.php。

2. 掌握包装的技法

赵丹青通过线上及线下的体验，对包装的技术已经有了初步的了解，开始着手尝试对一些产品进行包装。他在宿舍里尝试着对书本进行包装，对水杯等物品进行包装，并写出了实训报告。

（二）任务实施心得

商品的包装技术所包括的范围极为广泛，由于产品特性不同，在流通过程中会受到内外各种因素影响，其物性可能会发生人们不希望看到的变化。在对商品进行包装时，要分析不同的商品适用的包装技术，要了解包装的情况，包括外形、材料、商标、条码等。

思考题

（一）名词解释

流通加工、包装。

（二）填空题

（1）流通加工大多是（　　　　），它是对生产加工的一种辅助及补充，也是流通加工不同于一般生产加工的特殊之处。

（2）在产品流通的过程中，为了有效地保护产品、（　　　）、（　　　），需要对产品进行合理的包装。

（3）按包装材料和容器分：可将包装机械分为（　　　）、（　　　）、（　　　）、（　　　）等。

（4）容积式充填机主要类型有（　　　）、（　　　）、（　　　）等。

（5）运输标志，即唛头，是贸易合同、发货单据中有关标志事项的基本部分。它一般由一个简单的（　　　）、（　　　）、（　　　）等组成。

（6）包装生产线运行的技术经济指标主要包括（　　　）、（　　　）、（　　　）、（　　　）、包装材料损耗、动力能源损耗、劳动生产率等 7 项指标。

（三）简答题

（1）流通加工设备的主要类型有哪些？流通加工设备的主要特征是什么？

（2）常见的包装机械设备的主要类型有哪些？

项目五　物流装卸搬运设备

1. 了解装卸搬运设施与设备在现代物流中的地位、作用及其发展趋势。

2. 理解装卸搬运、起重设备、装卸搬运车辆、自动导向搬运车、装卸堆垛机器人等概念，掌握装卸搬运设施与设备的主要类型。

3. 领会装卸搬运、起重设备、装卸搬运车辆、自动导向搬运车、装卸堆垛机器人的主要结构与特征。

任务一　装卸与搬运设备概述

一、装卸与搬运概念

装卸搬运是指在同一地域范围内（通常指在某个物流结点，如仓库、车站、码头等）以改变物资的存放状态和空间位置的一种物流活动。"装卸"是指以垂直位移为主的实物运动形式，"搬运"是指以水平位移为主的实物运动形式。在某些特定时刻或场合，单称"装卸"或单称"搬运"，也包含了"装卸搬运"的完整含义。

装卸与搬运设备是物流设备中重要的设备，它不仅用于生产企业内部物料或工件的起重输送和搬运、用于船舶与车辆货物的装卸，而且还能完成库场货物的堆码、拆垛、运输以及舱内、车内、库内的搬运。

二、装卸与搬运的作用

装卸搬运是物流活动得以顺利进行的必要条件，在全部物流活动中占有重要地位，发挥着重要意义。主要表现在以下几个方面。

（一）装卸搬运直接影响物流质量

因为装卸搬运是使货物产生垂直和水平方向上的位移，货物在移动过程中会受到各种外力的作用，如震动、撞击、挤压等，容易使货物包装和货物本身受损。此外，进行装卸操作时往往需要接触货物，因此，这是在物流过程中造成货物破损、散失、损耗、混合等损失的主要环节。例如袋装水泥纸袋破损和水泥散失主要发生在装卸过程中，玻璃、机械、器皿、煤炭等产品在装卸时最容易造成损失。每年我国由于装卸搬运造成的经济损失达上亿元。装卸搬运损失在物流费用中占有一定的比重。

（二）装卸搬运直接影响物流效率

物流效率主要表现为运输效率和仓储效率，二者都与装卸搬运直接相关。在货物运输过程中，发运的装车时间和在目的地的卸车时间占有不小的比重，特别是在短途运输中，装卸车时间所占比重更大，有时甚至超过运输工具运行的时间。所以，通过缩短装卸搬运时间可以提高运输效率。在仓储活动中，装卸搬运效率对货物的收发速度和货物周转速度产生直接影响，同时，装卸搬运组织与技术对仓库利用率和劳动生产率也有一定影响，装卸活动包括装车（船）、卸车（船）、堆垛、入库、出库以及上述各项活动之间的短程输送，是随运输和保管等活动而产生的必要活动。

在物流过程中，装卸活动是不断出现和反复进行的，它出现的频率高于其他各项物流活动，每次装卸活动都要花费很长时间，所以往往是决定物流速度的关键。装卸活动所消耗的人力也很多，因此装卸费用在物流成本中所占的比重也较高。由此可见，装卸活动是影响物流效率、决定物流技术经济效果的重要环节。

（三）装卸搬运直接影响物流安全

在物流活动中确保劳动者、劳动手段和劳动对象的安全非常重要。装卸搬运特别是装卸作业，货物要发生垂直位移，不安全因素比较多。实践表明，物流活动中发生的各种货物损失事故、设备毁坏事故、人身伤亡事故等，相当一部分是在装卸搬运过程中发生的。特别是一些危险品，在装卸搬运过程中如违反操作规程进行野蛮装卸，很容易造成燃烧、爆炸、泄漏等重大事故。

（四）装卸搬运直接影响物流成本

装卸搬运是劳动力借助于劳动手段作用于劳动对象的生产活动。由于装卸搬运作业量比较大，它往往是货物运量和库存量的若干倍，因此，为了进行此项活动，必须配备足够的装卸搬运人员和装卸搬运设备。以我国为例，铁路运输的始发和到达的装卸作业费大致占运费的20%左右，搬运费用占40%左右。因此，降低装卸搬运费用是降低物流费用的重要环节。

三、装卸与搬运设备的分类

（一）按照主要用途或结构特征进行分类

可分为起重机械、输送机械、装卸搬运车辆、专用装卸搬运机械。其中，专用装卸搬运机械指带有专用取物装置的装卸搬运机械，如托盘专用装卸搬运机械、集装箱专用装卸搬运机械、船舶专用搬运装卸机械等。

（二）按照作业性质进行分类

可分为装卸机械、搬运机械及装卸搬运机械三大类。有的机械功能单一，只能满足装卸或搬运一个功能，有的机械装卸、搬运功能兼有，可将两种作业操作合二为一，取得了较好的效果，如叉车、车站龙门起重机等。

四、装卸与搬运设备的特点

装卸与搬运设备的性能和作业效率对整个物流系统的效率影响很大，为了顺利完成物料搬运任务，必须适应物料搬运作业要求。

（一）装卸与搬运设备应用的特点

1. 适应性强

由于受货物种类、作业时间、作业环境等影响较大，物料搬运活动各具特点，因而要求物料装卸与搬运设备机械具有较强适应性，能在各种环境下正常进行工作。

2. 设备能力强

物料装卸与搬运设备起重能力和起重量范围大，具有很强的物料搬运作业能力。

3. 机动性较差

大部分物料搬运设备都在局部范围内完成物料搬运任务，且工作速度较低，只有个别物料搬运设备可在设施外作业。

（二）装卸活性

装卸活性是装卸搬运专用术语，是指货物的存放状态对装卸搬运作用的方便（或难易）程度。如果很容易转变为下一步的装卸搬运而不需过多进行装卸搬运准备工作，则活性高；如果难以转入下一步的装卸搬运，则活性低。

活性一般是用"活性指数"进行定量的衡量（见表 5-1）。根据物料所处的状态，即物料装卸、搬运的难易程度，可划分不同的级别，也即所谓的"活性指数"。一般说来，活性指数一般用数字 0、1、2、3、4 表示，具体含义如下。

0 级表示物料杂乱地堆在地面上的状态。

1 级表示物料装箱或经捆扎后的状态。

2 级表示箱子或被捆扎后的物料，下面放有枕木或其他衬垫后，便于叉车或其他机械作业的状态。

3 级表示物料被放于台车上或用起重机吊钩钩住，可以即刻移动的状态。

4 级表示被装卸、搬运的物料，已经被启动、直接作业的状态。

表 5-1　物品的活性指数表

物品的存放状态	活性指数
就地堆放	0
置于集装容器中	1
置于支垫设备（如托盘）上	2
装载在可移动设备（如台车）上	3
处于移动状态（如传送带）	4

在货场装卸搬运过程中，下一步工序比上一步的活性指数高，即下一步比上一步工序更便于作业时，称为"活化"。装卸搬运的工序、工步应设计得能使货物的活性指数逐步提高，称为"步步活化"。通过合理设计工序、工步，在做到步步活化作业的同时，还要采取相应的措施和方法尽量节省劳力、降低能耗。从理论上讲，活性指数越高越好，但也必须考虑到实施的可能性。例如，物料在储存阶段中，活性指数为 4 的输送带和活性指数为 3 的车辆，在一般的仓库中很少被采用，这是因为大批量的物料不可能存放在输送带和车辆上。

五、装卸与搬运设备的发展趋势

（一）高速化

为适应高生产率的需要，起重输送机械应采用精密的自动控制及电子技术，以提高起重机的作业性能，确保高速启动，制动工作的平稳性、可靠性及停车的快速性、准确性。

（二）柔性化

为适应产品的个性化、多品种和小批量的发展趋势，装卸与搬运设备应开发与柔性生产系统相配套的物流输送系统。为此要研究多手指的装配机器人和能准确、自动供料和传送定位输送机，实现高精度、多自由度的柔性自动装配。

（三）系统化与集成化

为适应制造领域物流系统点多、线长、面宽和规模大的特点，制造领域物料装卸与搬运设备及系统应与生产物流相结合，从系统化、集成化的概念出发，通过计算机和生产物流融为一体，以提高生产的整体效益。

任务二　起重堆垛设备

微课：起重堆垛设备

一、起重设备概述

（一）起重设备的工作特点与组成

起重设备是用来升降和水平运移货物的设备。它的工作程序是：吊挂（或抓取）货物，提升后进行一个或数个动作的运移，将货物放到卸载地点后卸载，然后返程做下一次动作准备。这一过程称作一个工作循环，完成一个工作过程后，再进行下一次的工作循环。因此起重设备是一种间歇动作的设备。

起重设备主要由驱动装置、工作机构、钢架结构及安全保护装置组成。

1. 驱动装置

驱动装置是用来驱动各工作机构动作的动力设备。很大程度上决定着起重设备的工作性能和构造特征。

2. 工作机构

起重设备其升降及运移货物是依靠相应的机构运动来实现的。起重设备有起升、运行、变幅和回转四大工作机构。起升机构是用来升降货物的机构，是起重设备最基本的机构；运行机构是用来实现起重设备或起重小车沿固定轨道或路面行走的机构；变幅机构是依靠臂架俯仰或小车运行的方式使吊具移动而改变幅度的机构；回转机构是使起重设备回转部分在水平面内绕回转中心转动的机构。

3. 钢架结构

钢架结构是起重设备的基体和骨架。它主要用来布置和安装起重设备的驱动装置和机构部分，并承受各种载荷并将这些载荷传递给起重设备的支撑基础。起重设备的主要钢架结构有臂架、门架、桥架、转台、人字架、机房等。

起重设备除了以上三大部分以外，为了使起重设备工作安全可靠，还需要装设一些安全保护装置。例如，为了防止吊重过载而使起重设备破坏，需装有起重量限制器或起重力矩限制器；为了防止起重设备行至终点或两台机械相碰发生剧烈撞击，需要装设行程限位器、缓冲器；为了防止露天工作的起重设备被风吹动滑行，需装设防风抗滑装置等。

(二) 起重设备的类型

起重设备按其结构特点和用途可分为三大类。

1. 桥式起重设备

桥式起重设备具有桥架结构，并配有起升机构、大车运行机构和小车运行机构等。依靠这些机构配合动作，可在整个长方形场地及其上空作业，适用于车间、仓库、露天堆场等场所。桥式起重设备包括通用桥式起重机、堆垛起重机、龙门式起重机、装卸桥等。

2. 轻小型起重设备

轻小型起重设备一般只有一个升降机构，能使货物作升降运动。在某些场合也可作水平运输（如卷扬机）。属于这一类型的起重设备有千斤顶、滑车、葫芦、卷扬机等。

3. 臂架类起重设备

臂架类起重设备具有臂架结构，配有起升机构、旋转机构、变幅机构和运行机构，液压起重机还配有伸缩臂机构。依靠这些机构的配合动作，可在圆柱形场地及上空作业。臂架式起重设备可装在车辆上或其他运输（移动）工具上，构成运行臂架式起重机，这种起重机具有良好的机动性，可适用于码头、货场、工场等场所。臂架类起重设备包括塔式起重机、汽车起重机、轮胎起重机、履带式起重机、铁路起重机、门座起重机等。

二、起重设备的选择

在装卸作业中应用较为广泛的几种起重设备有固定式起重机、流动式起重机、移动式起重机、缆索起重机、轻小型起重设备、桥式和门式起重机、臂架类型起重机等。

（一）固定式起重机

固定式起重机一般是将起重机固定在基础或支撑基座上，只能原地工作，其作业范围较小，在内河港口码头应用较多（见图 5-1）。

图 5-1　固定式起重设备

1. 固定起重机

臂架可以俯仰变幅而不能回转的起重机称为固定式动臂起重机；臂架可回转（包括能变幅和不能变幅的）的起重机称为固定式回转起重机。

2. 桅杆起重机

它是臂架下端与桅杆下部铰接，上端通过钢丝绳与桅杆相连，桅杆本身依靠顶部和底部支撑、保持直立状态的可回转臂架型起重机。桅杆起重机一般安装在码头、库场或船舶甲板上使用。

（二）流动式起重机

流动式起重机是可配备立柱或塔架，能在带载或空载情况下沿无轨路面运行，依靠自重保持稳定的起重设备。流动式起重机按底盘形式不同分为小型起重机、随车起重机、汽车起重机、轮胎起重机和履带起重机（见图 5-2）。

图 5-2　流动式起重机

1. 小型起重机

它是一种安装在底座上，可由人力或借助辅助设备，从一个场地搬移到另一个场地的起重机。该起重机结构简单，制造容易，起重量一般不超过 1 t。

2. 随车起重机

它是固定在载货汽车上的流动式起重机。它主要用于装卸车上的货物。

3. 汽车起重机

它是以通用或专用的汽车底盘为运行底架的流动式起重机。汽车起重机有机械和液压传动两种形式，适用于流动性大的不固定作业场所。为了保证安全操作，使用时必须撑好支腿，并决不允许吊重行驶。

4. 履带起重机

它是以履带为运行底架的流动式起重机。由于履带与地面接触面积大，所以能在松软、泥泞地面上作业。其通过性能好，爬坡能力大，但因制造成本高，底盘笨重，且会破坏行驶的路面，故在港口应用不如轮胎起重机广泛。

（三）移动式起重机

移动式起重机是沿地面轨道行走的臂架型起重机，或支撑在轨道上的桥架型起重机。移动式起重机包括门座起重机、半门座起重机、铁路起重机、桥式起重机、门式起重机（龙门起重机）和装卸桥（见图 5-3）。

（四）缆索起重机

缆索起重机是挂有取物装置的起重小车沿架空承载索运行的起重机，其承载索两端的支架可以在两侧平行的轨道上运行，起重小车在 4 根平行布置的承载索上运行。起升卷筒与起重小车的牵引卷筒均装设在主塔上，另一侧的副塔上装设有调整承载索张力的液压拉伸机（见图 5-4）。

图 5-3　移动式起重机

图 5-4　缆索起重机

（五）轻小型起重设备

轻小型起重设备主要有千斤顶、滑车及滑车组、葫芦、卷扬机等，它们具有结构简单、使用方便，适用于流动性和临时性的作业场合等优点。手动的轻小型起重设备尤其适合在无电源的场合使用。

1. 千斤顶

千斤顶是一种利用刚性承重件顶举或提升重物的起重设备。它仅靠很小的外力就能顶高很重的重物，并可校正设备安装的偏差和构件的变形等。千斤顶的顶升高度一般为 100 ~

400 mm，最大起重量可达 500 t，自重 10~500 kg，主要用于电力、建筑、机械制造、矿山、铁路桥梁、车辆维修、造船等多种行业设备的安装起顶及拆卸作业。

千斤顶按其构造和工作原理不同，可分为齿条式、螺旋式和液压式三种。由于千斤顶具有顶升重物而不需要辅助设备，且顶升缓慢、均匀、稳定，又适用于校正设备安装偏差和物件变形等优点，因而在安装施工中得到了广泛应用。但由于千斤顶与顶升重物接触点较小，又依赖底座的平整、坚实，而且要求与重物接触良好，所以使用时要特别注意。

2. 链条葫芦

链条葫芦又称倒链，是一种不需要底部铺垫固定，且可将重物升往空中任何一个需要的位置上的一种小型起重工具，具有使用携带方便，结构紧凑，手拉力小等特点。它适用于小型设备和货物的短距离吊运，起重量一般不超过 10 t。链条葫芦选用时考虑的主要因素有起重量、工作级别、起升高度、起升速度、运行速度。

（六）桥式和门式起重机

桥式起重机又称桥吊、行车。桥式起重机是桥架支撑在建筑物两边高架轨道上并能沿轨道行走的一种桥架型移动式起重机。其在桥架上设有可沿桥架上的轨道行走的起重小车（或电动葫芦）。它是依靠桥架沿厂房轨道的纵向移动、起重小车的横向移动以及吊钩装置的升降运动来进行工作的。它具有重量大、构造简单、操作灵活、维修方便、占地面积小，且运行时不妨碍作业场地的其他工作的特点。常用于仓库的装卸作业和车间的起重作业。

桥式起重机一般由桥架、起重小车、大车运行机构、司机室（包括操纵机构和电气设备）等四大部分组成。桥式起重机的机构部分由起升、小车运行和大车运行三个机构组成，各机构由单独的电动机进行驱动。桥式起重机用吊钩、抓斗或电磁盘来装卸货物，吊运方式由大车的纵向运动、小车的横向运动以及起升机构的升降运动所组成。这些运动构成了一个长方形的、大范围的作业空间。

1. 单梁桥式起重机

单梁桥式起重机桥架的主梁多采用工字型钢或型钢与钢板的组合截面。电动葫芦或手动单轨小车沿主梁的工字钢下翼缘运行，跨度小时直接用工字钢做主梁，跨度大时可在主梁工字钢的上面再作水平加强，形成组合断面的主梁，进行物料搬运作业。通常用于工厂车间、仓库等货物吊装量不大，作业不甚频繁的场所。

2. 双梁桥式起重机

双梁桥式起重机由直轨、主梁、电动环链葫芦和起重机小车组成，特别适合于大跨度和大起重量在平面范围内的物料运送。

3. 门式起重机

门式起重机（又称龙门式起重机）是桥式类型起重机的一种机型。在港口主要用于室外的货场、料场散货的装卸作业。它的金属结构像门型框架，承载主梁下安装两条支脚，可以直接在地面的轨道上行走，主梁两端可以具有外伸悬臂梁。门式起重机具有场地利用率高、作业范围大、适应面广、通用性强等特点，在港口货场得到了广泛使用。

门式起重机根据门架结构形式、主梁形式、吊具形式的不同进行分类。

按门框结构形式门式不同起重机可分为全门式起重机、半门式起重机、双悬臂门式起重机和单悬臂门式起重机：全门式起重机主梁无悬挂，小车在主跨度内运行；半门式起重机支腿有高低差，可根据使用场地的土建要求而定；双悬臂门式起重机是最常见的一种结构形式，其结构的受力和场地面积的有效利用都是合理的。

（七）臂架类型起重机

臂架类型的起重机在构造上具有臂架结构，利用臂架的变幅（或俯仰），上部结构相对于下部结构的旋转运动而实现货物装卸任务。臂架类型起重机的基本形式可分为固定式、移动式和浮式 3 种类型。

（八）集装箱专用起重机

1. 岸边集装箱起重机

岸边集装箱起重机是集装箱码头前沿进行集装箱船舶装卸作业的专用机械，如图 5-5 所示。它是由前后两片门框和拉杆组成的门架，沿着与岸边平行的轨道行走，桥架支撑在门架上，行走小车沿着桥架上的轨道往返于水、陆两侧吊运集装箱，进行装船和卸船作业。为了便于船舶靠离码头，桥架伸出码头前沿的伸臂部分可俯仰。岸边集装箱起重机具有起升机构、小车运行机构、前大梁俯仰机构和大车运行机构以及集装箱专用吊具和其他辅助设备。针对高速型岸边集装箱起重机，还配备了吊具减摇装置等。

图 5-5　岸边集装箱起重机

2. 集装箱龙门起重机

集装箱龙门起重机有轨道式和轮胎式两种（见图 5-6）。

图 5-6　轮胎式集装箱龙门起重机

三、堆垛机

（一）堆垛起重机的类型

堆垛起重机是自动化立体仓库中最重要的设备。它分桥式堆垛起重机和巷道堆垛起重机两大类。

（二）桥式堆垛起重机

桥式堆垛起重机（简称桥式堆垛机）是在桥式起重机小车上增加带有可回转 360°的立柱机构。立柱上有货叉及驾驶室。立柱分可伸缩型和不可伸缩型。伸缩型立柱的货叉固定在立柱下端，不可伸缩立柱的货叉可沿立柱上下移动。

桥式堆垛机的起升高度一般不超过 12 m，中小跨度，适用于笨重和长大件物料的堆垛和搬运。桥式堆垛机的桥架在仓库的高架轨道上运行，小车在桥架上运行，因此它可以服务于其跨度间的所有巷道。

（三）巷道堆垛起重机

巷道堆垛起重机（简称巷道堆垛机）是自动化立体仓库中最重要的设备。其主要用途是在高层货架的巷道内来回穿梭运行，将放置在巷道口的货物存入指定的货格，或者从货格中取出将出库的货物运送到巷道口。

巷道堆垛机的整机结构高而窄，因此可以方便地在狭窄的货架巷道内通行，完成对高层货架的货物存取。它配备了伸缩货叉、伸缩平板等特殊的取物装置。这些装置可以向巷道两侧货架的货格伸出，用来存取托盘货物、货箱和集装单元等。采用机上控制或远距离控制等自动控制方式，巷道堆垛机可以自动运行、升降、认址、停准及存取货物。巷道堆垛机和各种出入库输送机、分拣机、装卸搬运机械组成了自动化立体仓库的货物存取与传送系统。

1. 巷道堆垛机的类型

（1）单元型：堆垛机实现对整个货物单元的出入库作业，其载货台必须装有叉取货物的装置。这种堆垛机是使用最广泛的机械，特别适合货物单元的出入库作业，或者"货到人"的拣选作业。当采用自动控制时，机上无驾驶员。

（2）拣选型：堆垛机上有驾驶室，由驾驶员从货物单元中拣选一部分货物出库。载货台上可不装叉取装置，而是直接由驾驶员手工取货。这种堆垛机适合"人到货"的拣选作业。大多采用手动或半自动控制。

（3）单元-拣选型：堆垛机上既有叉取货物的装置，又有随载货平台一起升降的驾驶室。既能实现对整个货物单元的出入库作业，又能从货物单元中拣选一部分货物出库。

2. 巷道堆垛机的结构

巷道堆垛机由起升机构、运行机构、货叉伸缩机构、机架、载货台、电气设备及安全保护装置等组成。

任务三　装卸搬运车辆

一、装卸搬运车辆概述

微课：手动液压
托盘搬运车

装卸搬运车辆是指用于企业内部对成件货物进行堆码、牵引或推拉，以及短距离运输作业的各种车辆，其中包括非铁路干线使用的各种轨道车辆和汽车等。装卸搬运车辆用于船舶和车辆的货物装卸，以及在堆场、仓库、船舱、车辆内进行货物堆垛、拆垛和转运作业。

微课：装卸搬运设备

装卸搬运车辆大多采用轮胎式行走机构，依靠本身的走行完成货物的水平搬运。有的装卸搬运车辆除了能水平搬运货物之外还能依靠其工作装置实现货物的托取和升降。装卸搬运车辆一般在特定的区域，如港区、仓库、船舱内等地方工作，运行距离短，行驶速度低，活动范围小，它们的性能参数、卸载方式等与汽车有许多不同。

装卸搬运车辆按其动力装置不同可分为电动式机械和内燃式机械。电动式装卸搬运车辆一般由蓄电池供电，直流电动机驱动。这类机械结构简单，操作方便，但驱动功率小，对路面要求高，必须设置充电设备，是用于仓库、车间内作业的小型机械。内燃式装卸搬运车辆以内燃机为动力，结构复杂，保养维修要求高，排气污染严重，但其功率储备大，牵引性能好，工作效率高，对路面要求低，所以得到了广泛的应用。

二、装卸搬运车辆的类型及应用

装卸搬运车辆往往兼有装卸与运输作业功能，并有各种可拆换工作属具，故能机动灵活地适应多搬运作业场合，经济高效地满足各种短距离作业的要求。装卸搬运车辆已经广泛地用于港口、仓库、货场、工厂车间等处，并可进入车船和集装箱内进行货件的装卸搬运作业。

（一）叉　车

叉车种类很多，可以从不同角度进行分类。按动力不同可分为内燃式、电动式叉车；按货叉安装位置不同，分为正面式叉车、侧面式叉车和多面式叉车等。

1. 正面式叉车

正面式叉车的货叉位于叉车的前方。正面式叉车按其保持稳定性的方法不同又可分为以下几种：

（1）平衡重式叉车：这种叉车的货叉与货物始终位于叉车前轮的前方。为平衡货物重量产生的倾翻力矩，在叉车的后部安装平衡重，保持叉车的纵向稳定性。平衡重式叉车是使用最广泛的叉车，起重量为 0.5~60 t。

（2）前移式叉车：前移式叉车有两条前伸的支腿，前轮较大，支腿较高。需要叉取货物或卸下货物时，将门架（或叉架）沿车架上的水平轨道前移到前轮的前方，货叉叉取货物后，起升一定高度。当货物底部超过支腿高度后，货叉带着货物后移，使货物重心位于前后轮的支撑平面内，保持叉车行走时的良好稳定性。前移式叉车一般用电动机驱动，额定起重量在 2 t 以下，主要用于仓库堆垛作业。

（3）插腿式叉车：插腿式叉车车体前方有两条带小车轮的支腿，货叉位于支腿之间。支腿的高度很小，因此支腿可以连同货叉一起插入货架或托盘底部，再由货叉起升货架或托盘、被插腿式叉车举起的货物重心位于车轮的支撑平面内，所以叉车的稳定性好，适用于通道狭窄的仓库内作业。

2. 侧面式叉车

侧面式叉车的门架、货叉位于叉车的中部，并可以沿横向轨道移动，货叉朝向叉车的侧面。货叉在侧面叉取货物，起升一定高度后，门架向车内移动，降下货叉，把货物搁在叉车的货台上，叉车行走。起升机构在叉车行走时不受载，货物重心位于前后轮的支撑平面内，所以叉车的纵向稳定性好。侧面式叉车适用于装卸搬运长件货物，在叉取或卸下货物时，需要先将侧面液压支腿放下，用来减小该侧轮胎的负荷，保证叉车的横向稳定性。

3. 多面式叉车

多面式叉车的特点是门架或叉架可以绕垂直轴线旋转，因此货叉可能朝向两个或三个方向。叉架可绕垂直轴旋转的三向堆垛叉车，它的货叉既可朝向前方，也可朝向左方或右方。不仅叉架可以旋转，支撑叉架的回转头还能向左或向右做横向位移，便于叉车从侧面取货或卸货。这种叉车能在通道狭窄的立体仓库中从通道两侧的货架上取、放物。

（二）单斗车

单斗车又称单斗装载机。单斗车的装卸工具是铲斗，用来对散货进行装车、堆垛以及短距离的水平搬运。在港口还会用单斗车在散货船舱内进行清仓作业。单斗车一般以柴油机为动力，大多采用轮胎式行走机构。它从前方铲取物料后，退出料堆，并且转过一个角度，再从前方将物料卸下。前卸式单斗车需要频繁调车作业，以便对准料堆和车辆，因此作业效率较低。但这种作业方式方便安全，应用最广，如图 5-7 所示。

图 5-7　单斗装载机

（三）牵引车和挂车

牵引车和挂车是配合使用的两种车辆。牵引车没有取物装置和载货平台，既不能装货和取货，也不能单独搬运货物，但它具有牵引装置，专门用来牵引载货的挂车作水平搬运。牵引车以内燃机为动力，为适应顶推与牵引挂车的需要，普通牵引车头部装有坚固的护板，尾部装有挂钩装置。

挂车又称平板车，是无动力车辆，有载货平台，由牵引车拖着行走。牵引车常拖带数辆挂车，对成批货物进行较远距离的水平转运。当挂车被拖到指定地点装卸货物时，牵引车会先脱开这列挂车，再去拖带别的挂车。

（四）搬运车

搬运车是一种自行式载货小车，只能进行货物短距离的水平搬运。按照承载构件的特点分为以下几类。

（1）固定平台搬运车：它的载货平台是固定不动的，必须用其他机械或人力将货物装上或卸下平台。内燃机驱动的固定平台搬运车，构造与小型载货汽车相似，载重量为 2～3 t。适合在搬运距离较长的场合工作。蓄电池-电动机驱动的固定平台搬运车具有体积小、操作简单、运行噪声小、不产生有害气体等优点，适宜在仓库或货场内作短距离的搬运。

（2）升降平台搬运车：升降平台搬运车的车轮较小，载货平台低。平台可以伸入货架或托盘的底部，然后起升一定的高度（100～200 mm），托起货架或托盘使之离开地面一定距离，搬运车运行。当运到卸货地点后，平台下降，货架或托盘支在地面上，搬运车即可开走。

（3）托盘搬运车：载货构件是一对货叉，货叉位于支腿的上方。货叉和支腿一起插入托盘下面，利用液压油缸使货叉再起升一定的高度，将托盘和货物托起，实现搬运。

三、装卸搬运车辆的组成

装卸搬运车辆一般由工作装置、底盘和动力装置组成。

（一）工作装置

工作装置用来完成对货物的装卸搬运工作。装卸机械种类很多，其用途、构造、性能参数各不相同，所以工作装置的功用与组成也不相同。例如，叉车工作装置的作用是承受全部货重，并完成取货、升降、堆放作业。其工作装置由门架、起升机构、门架倾斜机构、液压传动系统、叉车属具组成。

（二）底　盘

底盘即无轨行走机构，用来完成装卸搬运车辆的无轨运行，实现对货物的水平搬运。轮胎式底盘一般由行驶系统、传动系统、制动系统和转向系统组成。

（1）传动系统把发动机的动力传给驱动轮，使装卸搬运车辆运行。它由液力变矩器或离合器、变速器、传动轴和驱动桥内的主传动装置等组成。

（2）转向系统用来控制装卸搬运车辆行驶方向，使车辆保持直线行驶或实现曲线行驶。它由转向器、转向传动机构组成。

（3）制动系统使装卸搬运车辆减速、驻车或可靠地停驻。如叉车具有两套独立的制动系统——行车制动系统和驻车制动系统，每套制动系统由制动器和制动操纵机构组成。叉车车速较低，一般只在驱动轮上装车轮制动器，用脚踏板控制。驻车制动器一般安装在传动轴上或车轮制动器内，用手拉杆操纵。

（三）动力装置

动力装置用来供给工作装置和底盘工作时所需要的动力。

（1）蓄电池-直流电动机驱动。由若干个蓄电池串联组成蓄电池组，将电能分别或同时供给各个电动机，驱动车辆行驶和进行装卸工作。这种电力驱动方式噪声小、无废气、操作简单。但蓄电池容量有限，输出功率小，所以车辆行驶速度低，爬坡度小。蓄电池怕振动，对路面要求高。蓄电池-电动机驱动方式用于小型装卸搬运车辆上，主要用于仓库、车间、舱内作业。

（2）内燃机驱动。内燃机输出功率大，使车辆的牵引性能好，行驶速度高，爬坡能力强，能长期连续工作。内燃机驱动是装卸搬运车辆最常用的驱动方式。但内燃机工作时噪声大，要排出废气，因此内燃机驱动的机械适宜在室外工作。

任务四　智能搬运车辆

微课：自动导引车　　微课：智慧物流
设备——AGV

一、自动导向搬运车

（一）自动导向搬运车的概念

自动导向搬运车（Automated Guided Vehicle，AGV）是指具有电磁或光学导引装置，能够按照预定的导引路线行走，具有小车运行和停车装置、安全保护装置以及具有各种移载功能的运输小车（见图 5-8）。

图 5-8 自动导向搬运车

（二）自动导向搬运车的分类

按照不同的分类标准，自动导向搬运车可以分为不同的类型。根据控制形式的不同，自动导向搬运车可分为智能型和普通型。智能型是每台小车车载计算机的控制系统中存有全部运行路线和线路区段控制的信息，小车只需要智能目的地和要完成的任务，就可以自动选择最佳线路完成规定的任务。普通型是指自动导向搬运车的所有功能、路线规划和区段控制都由主控计算机控制。根据导向方式的不同，自动导向搬运车可分为固定路径导向和自由路径导向两种。根据移载方式的不同，自动导向搬运车可分为侧叉式移载、叉车式移载、推挽式移载、辊道输送机式移载、链式输送机移载、升降台移载和机械手移载。根据充电方式不同，自动导向搬运车可分为交换电池式和自动充电式。根据转向方式的不同，自动导向搬运车可分为前轮转向式、差速转向式和独立多轮转向式。根据运行方向的不同，自动导向搬运车可分为向前运行、前后运行和万向运行。根据用途和结构形式的不同，自动导向搬运车可分为牵引型拖车、托盘运载车、承载车、自动叉车、装配小车和堆垛机等。

（三）自动导向搬运车构成

自动导向搬运车包括导向系统、寄送系统和数据传输系统等。

1. 导向系统

导向系统分外导式导向系统和自导式导向系统两种。

（1）外导式导向系统：在车辆的运行路线上设置导向信息媒体（导线、磁带、色带等），由车上的导向传感器接受线路媒体的导向信息，信息经实时处理后控制车辆沿正确路线行驶。其中应用最多的是电磁导向和光学导向两种。电磁导向系统沿运行线路地沟中敷设导线，通以 5～30 kHz 的变频电流，形成沿导线扩展的交变电磁场。车辆验检传感器接收信号，并根据信号场的强度来判断车体是否偏离了路线，使车辆跟踪埋线沿正确的路线运行。光学导向系统在线路上敷设一种有稳定反光率的色带，导向车上装有发光源和接受反射光的光电传感器。通过对传感器检测到的光信号进行计算，调整小车运动位置，使小车正确地导向运行。

（2）自导式导向系统：在车辆上预先设定运行线路的坐标信息。在车辆运行时，实时地测出实际的车辆位置坐标，再将二者进行比较后控制车辆的导向运行。

2. 寄送系统

寄送系统包括认址、定位两部分。在车辆停靠地址处设置传感标志（如磁铁、色标等），自动导向车以相对认址或绝对认址的方式来接收标志信号，使车辆完成认址停靠。车辆在地址处的定位可以分为一次定位和二次定位：车辆提前减速，在目的地地址处制动停车，是车辆的一次定位，车辆的一次认址定位的停车精度可达±5 mm；二次定位是高精度定位，采用机械方式，其定位精度可达±1 mm。

3. 数据传输系统

在地面设施之间一般采用有线传输方式。在流动车辆和地面固定设施之间，采用无线传输方式。沿车辆运行的路线（或在通信段点处）安装数据传输导线（或线圈），以 55～95 kHz 频率载波方式传输需要的数据，再由车辆上的调制解调器将数据感应器接收到的信号转换成可以识别的位置信号，完成车辆与地面设施之间的控制对话。

（四）自动导向搬运车的主要技术参数

自动导向搬运车的技术参数是反映其技术性能的基本参数，是选择自动导向搬运车的主要依据。其主要性能参数包括额定载重量、自重、车体尺寸、停位精度、最小转弯半径、运行速度、电池电压和工作周期等。

（五）自动导向车系统的控制

（1）自动导向车控制：采用单片机或单板微机等分别对自动导向车的导向运行、认址定位、载荷移交、安全作业以及指令数据传输进行控制管理。

（2）运行路线控制：确定车辆行驶的路线和停靠的地址，即将路线的区段、分支和岔道信号传输给车辆控制系统，使车辆按照控制系统的指令行走和到达指定的地点。

（3）移载及周边设备的控制：自动导向车运行到指定地点要将车上的货物自动移载到载货台上，或者从载货台上移取货物进行搬运。移载控制系统要对自动移载作业进行控制。

二、装卸堆垛机器人

（一）装卸堆垛机器人的特点

装卸堆垛机器人是现代机器人的一个分支，是由工业机器人演化发展而成的专门为自动化立体仓库服务的机器人，随着物流技术的发展，装卸堆垛机器人的运用越来越广泛。在生产线的各加工中心或加工工序之间以及立体仓库装卸搬运区，机械手搬运机和装卸搬运机器人能按照预先设定的命令完成上料、装配、装卸、码垛等作业，具有速度快、操作准确等特点，广泛应用于有污染、高温、低温等特殊环境和需反复单调作业的场合。在仓库作业中，装卸堆垛机器人主要完成码盘、搬运、堆垛和拣选等作业。

装卸堆垛机器人具有通用性、柔软性、自动性和准确性等特点。

（1）通用性：通用性是指机器人广泛运用于搬运、装配、焊接和探测等作业过程中。

（2）柔软性：柔软性是当产品的品种和规格发生变化时，只需对控制程序进行重新编制而无需进行机械调整。

（3）自动性：自动性是指机器在作业过程中不需要人的帮助，而只需按既定程序进行工作。

（4）准确性：准确性是指机器人作业时主要按照事先编制好的程序进行操作，因此精确性和精密性都相当高。

（二）装卸堆垛机器人的性能参数

装卸堆垛机器人的性能参数主要包括抓取重量、运动速度、自由度和重复定位精度、程序编制和存储容量。

（1）抓取重量：也称为负荷能力，是指机器人在正常运行速度时所能抓取的重量。

（2）运动速度：是指机器人在正常抓取货物时的平均运行速度，它与机器人的抓取重量、定位精度等指标密切相关。

（3）自由度：是指机器人的各个运动部件在三维空间坐标轴上所具有的独立运动的可能状态，每一个可能的状态即为一个自由度。机器人的自由度越高，其动作就越灵活，适应性就越强，结构也越复杂。

（4）重复定位精度：是指机器人的手部进行重复工作时能够放在同一位置的准确程度，它是衡量机器人工作质量的一个重要指标，与机器人的位置控制方式、运动部件的制造精度、抓取的重量和运动速度有密切关系。

（5）程序编制和存储容量：是指机器人的控制能力，用存储程序的字节或程序指令数表示。

（6）存储容量：存储容量越大，机器人的适应性越强，通用性越好，从事复杂作业的能力也就越强。

（三）装卸堆垛机器人的构成

装卸堆垛机器人是机电一体化的系统，其构成部分主要包括机器人的手、眼睛、鼻子和耳朵。机器人的手一般由方形的手掌和节状的手指组成，机器人的手的触觉主要是依靠在手掌和手指上装备的带有弹性触点的触敏元件来获取，还可以在其手掌和手指上装备热敏元件，使机器人能感知冷暖。机器人的眼睛，即机器人识别系统，主要由信息获取、信息处理与特征抽取、判决分类等部分组成。机器人的"鼻子"是用气体自动分析仪做成的。机器人的"耳朵"通常是用微音器或录音机做成的。

三、智能物流机器人

智能机器人在现代生产生活中的应用已不再"新鲜"。由智能机器人引领的仓储物流智能化改革正悄然上演。毋庸置疑，智能技术的发

微课：智能物流
机器人

微课：智慧物流时代
——智能机器人在
物流领域中的应用

展与创新，正开创出了新的智能物流模式，向智能物流商业化快速迈进。2016年10月，电商巨头京东发布了物流智能机器人的发展战略计划，旨在通过仓储物流智能化，实现更加优质的物流体验服务，降低现有物流高成本的经营现状。因此，京东的智

能物流发展战略是基于当前物流行业发展困境而提出的新的物流生态，对于转变物流模式，形成高效、低成本的物流体系具有重要意义。传统仓储物流以消耗大量劳动力资源为主，从订单处理到搬运、分拣，都需要大量人力的参与。低效率的物流模式，难以适应并满足当前日益增长的物流量。与此同时，物流成本高一直是我国物流业所面临的重要问题，相比于欧美发达国家，我国仓储成本要高出 2 倍，究其缘由，很大程度上在于物流管理尚未实现高度的信息化，低效率的管理现状有待进一步地解决。面对发展困境、行业诟病，物流仓储智能化推进已成为物流行业发展的重要方向。实现运输、仓储、包装及配送一体化，需要智能机器人的参与，对各环节工作模式进行优化，让一体化进程更加顺畅。智能机器人的应用，能够承担搬运、码垛及分拣等工作，从而提高物流效率和工作的精准度，也降低了人力资源成本。因此，智能机器人引领智能仓储物流，成为物流现代化发展的主旋律。

四、无人机

无人机是指利用无线电遥控设备和自备的程序控制装置操纵的不载人飞机。无人机的主要价值在于替代人类完成空中作业，并且能够形成空中平台，结合其他部件扩展应用。物流无人机指的是无人机在物流配送等领域的使用。

微课：无人机的分类

（一）远距离支线运输

无人机物流运输可以实现低空中的直线运输，在续航能力条件实现的保证下，可以完成大吨位、远距离的货物运输，减少交通不便或者航空航线固定带来的困扰，可实现点对点的货物运输，以期达到标准化的运营管理。具体应用可以表现为：边防哨所和海岛等的货物运输、物流周转中心间的分拨货运以及跨地区货运。

（二）末端配送

由于地形地貌、交通路线等多方面的原因，地面路程 30 km，空中直线距离可能只需 15 km。在天气状况条件良好的情况下，在紧急物资配送上，无人机物流配送要明显优于传统配送方式。其中以亚马逊末端配送为代表，它目前主要实践于偏远地区的配送，偏远地区的配送包裹量较少，但配送成本却较高。采用无人机配送可以灵活选择配送地点和配送时间，同时能降低配送成本。末端配送可以应用于紧急文件、医疗物资、急救物资、农村土特产和果蔬等的运输中。

（三）仓储管理

无人机在物流领域的应用除了体现在配送方面，还可以应用在仓储管理上。在人力管理难度较高的领域（比如高架仓库的巡视和货物盘点，货物较为集中、体量较大的货物堆场）使用无人机盘点能大大提高盘点的效率。且无人机可以实现信息的快速传递，指挥中心可以在第一时间得到现场的信息，并能及时处理紧急问题。

（四）无人机的分类

近年来，国内外无人机系统相关技术发展迅速，无人机种类繁多，用途广泛，特点鲜明，导致其在尺寸、质量、航程、航时、飞行高度、飞行速度、性能以及任务等多方面都有较大差异，由于无人机的多样性，出于不同的考量，会有不同的分类方法，而且不同的分类方法之间会有交叉且边界模糊，下文中我们来尝试着为无人机进行分类。

无人机可以按飞行平台构型、用途、尺寸、活动半径、任务高度等的不同进行分类。

下面以按平台构型分类为例，按平台构型分类简单点说就是按照外观分类，这是最简单的分类方式。

第一种是固定翼，它是由固定的机翼产生升力的无人机，具体可参考民航客机。

第二种是旋翼，即由旋转的机翼产生的升力的无人机，就是旋翼机，具体可参考直升机。

第三种是无人飞艇，无人飞艇和有人飞艇类似，但是在体积上要小得多。

第四种是伞翼，可以用来便捷地运输物品。

第五种是扑翼，目前还处于实验阶段，是一种模拟鸟类和昆虫飞行方式的特种飞行器，未来也许会出现在特种作战中。

第六种是变模态垂直起降无人机（也叫垂直起降固定翼），这种无人机是现在各国争相开展研制工作的热点，它同时具有直升机的垂直起降和固定翼的大速度飞行的能力。

五、无人驾驶卡车

微课：无人驾驶卡车

经常看过科幻的观众想必脑海中会存在这样一个场景：高速公路上行驶的都是无人驾驶的轿车和卡车。现实中，无人驾驶卡车正越来越多地引发市场的关注，目前已经有成型的产品通过了测试，更多的产品在被研发出来的路上。

从标准上来看，无人驾驶卡车采用 SAE 标准。SAE 是美国汽车工程师学会的缩写，其研究对象是轿车、载重车及工程车、飞机、发动机、材料及制造等。SAE 所制订的标准，被广泛应用于汽车行业及其他行业，并有相当一部分被美国国家标准机构采用。

SAE 机动车标准包括 0 ~ 5 六个等级。其中 L1 级是简单的驾驶辅助；L2 级是辅助型的半自动驾驶；L3 级是在一定的条件下，实现无人驾驶；L4 级和 L5 级则是高度和完全的无人驾驶。根据市场研究机构 Cowen & Co 的分析，到 2027 年，达到 L3 级的卡车行驶在美国高速公路上可能会是普遍现象。L4 级和 L5 级的普及则要至少要再过十年甚至更久才能实现，因为大型道路交通生态系统还无法达到 99.999%的可靠性，只有达到这种水平才能实现 L4 级和 L5 级无人驾驶。从技术上来看，"卡车自动编队技术"是关系到无人驾驶卡车能否普及的关键。该技术是"车联网"的一个重要应用，通过新一代的无线传输技术，每辆卡车都能实现相互间低时延的互联，这种情况下它们能形成一个多辆卡车同时行进的队列，每辆车又能在行驶过程中自动保持车间距，并且带头卡车无论是加减速、转向还是刹车，跟随的卡车都会实时同步完成。这样理论上一个司机就能控制整个队列的卡车，甚至与全自动驾驶技术整合后，队列也可实现无人驾驶。多辆卡车以队列形式在道路上行驶的好处是带头的卡车能减少队列中其他卡车行驶时遭遇的空气阻力，有助于减少油耗、降低排放。

从设备上来看，主要包括以下几个：

① 雷达系统：在保险杠旁安装有传感装置，当检测到危险物出现在汽车盲点时发出警告；

② 红外照相机设备：安装在挡风玻璃上的照相机，用来监测红外信号；

③ 车辆稳定系统：包括 ESP、电子手刹以及各类电子稳定系统等。

实训设计一　叉车操作情景实训

一、实训目的

叉车是指具有各种叉具，能够对货物进行升降、移动以及装卸作业的搬运车辆。叉车在仓储作业过程中，是比较常用的装卸设备，有万能装卸机械之称。通过本项目的实训操作，能使学生掌握叉车的基本操作技能，以便熟练地进行叉车装卸作业。

二、实训任务

进行叉车起步、直线行驶能力、"8"字桩能力及"工"字桩能力操作实训。

三、实训道具

1.5 t 电动叉车或柴油叉车 1 辆，空纸箱 4 只。

四、实训操作时间

2 学时。

五、实训地点

20 m×20 m 的操场或空地一块。

六、实训操作指导

1. 第一步

在操场的一侧用黄漆画一条 15 m 长的直线；在操场的中间用黄漆画一个车库桩位（代表叉车车库），在距离车库桩位 5 m 远处画一条长 10 m 的"8"字路线；在操场的另一侧用黄漆画一个上横为 10 m、中间一竖为 7 m、下面一横为 10 m 的"工"字路线叉货桩位。

2. 第二步

在操场一侧用黄漆画的直线处练习叉车起步，然后再练习直线行驶，熟练后再将起步和直线行驶连贯起来，在 3 min 的时间里一次性完成 15 m 的行驶里程。

3. 第三步

在操场中间用黄漆画的车库桩位练习出入车库，然后练习前进"8"字和后退"8"字，练习熟练后，从车库桩位处出发，在 5 min 内完成"8"字进退，然后回到车库桩位处。

4. 第四步

在操场另一侧用黄漆画的"工"字路线叉货桩位处分别练习叉货、搬货过桩，待练习熟练后，在 5 min 内完成叉货、搬货过桩两个动作。

实训设计二　装卸搬运员岗位操作流程图绘制

一、实训目的

装卸搬运是仓储保管工作中的重要组成部分，这一作业贯穿于仓库作业的始终，其作业量约占仓库作业全部工作量的 50%，其创造的价值量约占 80%（户专仓库）。因此，装卸搬运工作的好坏，极大地影响着仓储公司的经济效益。装卸搬运工作主要由装卸搬运员承担。通过本项目的实训，让学生了解装卸搬运员的主要工作职责，熟悉装卸搬运员的岗位工作流程。

二、实训任务

请结合装卸搬运员的主要工作职责，绘制一份装卸搬运员岗位操作流程图。

三、实训道具

无。

四、实训操作时间

1 学时。

五、实训地点

教室或物流实训室。

六、实训操作指导

1. 第一步

指导老师向学生讲解装卸搬运员的主要工作职责。装卸搬运员的主要工作职责包含有以下内容。

（1）做好与上一道作业的衔接和配合，保证物资入库和出库的移动和搬运，不发生各种不合理的停顿。

（2）严格按照搬运业务规定进行，搬运货物时做到轻拿轻放，不野蛮搬运和装卸。

（3）根据货物的特性，合理选择和使用搬运作业设备和工具，做好日常维护和保养。

（4）根据特殊商品对搬运作业的要求，做出搬运作业设计，合理安排搬运人员和设备。

（5）加强搬运作业的安全生产管理，避免发生安全事故。

2. 第二步

指导老师根据装卸搬运员的主要工作职责，向学生讲解装卸搬运员的岗位操作流程。

流程一：货物到库时，搬运员应在入库管理员及护运员的指导下装卸货物，轻拿轻放，尽量避免造成货物损坏。

流程二：货物入库时，搬运员应配合理货员将货物搬运至已安排好的储存位置。

流程三：货物入库后，搬运员应在理货员的指导下将货物有顺序、按规则地堆垛。

流程四：货物出库时，搬运员应在理货员的指导下将指定货物小心搬运出库。

流程五：货物出库后，搬运员应在商品护运员的指导下将货物进行装载、堆垛。

3. 第三步

学生根据老师讲解的装卸搬运员的工作职责和岗位操作流程，绘制装卸搬运员岗位操作流程图。

思考题

（一）名词解释

装卸搬运、装卸活性、起重设备、自动导向搬运车、无人机。

（二）填空题

（1）"装卸"是指以（　　　　）为主的实物运动形式，"搬运"是指以（　　　　）为主的实物运动形式。

（2）装卸与搬运设备按照主要用途或结构特征进行分类，可分为（　　　）、（　　　）、（　　　）和（　　　）。

（3）一般说来，活性指数一般用数字（　　　）、（　　　）、（　　　）、（　　　）和（　　　）表示。

（4）起重设备主要由（　　　）、（　　　）、（　　　）和（　　　）组成。

（5）小车牵引方式分为四种，即（　　　）、（　　　）、（　　　）和（　　　）。

（6）巷道堆垛机由（　　　）、（　　　）、（　　　）、（　　　）、和电气设备及安全保护装置等组成。

（三）简答题

1. 装卸与搬运的作用有哪些？

2. 臂架类起重机的主要结构是什么？

3. 起重设备按其结构特点和用途可分为哪些？

4. 装卸与搬运设备的发展趋势是什么？

5. 装卸堆垛机器人具有哪些特点？

项目六 连续输送与自动分拣设备

1. 了解连续输送设备与技术的现状和发展趋势。
2. 理解连续输送设备的分类和构造特点。
3. 理解自动分拣设备的工作原理。
4. 掌握根据不同货物合理选择连续输送和自动分拣设备的能力。

任务一 连续输送机械概述

一、连续输送机械的概念与作用

由于货物性质的不同，与之对应的输送机械有两类，即间歇性输送机械和连续性输送机械。前者主要用于集装单元的装卸搬运，又称单元负载式输送机；而后者则主要用于散货的输送装卸，本节主要介绍后者。连续性输送机械是以连续的方式沿着一定的线路从装货点到卸货点均匀输送散装货物的机械。

对于某些货物，如煤、化肥、粮食、矿砂等，采用包装流通还是散料流通，成本相差巨大。以粮食为例，采用包装流通，费用约为 13.12 元/t，而采用散料流通，费用仅 0.93 元/t，此外，在作业时间与人数方面也相差甚远。所以粮食采用散装流通，可以加快流通，提高各个环节的生产率，减少作业人员和人的劳动强度，大幅度降低流通费用，从而降低粮食的成本与价格，增强其市场竞争力。对于其他散料的流通，情况也是如此。

散料流通，即散装、散卸、散储、散运。在现代物流中，散料流通是一个主要的发展趋势，而散料流通的实现，必须借助于连续输送机械。

二、连续输送机械的特点与类型

（一）连续输送机械的特点

1. 效率高

连续输送机械的输送路线固定，加上散料具有的连续性，因此装货可以连续进行。因为输送过程中极少进行紧急制动和启动，所以可以采用较高的工作速度，效率很高，而且不受距离远近的影响。

2. 自动控制性好

由于输送路线固定，动作单一，而且载荷均匀，速度稳定，因此容易实现自动控制。

3. 适应性差

一般地，一种机型只能适用于一种或几种同类型的货物，对于重量很大的货物，通常的输送机械都是不适用的。

（二）连续输送机械的分类

（1）按照安装方式的不同，连续输送机械可分为固定式和移动式两大类。固定式输送机械是指整个设备安装在一个地方，不能再移动。它主要用于固定输送场合，具有输送量大、单位能耗低、效率高等特点。移动式输送机械是指整个设备安装在车轮上，可以移动，它具有机动性好、利用率高、能及时布置输送作业、达到装卸要求等特点，这类设备输送量不太高，输送距离也不长。

（2）按输送机械的结构特点，连续输送机械可分为具有挠性牵引构件的输送机械和无挠性牵引构件的输送机械。具有挠性牵引构件的输送机械的工作特点是物料在牵引构件的作用下，利用牵引构件的连续运动使货物向一定方向输送。牵引构件是往复、循环的一个封闭系统，通常是一部分输送物料，另一部分牵引构件返回。常见的有带式输送机、斗式提升机等。

无挠性牵引构件输送机械的工作特点是利用工作构件的旋转运动或振动，使物料向一定方向输送，它的输送构件不具有往复循环形式。常见的有螺旋输送机、气力输送机等。

任务二　常见连续输送设备

一、带式输送机

带式输送机是以电动机作为动力，以胶带作为输送带，利用摩擦力连续输送货物的机械。

（一）带式输送机的应用场合及特点

根据工作的需要，带式输送机可做成工作位置不变的固定式输送机和可以运行的移动式输送机，也可做成输送方向可以改变的可逆式输送机，还可做成机架伸缩以改变距离的可伸缩式输送机。

带式输送机主要用于水平方向或坡度不大的倾斜方向连续输送散粒货物，也可以用于输送重量较轻的大宗成件货物。其特点如下：输送距离长；输送能力大、生产率高；结构简单、基建投资少、营运费用低；输送线路呈水平、倾斜布置或在水平方向、垂直方向弯曲布置，因而受地形条件限制小；工作稳定可靠；操作简单、安全可靠，易于实现自动控制。正是由于其优越的特点，使其应用场合遍及仓库、港口、车站、煤矿、工厂、矿山、建筑工地等。但是带式输送机不能自动取货，当货流变化时，需要重新布置输送线路，且输送角度不大。

（二）带式输送机的结构

带式输送机由金属结构机架，装在头部的驱动滚筒和装在尾部的张紧滚筒，绕过头滚筒、尾滚筒和沿输送机全长安置的上支承托辊、下支承托辊的无端的输送带，以及包括电动机、减速器等在内的驱动装置、卸载装置和清扫装置等组成。

带式输送机的布置型式有水平式、倾斜式、带凸弧曲线式、带凹弧曲线式、带凹凸弧曲线式五种基本型式。在具体使用时，应根据输送工艺的需要进行相应的选择。

（三）新型带式输送机

1. 压带式带式输送机

为了充分发挥带式输送机的优点，克服其不能实行垂直方向输送的缺点，近年来出现了一种压带式带式输送机。这种输送机与一般带式输送机构造相同，只是在垂直区域增加一台并列的带式输送机，两输送机的输送带夹持着物料同步提升。

2. 中间带驱动的带式输送机

这种输送机的输送方式是在一条长距离的带式中间安装几台较短的驱动带式输送机，借助两条紧贴在一起的输送带所产生的摩擦力来驱动长距离的带式输送机。

采用中间带驱动形式可以大幅度降低长距离输送带张力，因而降低对输送强度的要求，使驱动带厚度、自重、价格和传动装置尺寸减小，并且使长距离带式输送机可采用变通标准输送带的方式来实现无转载的物料输送，同时输送带的使用寿命显著提高。但是，中间带驱动的带式输送机也存在着以下缺点：输送带用量大；空载或间断供料时，中间摩擦驱动装置的牵引能力降低，一旦过载易打滑；电气控制较复杂。

3. 气垫带式输送机

气垫带式输送机的工作原理在于用气室代替辊组。当鼓风机将空气压入气室后，由气室上部的弧形盘槽上的若干小孔喷出，在盘槽和承载带之间形成一薄层气膜，用来支承输送带使其不与盘槽接触，由驱动滚筒驱动输送带，使其在气垫上运行，达到输送物料的目的。气垫带式输送机继承了普通带式输送机的优点，它有以下工作特点：首先，克服了普通带式输送机输送带在托辊间波浪式运行的缺点，使物料在运行中非常平衡，不撒料，不产生温升，降低了故障率，提高了运行的可靠性；其次，气垫带式输送机运行阻力小，运行平衡，可以减少输送带的张力，减小带宽和层数，使输送带总体投资减少；再次，气垫带式输送机除头尾段外，中间无旋转部件，可实现密闭输送，粉尘污染少；最后，气垫带式输送机以气垫支承代替众多的托辊支承，转动部件大大减少，输送带寿命可提高 3 ~ 4 倍。气室盘槽一般不需要维修，所以气垫带式输送输送机一般比普通带式输送机的维修费用节约 60% ~ 70%，减少了运营费用。

二、辊筒式输送机

辊筒式输送机（见图 6-1）是由一系列以一定间距排列的辊筒组成的用于输送成件货物或托盘货物的输送机械。与其他输送成件货物的输送机相比，它除了结构简单，运转可靠，布置灵活，输送平稳，使用方便、经济、节能之外，最突出的特点是它能与生产过程和装卸搬运系统很好地衔接和配置，并有功能的多样性，易于组成流水线作业，可并排组成大宽度的输送机，以运送大型成件物品。凭借自身独特的特点，其在仓库、港口、货场得到了广泛的应用。

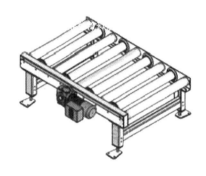

图 6-1　辊筒式输送机

（1）辊筒式输送机按照动力方式的不同可以分为无动力式辊筒输送机和动力式辊筒输送机。

① 无动力式辊筒输送机：它自身无驱动装置，辊筒转动呈被动状况，物品依靠人力、重力或外部推拉装置移动。它有水平和倾斜两种布置形式。水平布置依靠人力或外部推拉装置移动物品。人力推动用于物品重量较轻、输送距离短、工作不频繁的场合。外部推拉采用链条牵引、胶带牵引、液压气动装置推拉等方式，可以按要求的速度移动物品，便于控制运行状态，用于物品重量大、输送距离长、工作比较频繁的场合。倾斜布置依靠物品重力进行输送，结构简单，经济实用，但不易控制物品运行状态，物品之间易发生撞击，不宜输送易碎物品，适用于重力式高架仓库及工序间短距离输送。

② 动力式辊筒输送机：它本身有动力装置，辊筒转动呈主动状态，可以严格控制物品运行状态，按规定的速度精确、平稳、可靠地输送物品，便于实现输送过程的自动控制。链传动辊筒输送机是最常用的动力式辊筒输送机，它承载能力大，通用性好，布置方便，对环境适应性强，可在经常接触油、水及湿度较高的地方工作。但链传动辊筒输送机在多尘环境中工作时链条容易磨损，高速运行时噪音较大。

（2）辊筒式输送机按照辊筒形状的不同可以分为圆柱型辊筒输送机和圆锥型辊筒输送机。

① 圆柱型辊筒输送机：它通用性好，可以输送具有平直底部的各类物品，允许物品的宽

度在较大范围内变动，一般用于输送机线路的直线段。

②圆锥型辊筒输送机：它用于输送机线路圆弧段，多与圆柱型辊筒输送机直线段配套使用，可以避免物品在圆弧段运行发生滑动和错位现象。

三、刮板式输送机

（一）普通刮板式输送机

1. 结构组成与工作原理

被输送的物料可以在输送机上的任意一点装入敞开槽内，并由刮板推动前移。输送机的卸载同样可以在槽底任意一点所打开的洞孔来进行，这些洞孔是用闸门控制开闭的。

刮板输送机分为上、下工作分支，上工作分支供料比较方便，可在任何位置将物料供入敞开的导槽内，具有下工作分支的输送机，在卸料方面较为方便，因为物料可以直接通过槽底的洞孔卸出。

2. 特点与适用范围

刮板输送机的主要优点是：结构简单，当两个分支同时成为工作分支时，可以同时向两个方向输送物料，可同时方便地沿输送机长度上的任意位置进行装载和卸载。它可以用来输送各种粉末状、小颗粒和块状的流动性较好的散粒物料。

它的缺点是：物料在输送过程中会被捻碎或者挤压碎，所以不能用来输送脆性物料。由于物料与料槽及刮板与料槽的摩擦（尤其是输送摩擦性大的物料时），会使料槽和刮板的磨损加速，同时也增大了功率的消耗。因此，刮板输送机的长度，一般不超过 50～60 m，生产率不超过 150～200 t/h。

（二）埋刮板输送机

1. 结构组成与工作原理

埋刮板输送机是由刮板输送机发展而来的，但其工作原理与刮板输送机不同，在其机槽中，物料不是一堆一堆地被各个刮板刮运向前输送的，而是以充满机槽整个断面或大部分断面的连续物料流形式进行输送。

由于刮板链条埋在被输送的物料之中，与物料一起向前移动，故而称为埋刮板输送机。刮板链条既是牵引构件，又是带动物料运动的输送元件，因此，它是埋刮板输送机的核心部件。

埋刮板输送机除可进行水平、倾斜输送和垂直提升之外，还能在封闭的水平或垂直平面内的复杂路径上进行循环输送。

埋刮板输送机的工作原理是利用散粒物料具有内摩擦力以及在封闭壳体内对竖直壁产生侧压力的特性，来实现物料的连续输送的。在水平输送时，由于刮板链条在槽底运动，刮板之间物料被拖动向前成为牵引层。当牵引层物料对其上的物料层的内摩擦力大于物料与机槽两侧壁间的外摩擦力时，上层物料就会随着刮板链条向前运动。

在垂直输送时，机槽内的物料不仅受到刮板向上的推力和下部不断供入的物料对上部物料的支撑作用，同时物料的侧压力会引起运动物料对周围物料产生向上的内摩擦力。当以上的作用能够克服物料与槽壁间外摩擦力及物料自身的重力作用时，物料就能形成连续整体的物料流随刮板链条向上输送。

2. 特点与适用范围

埋刮板式输送机既适用于水平或小倾角方向输送物料，也可以垂直方向输送。水平输送距离最大为 80~120 m，垂直提升高度为 20~30 m，通常用在生产率不高的短距离输送中。

埋刮板式输送机所运送的物料以粉状、粒状或小块状物料为佳，物料的湿度以用手捏团后仍能松散为度。不宜输送磨损性强、块度大、黏性大、腐蚀性大的物料，以避免对设备损伤。埋刮板式输送机结构简单可靠、体积小、维修方便、进料卸料简单。埋刮板输送机分为普通型和特殊型，普通型埋刮板输送机用于输送物料特性一般的散粒物料，而特殊型埋刮板输送机用于输送有某种特殊性能的物料。

此外，还有为化工、粮食、电站、港口等部门设计的各种专用系列的机型。特殊型和专用型埋刮板输送机的输送原理同普通型完全相同，只是在普通型的基础上，有针对性地加强了某一方面的结构或材料，使之更加适应于某一种或某一类物料，以满足其特殊输送要求。

四、斗式提升机

（一）斗式提升机的应用场合和特点

斗式提升机是一种在垂直方向或大于 70°倾角的倾斜方向上输送粉粒状物料的输送设备。斗式提升机根据牵引构件的不同，分为带斗式提升机和链斗式提升机。带斗式提升机适用于输送粉末或块度磨损性较小的物料，可以有很高的工作速度，但其强度较低，不能用于需要的承载力很大、工作繁忙的场合；链斗式提升机工作速度较低，但具有很高的强度，可用于提升中等或大块度的物料，大型货场采用的卸煤机、卸矿石机、装砂机等都采用链斗式提升机。斗式提升机在港口、仓库、粮食加工厂、油厂、食品厂等部门中得到了广泛的应用。它的优点是：结构简单、形式尺寸小、占地面积小、提升高度和输送能力强，在全封闭的机身内工作，对环境的污染小，耗用的动力小。其缺点是：过载时容易堵塞、需要均匀供料、料斗容易磨损等。

（二）斗式提升机的组成和工作过程

斗式提升机通常是由牵引构件、料斗、机头、机座、机筒、驱动装置等组成。它由牵引构件环绕并张紧于斗轮与底轮之间。在牵引构件上每隔一定的间距固定着承载物料的料斗。全部构件都封闭在密闭的外壳中，有效防止了灰尘的飞扬和物料的抛撒。外壳上端称为机头，下端称为机座，中间称为机筒。机筒的长短可根据提升高度由若干节组成。提升机的驱动装置与头轮轴相连，提供给提升机必要的动力，以保证提升机正常运转，机头上装有止逆器，以防头轮逆转，机筒中装有牵引构件跑偏报警器，机头端设有防爆孔，以便排泄爆炸性气体，防止粉尘爆炸。

斗式提升机的工作过程分为三个阶段，即装料、提升、卸料。其中装料与卸料尤为重要，对提升机的生产率高低起决定性作用。提升较为简单，只要胶带或链条强度保证，输送过程无打滑或抖动现象，基本上就可保证提升平稳，不撒料。下面着重介绍斗式提升机的装料与卸料两个过程。

斗式提升机的装料方式有注入式和挖取式两种。注入式装料由前方的加料料斗加料，物料迎着向上运动的料斗注入，主要适用于输送较重、大块的物料，如砾石、矿石等；挖取式装载的料斗，是从料堆中采用挖取的办法装料，适用于高速输送粉状、粒状或中、小块磨损性小的物料，如煤粉、谷物、水泥等。

物料从料斗中卸出，根据物料的受力情况的不同，可分为离心式、重力式和混合式三种。在离心式卸载中，物料主要是在料斗绕过驱动链轮时产生的离心力的作用下卸载的，这种卸载方式适用于运送流动性良好的粉末状、粒状和小块状物料，如水泥、砂等，带斗式提升机常采用这种方式卸载。重力式卸载是当物料绕过驱动链轮的顶部时，物料在重力的作用下从料斗中卸出，这种卸载方式适用于输送较重、磨损性大的块状物料，如砾石、矿石、焦炭等，链斗式提升机常采用这种方式卸载。当物料卸载时部分是由于重力的作用，部分是由于离心力的作用，这种卸载方式被称为混合式，适用于卸载流动性不良粉状和潮湿的物料，如煤粉、石灰等。

五、螺旋输送机

（一）螺旋输送机的应用场合和特点

螺旋输送机是利用带有螺旋叶片的螺旋轴的旋转，使物料产生沿螺旋面相对运动，物料受到料槽或输送管道的摩擦力不与螺旋叶片一起旋转，从而将物料轴向推进，实现物料的输送。螺旋输送机广泛用于各行各业中，用来输送各种粉状、粒状、小块状物料，所输送的散粒物料有谷物、豆类、面粉等粮食产品，水泥、黏土、沙子等建筑材料，盐类、碱类、化肥等化学品，煤、焦炭、矿石等大宗散货。螺旋输送机不宜输送易变质的、黏性大的、块度大的及易结块的物料。除输送散货外，螺旋输送机也可输送各种成件物品。螺旋输送机在输送物料的同时，还可对物料进行混合、搅拌等作业。

螺旋输送机有以下优点：结构简单、成本较低；工作可靠、易于维修；横截面尺寸小，占地面积小；能实现密封输送，有利于输送易飞扬、炽热及气味强烈的物料；可以在多处装货或卸货。它的缺点是：由于物料对螺旋、物料对料槽的摩擦和物料的搅拌，在运送过程中阻力大，使单位功率能耗较大；螺旋和料槽容易磨损，物料也可能破碎；螺旋输送机对超载很敏感，易产生堵塞现象。因此，螺旋输送机一般输送距离不太长、生产率较低，适合于输送摩擦小的物料，不宜输送黏性大、易结块及大块的物料。

（二）螺旋输送机的组成

螺旋输送机主要由封闭的料槽、具有螺旋叶片和轴组成的螺旋体、轴承和驱动装置等组成。螺旋由电动机通过减速器带动，当物料由进料口进入料槽，被螺旋叶片推动沿轴向运动，直到卸料口卸出。

在水平输送中，料槽的摩擦力是由物料的自重引起的；在垂直螺旋输送中，输送管壁的摩擦力主要是由物料的旋转离心力引起的。

六、气力输送机

(一) 气力输送机的应用场合和特点

气力输送机是采用风机使管道内形成气流来输送散粒物料的机械。它的输送原理是将物料加到具有一定速度的空气中，空气和物料形成悬浮的混合物，通过管道输送到卸料地点，然后将物料分离出来卸出。它主要用于输送粉状、粒状及块度不大于 20 ~ 30 mm 的小块物料，有时也输送成件货物。对于不同的物料，选择不同的风速，既要保证物料在管道内形成悬浮状态，不堵塞管道，又要尽可能多地输送物料，做到既经济又合理。

气力输送机和其他输送机相比，具有以下优点：

（1）可以改善劳动条件，提高劳动生产率，有利于实现自动控制。采用气力输送机时只需要很少的工人操作管理，操作简便。对于像粮谷之类比较松散的货物，可以将吸粮机的吸料软管伸到舱内不易到达的地方进行清舱，从而大大减轻工人的劳动强度。气力输送装置可用来输送水泥，由于是在密封的系统内运输，灰尘可大大减少。气力输送机只要加装一些控制设备，就能很易实现自动操作。

（2）可以减少货损，保证货物质量。例如，采用吸粮机卸粮，不仅避免了抓斗操作中的撒漏，还可使粮食通风冷却和减少虫害。又如，袋装水泥常因纸袋破损或倒不干净，使平均耗损率达 2% ~ 3%，而用气力输送机输送可将其降低到 1% 以下。

（3）结构简单，输送管道截面尺寸较小，没有牵引构件。各部件加工方便、重量轻、投资少、且机械故障少，维修方便。

（4）生产率高，不受管路周围条件和气候的影响。

（5）输送管路能灵活布置，适应各种装卸工艺。

（6）有利于实现散装运输，节约包装费用，降低成本。

气力输送机的缺点是：动力消耗比其他输送机大；鼓风机的噪声大，若消声设备不好，会造成噪声公害；被输送的物料有一定的限制，不宜输送潮湿的、黏性的和易碎的物料；气力输送磨损性大的物料时，管道等部件很容易磨损。

(二) 气力输送机组成及种类

气力输送机主要由送风装置（抽风机、鼓风机或气压机）、输送管道及管件、供料器、除尘器等组成。

物料和空气的混合物能在管路中运动而被输送的必要条件是在管路两端形成一定的压力差。按压力差的不同，气力输送机可分为吸送式、压送式和混合式三种。

吸送式气力输送机是利用风机对整个管路系统抽气，使管道内的气体压力低于外界的大气压，形成一定的真空度，进料口处外界空气在压力差的作用下透过料层间隙和物料形成混合物进入吸嘴，并沿管道输送。它可以装多根吸料管，同时在多处吸取物料，但是输送距离不能过长。吸送式气力输送机供料装置简单，吸料点不会有粉尘飞扬，对环境污染小，但对管道系统的封闭性要求较高，进入风机的空气必须除尘，这是为了保证风机能正常工作，减少零件的磨损。

压送式气力输送机的风机安装在整个系统的最前端，利用风机将空气的压力提高，输送入管道，使管道中的气体压力高于外界大气压。物料从供料器进入输送管道与空气形成混合物，并沿管道输送到卸料点。压送式气力输送机可实现长距离输送，生产率较高，并可由一个供应点向几个卸料点输送，风机的工作条件较好。但要想把物料送入高于大气压的管道中去，供料器比较复杂。

混合式气力输送机的风机安装在整个系统的中间，既吸气又压气。在吸送区，管道内是负压，空气和物料混合物由吸嘴吸入管道，输送一段距离后，经风机压入压送区输送到卸料点。混合式气力输送机综合了吸送式和压送式的优点，即吸取物料方便，能长距离输送，可以从几个地点吸取物料，同时向几个地点输送物料。

任务三　分拣作业技术

一、分拣作业概念

分拣作业就是将用户所订的货物从保管处取出，按用户分类集中，处理放置。

分拣、配货及送货是配送中心的主要职能，而送货是在配送中心之外进行的，所以分拣、配货就成了配送中心的核心工序。分拣作业在配送中心作业中所占的比重较大，是最耗费人力和时间的作业。分拣作业的效率直接影响着配送中心的作业效率和经营效益，也是配送中心服务水平高低的重要因素。

分拣作业的动力产生于客户的订单，拣选作业的目的是正确且迅速地集合客户所订的货品。要达到这一目的，必须根据订单分析采用适当的拣选设备，按拣选作业过程的实际情况，运用一定的方法策略组合，采取切实可行且高效的拣选方式来提高拣选效率，将各项作业时间缩短，提升作业速度与能力。同时，拣选作业可以防止错误，避免送错货，尽量减少内部库存的料账不符及作业成本增加。可以说，拣选作业完成的结果，就是配送中心企业形象的象征。

因此，如何在无拣选错误率的情况下，将正确的货品、正确的数量在正确的时间及时配送给顾客，是拣选作业最终的目的及功能。

从成本分析的角度看，物流成本约占货品最终售价的30%，其中包括运输、搬运、仓储等成本项目。在物流成本中，拣选和配送两大项目几乎占整个物流成本的80%，配送费用大多在厂区外部发生，影响因素难以控制，拣选成本约是其他堆叠、装卸、运输等成本总和的9倍，占物流搬运成本的绝大部分，因此，要降低物流成本以及其中的搬运成本，从拣选作业上着手改进可以获得事倍功半的效果。

二、自动分拣系统

（一）自动分拣系统的组成

自动分拣系统一般由控制装置、分类装置、输送装置及分拣道口组成。

（1）控制装置的作用是识别、接收和处理分拣信号，根据分拣信号的要求指示分类装置，按商品品种、商品送达地点或货主的类别对商品进行自动分类。这些分拣需求可以通过不同方式，如可通过条形码扫描、色码扫描、键盘输入、重量检测、语音识别、高度检测及形状识别等，输入到分拣控制系统中去，根据对这些分拣信号的判断，来决定某一种商品该进入哪一个分拣道口。

（2）分类装置的作用是根据控制装置发出的分拣指示，当具有相同分拣信号的商品经过该装置时，该装置改变在输送装置上的运行方向，进入其他输送机或进入分拣道口。分类装置的种类很多，一般有推出式、浮出式、倾斜式和分支式几种，不同的装置对分拣货物的包装材料、包装重量、包装物底面的平滑程度等有不同的要求。

（3）输送装置的主要组成部分是传送带或输送机，其主要作用是使待分拣商品鱼贯通过控制装置、分类装置，并输送装置的两侧，一般要连接若干分拣道口，使分好类的商品滑下主输送机（或主传送带），以便进行后续作业。

（4）分拣道口是已分拣商品脱离主输送机（或主传送带）进入集货区域的通道，一般是由钢带、皮带、滚筒等组成的滑道，使商品从主输送装置滑向集货站台，在那里由工作人员将该道口的所有商品集中后或是入库储存，或是组配装车并进行配送作业。

以上四部分装置通过计算机网络联结在一起，配合人工控制及相应的人工处理环节构成一个完整的自动分拣系统。

（二）自动分拣系统的工作过程

一个分拣系统是由一系列各种类型的输送机、各种附加设施的控制系统等组成，大致可分为合流、分拣信号输入、分拣和分流、分运四个工作过程。

1. 合　流

商品进入分拣系统，有人工搬运方式或机械化、自动化搬运方式，也可以通过多条输送线进入分拣系统。经过合流逐步将各条输送线上输入的商品合并于一条汇集输送机上，同时将商品在输送机上的方位进行调整，以适应分拣信号输入和分拣的要求。汇集输送机具有自动停止和启动的功能。如果前端分拣信号输入装置偶然发生事故，或商品和商品连接在一起，或输送机上商品已经满载时，汇集输送机就会自动停止，等恢复正常后再自行启动，所以它也能起到缓冲的作用。

2. 分拣信号输入

在这个分段中，商品接受激光扫描器对其条形码标签的扫描，或者通过其他自动识别方式，如光学文字读取装置、声音识别输入装置等，将商品分拣信息输入计算机。商品之间保持一个固定值的间距，对分拣速度和精度是至关重要的。即使是高速分拣机，在各种商品之间也必须有一个固定值的间距。当前的微型计算机和程序控制器已能将这间距减少到几英寸内。

3. 分拣和分流

商品离开分拣信号输入装置后在分拣输送机上移动时，根据不同商品分拣信号所确定的移动时间，使商品行走到指定的分拣道口，由该处的分拣机构按照上述的移动时间自行启动，将商品排离主输送机进入分流滑道排出。这种分拣机构在国外经过四、五十年的应用研制，有多种形式可供选用。

4. 分　运

分拣出的商品离开主输送机，再经滑道到达分拣系统的终端。分运所经过的滑道一般是无动力的，商品借助自重从主输送机上滑行下来。在各个滑道的终端，由操作人员将商品搬入容器或搬上车辆。

任务四　常见的自动分拣设备

一、挡板式分拣机

挡板式分拣机是利用一个挡板（挡杆）挡住在输送机上向前移动的商品，将商品引导到一侧的滑道排出。挡板的另一种形式是以挡板一端作为支点，可作旋转。挡板动作时，像一堵墙似地挡住商品向前移动，利用输送机对商品的摩擦力推动，使商品沿着挡板表面移动，从主输送机上排出至滑道。平时挡板处于主输送机一侧，可让商品继续前移；如挡板作横向移动或旋转，则商品就被排向滑道。

二、浮出式分拣机

浮出式分拣机是把商品从主输送机上托起，从而将商品引导出主输送机的一种结构形式。从引离主输送机的方向看，一种是引出方向与主输送机构成直角，另一种是呈一定夹角（通常是30°~45°）。一般前者比后者的生产率更低，且更容易对商品产生较大的冲击力。浮出式分拣机大致有以下几种形式。

（一）胶带浮出式分拣机

这种分拣机构用于辊筒式主输送机上，将有动力驱动的两条或多条胶带或单个链条横向安装在主输送辊筒之间的下方。当分拣机结构接受指令启动时，胶带或链条向上提升，接触商品后把商品托起，并将其向主输送机一侧移出。

（二）辊筒浮出式分拣机

这种分拣机构用于辊筒式或链条式的主输送机上，将一个或数十个有动力的斜向辊筒安装在主输送机表面下方，分拣机构启动时，斜向辊筒向上浮起，接触商品底部，将商品斜向移出主输送机——上浮式分拣机。另一种是采用一排能向左或向右旋转的辊筒，以气功提升，可将商品向左或向右排出。

三、倾斜式分拣机

（一）条板倾斜式分拣机

条板倾斜式分拣机是一种特殊型的条板输送机，商品装载在输送机的条板上，当商品行走到需要分拣的位置时，条板的一端自动升起，使条板倾斜，从而将商品移离主输送机。商品占用的条板数目随不同商品的长度而定，经占用的条板数如同一个单元，同时倾斜，因此，这种分拣机对商品的长度在一定范围内不受限制。

（二）翻盘式分拣机

翻盘式分拣机由一系列的盘子组成，盘子为铰接式结构，向左或向右倾斜。装载商品的盘子上行走到一定位置时，盘子倾斜，将商品翻到旁边的滑道中，为减轻商品倾倒时的冲击力，有的分拣机能控制商品以抛物线状来倾倒出商品。这种分拣机对分拣商品，的形状和大小可以不拘泥于某种限度，但以不超出盘子为限。对于长形商品，可以跨越两只盘子放置，倾倒时两只盘子同时倾斜。这种分拣机常采用环状连续输送，其占地面积较小，又由于其是水平循环，使用时可以分成数段，每段设一个分拣信号输入装置，以便商品输入，而分拣排出的商品在同一滑道排出，这样就可提高分拣能力。

四、滑块式分拣机

滑块式分拣机也是一种特殊形式的条板输送机。输送机的表面用金属条板或管子构成，呈竹席状，而在每个条板或管子上有一枚用硬质材料制成的导向滑块，能沿条板作横向滑动。

平时滑块停止在输送机的侧边，滑块的下部有销子，与条板下的导向杆联结，通过计算机控制，当被分拣的货物到达指定道口时，控制器使导向滑块有序地、自动地向输送机的对面一侧滑动，把货物推入分拣道口，商品就被引出主输送机。这种方式是将商品侧向逐渐推出，并不冲击商品，因此商品不容易损伤，它对分拣商品的形状和大小适用范围较广，是目前国外一种最新型的高速分拣机。

五、托盘式分拣机

托盘式分拣机（见图6-2）是一种应用十分广泛的机型，它主要由托盘小车、驱动装置、牵引装置等组成。其中托盘小车形式多种多样，有平托盘小车、U形托盘小车、交叉带式托盘小车等。传统的平托盘小车利用盘面倾翻、重力卸载货物，结构简单，但存在上货位置不稳、卸货时间过长等缺点，从而造成高速分拣时不稳定以及格口宽度尺寸过大。

交叉带式托盘小车的特点是取消了传统的盘面倾翻、利用重力卸落货物的结构，而在车体下设置了一条可以双向运转的短传送带（又称交叉带），通过其来承接上货机，并由牵引链牵引运行到格口，再由交叉带运送，将货物强制卸落到左侧或右侧的格口中。

图 6-2　托盘式分拣机

实训设计一　分拣操作实训

一、实训目的

（1）通过本实验使学生了解物流配送中心货物分拣的两种基本方式。

（2）在仿真的分拣环境下，能够对企业实际的物流业务活动进行正确的分析和操作，从而对分拣流程树立正确的认识，做到理论与实践相结合。

（3）通过本实验，学生可以找到传统分拣方式和电子标签辅助分拣方式的区别，认识到计算机网络技术和现代电子设备对提高物流过程中分拣环节效率的重要性。

（4）通过本实验，使学生认识到电子标签系统不仅可以用于货物分拣操作，而且可以用于货物盘点操作。

二、实训条件

（1）个人计算机一台，基本配置：CPU Intel 1.8 GHz，1 G 内存，100 G 硬盘，网卡 10 M/100 Mbps。

（2）个人计算机中安装有 Windows 7 或 Windows XP 操作系统。

三、实训步骤

（一）利用电子标签进行摘取式分拣（Pick－to－Light）

将电子标签安装于货架储位上，原则上一个储位内放置一项产品，即一个电子标签代表一项产品，并且以一张订单为一次处理的单位，系统会将订单中有订货商品所代表的电子标签亮起，捡货人员依照灯号与数字的显示将货品自货架上取出，即称为摘取式拣货系统。

结合分拣软件系统的实际应用步骤如下：

第一步，进入物料管理系统，点击"物料出库"。

第二步，选择所需的出库物料，并填写出库数量。

第三步，点击确定出库，则对应货位指示灯会点亮，拣货人员进入货区拣货，拣货完毕后，按下完成键。

（二）利用电子标签进行播种式分拣（Put-to-Light）

每一个电子标签所代表的是一个订单客户或是一个配送对象，亦即一个电子标签代表一张订单。每个品项为一次处理的单位，拣货人员先将货品的应配总数取出，并将商品资讯输入，而系统会将有订购此项货品的客户其所代表的电子标签点亮，拣货人员只要依电子标签的灯号与数字显示将货品配予客户即可，即称为播种式拣货系统。

结合分拣软件系统实际应用步骤如下。

第一步，建立物料信息。双击桌面的"电子标签系统"图标。点击"确定创建"按钮，则会创建一个新的物料信息。在"库存管理"标签栏中可以看到刚才我们建立的信息。单击"物料清单管理"标签。该界面是对物料清单的管理，在该界面下我们需要对电子标签拣选货架的货物做一个定义。点击"打开电子标签"→"建立物料清单"。每选择一个物料都要点击"添加物料"。点击"建立物料清单"按钮。

第二步，播种式实验。进入物料管理，点击"物料入库"。选择所需的入库物料，并填写入库数量，点击"确定入库"。

第三步，此时，电子标签货架对应库位灯会亮起，由专门拣选人员进入拣选巷道，对照电子标签指示进行拣选。

第四步，完成入库后，按一下黑色完成键表示入库完毕。

实训设计二　条码打印机安装与检验

一、实训目的

（1）掌握条码打印机安装方法。
（2）了解条码打印机的简单使用方法。

二、实训条件

（1）一台带有 USB 接口的计算机。
（2）计算机软件环境为 WIN7 或 WIN XP。
（3）BTP-L42 标签打印机及主要配件，打印机所需驱动安装程序。

三、实训步骤

（1）安装打印机及其线缆。
（2）启动打印机电源。
（3）将驱动盘放置在光驱中心进行 USB 驱动安装。

（4）利用驱动盘进行标签软件 BYLabel 的安装。

（5）打开 BYLabel 软件，在打印设置选项中进行 USB 接口设置。

（6）在软件中设计要打印的条码。

思考题

（一）名词解释

连续性输送机械、带式输送机、斗式提升机。

（二）填空题

（1）连续输送机械按照安装方式的不同,可分为（　　　）和（　　　）；按照输送机械的结构特点，可分为（　　　）和（　　　）。

（2）带式输送机的基本布置型式有（　　　）、（　　　）、（　　　）、（　　　）、和（　　　）。

（3）埋刮板式输送机水平输送距离最大为（　　　）m，垂直提升高度为（　　　）m，通常用在生产率不高的短距离输送中。

（4）自动分拣系统一般由（　　　）、（　　　）、（　　　）、（　　　）组成。

（三）简答题

1. 连续输送机械的特点是什么？

2. 普通带式输送机的总体结构由哪几部分组成？各组成部分的基本作用是什么？

3. 要保证可靠地输送物料，连续输送机械在倾斜布置时其倾斜角度应该满足什么条件？

4. 试制表比较链式输送机、辊道式输送机、螺旋输送机、斗式提升机、气力输送机的类型和适用范围。

5. 连续输送机的主要技术参数有哪些？分别是什么含义？

6. 输送设备如何应付大小、重量各不相同的货物？

7. UPS 自动分拣系统的高效率是如何体现的？

项目七　集装单元化技术与设备

1. 了解集装单元化的基本概念。
2. 掌握托盘的结构、类型以及集装方法。
3. 掌握集装箱的分类、规格以及装箱要求。

任务一　集装单元化技术

一、集装单元化概念与意义

（一）集装单元化的概念

集装单元化是将众多单件物品，通过一定的技术措施组合成尺寸规格相同、重量相近的大型标准化的组合体，这种大型的组合状态被称为集装单元化。

集装单元化从包装角度来看，是一种按一定单元将杂散物品组合包装的形态，是属于大型包装的形态。在多种类型的产品中，小件杂散货物很难像机床、构件等产品一样进行单件处理，由于其杂、散，且个体体积、质量都不大，所以，总是需要进行一定程度的组合，才能有利于销售、有利于物流、有利于使用。比如箱、袋等都是杂散货物的组合状态。杂散货物的组合方式，是随科学技术进步而发展的。在科技不太发达，起重、装卸机具没有普遍被采用，装卸工作全要依靠人力进行时，杂散货物的组合包装程度主要受两个因素制约，一个是包装材料的限制，包装材料强度和材料自重约束了包装体的大型化；另一个是人力装卸能力的限制，包装必须限制在人的最大体能范围之下。因此，那时的组合体，质量一般在 50 kg 以下。集装是材料科学和装卸技术两个方面有了突破进展之后才出现的，该技术用大单元实现组合，是整个包装技术的一大进展。

从运输角度来看，集装所组成的组合体往往又正好是一个装卸单位，非常便于运输和装卸，因此在这个领域把集装主要看成是一个运输体（货载），称单元组合货载或集装货载。

（二）集装单元化的意义

（1）货物集装单元具有一定的体积和质量，有利于实施物流作业机械化、自动化，可以有效地提高作业效率，同时降低劳动强度，减少重复堆码和重复搬运。

（2）以集装单元为单位，物品的数量检验和清点交接简便快速、差错减少，提高了供应链物流的快速性。同时可以增加货物堆积高度，也便于货架存储，从而减少物品堆码存放的占地面积，充分利用作业空间。

（3）通过集装单元器具的标准化、规格化，进而推动运输、搬运和仓储设备的标准化，使物流系统各环节设备规格协调和谐，大大提高全系统的作业效率，便于物流各功能环节衔接。

（4）使用集装单元器具，在同样有效地保护物品的前提下，可以简化货物包装，节约消耗性的包装器材，节省包装费用。同时集装单元器具具有通用性，并且可以循环使用，为可持续发展和绿色物流理念的实现提供了保障。

二、集装单元化的方式与特点

（一）集装单元化的方式

集装单元化的方式和种类很多，但最主要的载体是托盘和集装箱。

1. 托　盘

所谓托盘是指用于集装、堆放、搬运和运输的放置作为单元负荷的货物和制品的水平平台装置。托盘是由木材、金属、纤维板等材料按标准尺寸制作的台面装置，这种台面有供叉车从下部叉入并将台板托起的叉入口。实际中，以上述结构为基本结构的平板台和在这种结构基础上所形成的各种集装器具可统称为托盘。托盘最初是在装卸领域出现并发展的，在应用过程中又进一步发展成为储存设施，对现代物流的形成和物流系统的建立起到了不小的作用。托盘的出现也促进了集装箱和其他集装方式的形成和发展，现在，托盘已是和集装箱一样重要的集装方式，从而形成了集装系统的两大支柱。托盘尤其凭借其简单、方便的特点在集装领域中颇受青睐。

2. 集装箱

集装箱是指具有标准规格尺寸和便于装卸、栓固的货物运输容器。为适应各种运输方式和各种运输工具的需求，集装箱有许多种类。根据集装箱的用途不同可以分为通用集装箱和专用集装箱两类。通用集装箱（又叫干货集装箱），以装运普通杂货为主，包括端门式、侧门式、侧壁全开式、开顶式和通风式等集装箱。

（二）集装单元化的特点

集装单元化的主要特点是集小为大，而这种集小为大是按标准化、通用化要求进行的，这就使中、小件散杂货以一定规模进入市场、进入流通领域，形成了规模优势。主要表现在以下几个方面。

1. 装卸合理化

这一特点主要表现在：第一，缩短装卸时间。这是多次装卸转为集装一次装卸带来的效果。第二，使装卸作业强度降低。过去在由人工完成中、小件大数量散杂货装卸时，工人劳动强度极大，且工作时极易出差错，出货损。采用集装后不但减轻了装卸劳动强度，而且在集装箱等对货物的保护作用下可以更有效地防止装卸时的碰撞损坏及散失丢失。

2. 包装合理化

采用集装后，物品的单体包装及小包装要求可降低甚至可以去掉小包装，从而在包装材料上有很大节约。此外，包装强度也会由于集装箱的大型化和防护能力的增强而大大提高，有利于保护货物。

3. 作业效率化

由于集装整体进行运输和保管，大大方便了运输及保管作业，既便于管理，也能有效利用运输工具和保管场地的空间，提高了物流工作效率。总之，集装单元化的最大效果，是以其为核心形成了物流集装系统，将原来分离的物流各环节有效地联合为一个整体，使整个物流系统实现合理化。物流的现代化离不开集装单元化，可以说集装单元化是物流现代化的重要标志。

任务二 托 盘

一、托盘的概念与特征

（一）托盘的概念

中国国家标准《物流术语》对托盘（Pallet）的定义是：用于集装、堆放、搬运和运输的放置作为单元负荷的货物和制品的水平平台装置。

（二）托盘的特点

（1）自重小，装卸搬运时的无效劳动消耗小。
（2）返空容易，返空时占用的运力少。
（3）装盘容易。
（4）能集中一定的货物数量。
（5）保护性差，露天存放困难。

二、托盘的分类

（一）按其基本形态分类

用叉车、手推平板车装卸的平托盘、柱式托盘、箱式托盘；用人力推动的滚轮箱式托盘、滚轮保冷箱式托盘；采用板状托盘，用设有推换附件的特殊叉车进行装卸作业的滑板，或装有滚轮的托盘卡车中使货物移动的从动托盘；其他还有装运桶、罐等专用托盘之类的与货物形状吻合的特殊构造托盘。托盘按形状不同分类，则可分为多种形式，如双面叉、四面叉、单面使用型、双面使用型等。

1. 平托盘

平托盘是在承载面和支撑面间夹以纵梁，构成可集装物料、可使用叉车或搬运车等进行作业的货盘，如图 7-1 所示。

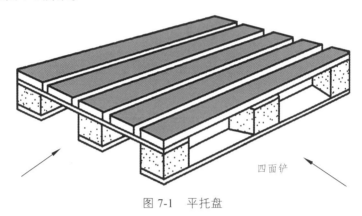

四面铲

图 7-1　平托盘

2. 箱式托盘

箱式托盘是在一个平托盘上部安装上平板状、网状等构造制成的箱形设备，可将形式不规则的货物集装，多用于散件或散状物料的集装。箱式托盘有固定式、可卸式和折叠式三种，一般下部可叉装，上部可吊装，并可进行堆码（一般为 4 层）。

3. 柱式托盘

柱式托盘是平托盘上装有 4 个立柱的托盘，其目的是在多层堆码保管时，保护好最下层托盘货物。托盘上的立柱大多采用可卸式的，高度多为 1 200 mm 左右，立柱的材料多为钢制，耐荷重 3 t，自重 30 kg 左右。

4. 滚轮箱式托盘和滚轮保冷箱式托盘

滚轮箱式托盘是在箱式托盘下部安装脚轮的箱形设备，按上部结构的形式不同可分为固定式、可卸式和折叠式 3 种。滚轮保冷箱式托盘在滚轮箱式托盘上部安装有保冷装置，其保冷功能根据物品温度管理的范围不同划分成一类（-18 ℃ 以下）和二类（0 ~ 10 ℃）两种。

5. 滑动板

滑动板是瓦楞纸、板纸或塑料制的板状托盘，也叫薄板托盘，具有轻、薄、价廉等特点，但需要带有特殊附件的叉车进行装卸。

（二）按其材质分类

托盘按其材质的不同，分为木制、塑料制、钢制、铝制、竹制、复合材料以及纸制等。

1. 木托盘（Wood Pallet）

木托盘是以天然木材为原料制造的托盘，使用最为广泛。因为其价格便宜、构造结实，是仓储企业必不可少的仓储设备，是物流行业举足轻重的物流设施，也是生产企业周转、流通、暂存、堆放货物最理想的助手。

（1）主要参数：长/宽/高/长宽高误差/对角线误差/额定载荷/最大堆码层数/挠曲度/表面防滑系数。

（2）优点：精确度高、不易变形，用高强度螺钉加固，不会起钉，牢固性好。

（3）缺点：木材易受潮、发霉、虫蛀，且无法清洗。此外，其表面木屑脱落及螺钉锈蚀的问题也无法克服。木制托盘使用寿命较短，常规使用下周转次数约为 200 ~ 300。

2. 竹托盘（Bamboo Pallet）

竹托盘是以天然竹为原材料经过加工制作的托盘。是未来托盘的发展趋势，是最能代替木材的材料；因其比木材强度高，故其性价比非常高。同时也是一种免熏蒸的材料，出口不受 ISPM15（《国际贸易中木质包装材料管理准则》）的限制。

（1）主要参数：长/宽/高/长宽高误差/对角线误差/额定载荷/最大堆码层数/挠曲度/表面防滑系数。

（2）优点：价格低廉、性价比高；绿色新材料，与环保概念一脉相传；防水、防霉、防虫。

（3）缺点：外观整洁度有待提高，边角易出现毛刺。

3. 塑料托盘（Plastic Pallet）

塑料托盘是以工业塑料为原材料制造的托盘。造价比木制托盘贵一点，载重也较小，但是随着塑料托盘制造工艺的进步，一些高载重的塑料托盘已经出现，正在慢慢地取代木质托盘。

（1）主要参数：长/宽/高/长宽高误差/对角线误差/额定载荷/最大堆码层数/挠曲度/表面防滑系数/托盘使用环境的温度范围。

（2）优点：塑料托盘与木托盘相比具有质轻、平稳、美观、整体性好、无钉无刺、无味无毒、耐酸、耐碱、耐腐蚀、易冲洗消毒、不腐烂、不助燃、无静电火花、可回收等优点，使用寿命是木托盘的 5 ~ 7 倍；是现代化运输、包装、仓储的重要工具，是国际上规定的用于食品、水产品、医药、化学品等行业储存必备器材。

（3）缺点：塑料托盘质脆，易产生应力脆裂，不耐苯、汽油等有机溶剂；耐用性差，不适于装载重货等。

4. 金属托盘（Metal Pallet）

金属托盘是以钢、铝合金、不锈钢等材料为原材料加工制造的托盘。

（1）主要参数：长/宽/高/长宽高误差/对角线误差/额定载荷/最大堆码层数/挠曲度/表面防滑系数/防锈防腐处理/防静电处理。

（2）优点：结实耐用，承载能力大，外形美观，表面镀锌或静电喷塑处理，无须维护，极长的使用寿命，存储货物方便等。

（3）缺点：易腐蚀，价格较高。

5. 纸托盘（Paper Pallet）

以纸浆、纸板为原料加工制造的托盘。随着整个国际市场对包装物环保性要求的日益提高，为了达到快速商检通关以实现快速物流的要求，托盘生产商们成功研制出高强度的纸托盘。

（1）主要参数：长/宽/高/长宽高误差/对角线误差/额定载荷/最大堆码层数/挠曲度/表面防滑系数/耐水浸泡时间/使用环境的湿度范围。

（2）主要特点：全纸质，强度高，规格可以随客户要求定制。

6. 蜂窝托盘

蜂窝的六边形结构是蜜蜂的杰作，它以最少的材料消耗构筑成坚固的蜂巢，它的结构具有非凡的科学性。蜂窝纸板就是仿造蜂巢的结构，以纸为基材，用现代化的机电合一生产出一种蜂窝状的新型材料。它质轻、强度高、刚度好，并具有缓冲、隔振、保温、隔热、隔音等性能。同时它的成本低，适用性广，广泛应用于包装、储运、建筑业、车船制造业、家具业等，以替代木材、泥土砖、发泡聚苯乙烯（EPS）等，对减少森林砍伐，保护生态环境具有重大意义。

7. 免熏蒸托盘

免熏蒸复合托盘集传统木质包装和纸质包装的优点于一身。产品表面平整、免熏蒸、免商检，载重高，防水无毒，可以承载任何出口产品。其外观和性能大大优于过去曾大量使用的天然木质包装，有利于提高出口产品的档次，并且可以减少熏蒸商检等复杂的程序和手续，提高工作效率，促进外贸出口。免熏蒸包装产品的特点是不需要烦琐的商检及熏蒸手续，便可以直接通关出口，而且与其他同类产品相比具有坚固结实、承重力强、外形美观、价格便宜等优势，是目前出口包装物的最佳选择之一。

三、托盘标准

（一）影响托盘标准化的因素

（1）托盘规格决定了物流设施与设备、包装标准化。

（2）托盘规格应与桥梁、隧道、运输道路、货车站台相适应。

（3）托盘规格决定仓库建筑尺寸标准。

（二）托盘国际标准的种类

经过 ISO/TC 51 托盘标准化技术委员会多次分阶段审议，国际标准化组织已于 2003 年对 ISO 6780《联运通用平托盘主要尺寸及公差》标准进行了修订，现在的托盘国际标准共有 6 种。

（1）1 200 mm×1 000 mm。

（2）1 200 mm×800 mm。

（3）1 219 mm×1 016 mm（即 48 in×40 in）。

（4）1 140 mm×1 140 mm。

（5）1 100 mm×1 100 mm。

（6）1 067 mm×1 067 mm。

四、托盘的使用

（一）托盘的使用方式

微课：托盘的使用
——托盘集装方式

1. 托盘联运

托盘联运是托盘的重要使用方式。托盘联运又称为一贯托盘运输，其含义是将载货托盘货体，从发货人开始，通过装卸、运输、转运、保管、配送等物流环节，原封不动地送达收货人的一种"门到门"运输方法。

2. 托盘专用

各仓库内部都有提高工效、追求物流合理化的需求，因此，专用托盘也是作为通过合理使用托盘来提高工效的一种重要手段。在工厂物流系统中，为配合流水线作业，专用托盘使用范围也很广泛。如汽车工厂的零部件专用托盘，其流程是托盘装入零部件后，进入立体仓库保管，按装配计划，从立体仓库取出托盘后进入装配流水线，内置的零件在一定装配位置装配完了后，空盘再回送至供应部门，如此往复使用。

托盘的正确使用应该做到包装、组合码放在托盘上的货物，并加上适当的捆扎和裹包，便于机械装卸和运输，从而满足装卸、运输和储存的要求。

（二）托盘的载重质量

每个托盘的载重质量应小于或等于 2 t。为了保证运输途中的安全，所载货物的重心高度不应超过托盘宽度的三分之二。

（三）托盘货物的码放方式

根据货物的类型、托盘所载货物的质量和托盘的尺寸，合理确定货物在托盘上的码放方式。托盘的承载表面积利用率一般应不低于 80%。对于托盘货物的码放有如下要求。

（1）木质、纸质和金属容器等硬质直方体货物单层或多层交错码放，拉伸或收缩膜包装。

（2）纸质或纤维质类货物单层或多层码放，用捆扎带十字封合。

（3）密封的金属容器等圆柱体货物单层或多层码放，用木质货盖加固。

（4）需进行防潮、防水等防护的纸制品、纺织品货物单层或多层交错码放，拉伸或收缩膜包装或增加角支撑，货物盖隔板等加固结构。

（5）易碎类货物单层或多层码放，增加木质支撑隔板结构。

（6）金属瓶类圆柱体容器或货物单层垂直码放，增加货框及板条加固结构。

（7）袋类货物多层交错压实码放。

（四）托盘承载货物的固定方式

托盘承载的货物进行固定的方式主要有捆扎、网罩紧固、中间夹摩擦材料紧固、拉伸包装等，并可相互配合使用。

（1）捆扎：用绳索、打包带等对托盘货体进行捆扎以保证货体稳定。

（2）网罩紧固：主要用于装有同类货物托盘的紧固。

（3）中间夹摩擦材料紧固：将具有防滑性的纸板、纸片或软塑料片夹在各层货体间，增大摩擦力，防止货体散垛。

任务三　集装箱

一、集装箱的概念

微课：认识集装箱

集装箱是海、陆、空不同运输方式进行联运时用以装运货物的一种容器。它是标准化的容器，在品种繁多的产品中，小件杂散货物由于其杂、散，且个体体积和重量都不大，从运输角度来看，需要进行一定程度的组合，才能有利于物流。集装箱组合体非常便于运输和装卸。因而在运输领域把集装箱看成是运输业的一次革命。

微课：集装箱货物装载

根据国际标准化 104 技术委员会（ISO/TC 104）及中国国家标准《物流术语》的规定，符合下列条件就可以被称为集装箱。

（1）能长期地被反复使用，具有足够的强度。

（2）途中转运不用移动箱内货物，就可以直接换装。

（3）可以进行快速装卸，并可从一种运输工具直接方便地换装到另一种运输工具。

（4）便于货物的装满和卸空。

（5）具有 1 m^3 以上的容积。

集装箱是集装装备最主要的形式，它在铁路、公路和水路运输中被广泛应用，集装箱能一次装入若干包装件或散装货物，运输途中更换车、船时，无须将货物从箱内取出换装，可以有效减少装卸搬运的次数，节约装卸搬运时间和成本，减少货损，提高效益和安全性。

二、集装箱的特点

集装箱的主要特点是集小为大，而这种集小为大是按标准化、通用化要求进行的，这就使中、小件散杂货以一定规模进入市场、进入流通领域，形成了规模优势。真正实现了物流运输业的多、快、好、省。

（一）装卸单元合理化

缩短装卸时间，由多次装卸转为集装一次装卸；易于实现机械化和自动化、智能化；使装卸作业劳动强度降低，从而提高货物的集装箱保护作用，可以更有效防止装卸时的碰撞货损、散失、丢失及被盗。

（二）集装合理化

采用集装后，物品的单体包装及小包装要求可降低，甚至可以去掉小包装从而在包装材料上有很大节约，包装强度由于集装的大型化和防护能力的提高而增强，有利于保护货物。可根据物品的物理、化学性能及物料特性，选择更合适的集装箱。如冷藏、保温等。

（三）集装箱运输和保管规模化

大大方便了运输及保管作业，便于管理，带动了集装箱专用码头建设、集装箱专用机械的进步和自动控制技术的迅猛发展，使网络化运输和管理、大单元货物组合自动装卸有了突破进展。有效利用运输工具和保管场地的空间，大大改善环境，降低成本。

三、集装箱的分类

（一）按用途分类

1. 通用集装箱

通用集装箱又称为干货集装箱或杂货集装箱，适用于装载除流体货物和需要调节温度的货物外的一般杂货。这类集装箱箱体一般有密封防水装置，开门形式有多种：一端开门、两端开门、一端或两端开门再加一侧或两侧开门、部分侧开门和活顶等。通用集装箱如图 7-2 所示。

通用集装箱的规格尺寸、自重与载重、容积一般均采用国际标准或国家标准。为了防止装载杂货时箱内货物移动和倒塌，在箱底和侧壁上设有系环以便系紧货物。杂货集装箱的使用范围非常广泛，占全部集装箱总数的 70% ~ 80%。

图 7-2　通用集装箱

2. 散货集装箱

散货集装箱是一种密闭式集装箱，适用于装载豆类、谷物、工业的零部件等散堆颗粒状、粉末状、块状物料，可节约包装且提高装卸效率。散货集装箱顶部或侧部设装货口。顶部密封性好，防雨防潮，如图 7-3 所示。

运送粮食的散货集装箱上设有投放熏蒸药品用的开口以及排除熏蒸气体的排出口，以满足有些国家对进口粮食要求其在港外锚地进行熏蒸杀虫的要求。

图 7-3　散货集装箱

3. 冷藏集装箱

冷藏集装箱是专用于运输需要保持一定温度的冷冻货物或低温货物如鱼、肉、新鲜水果、蔬菜等食品的特殊集装箱，如图 7-4 所示。目前国际上采用的冷藏集装箱基本上分两种：一种是集装箱内带有冷冻机的，被称为机械式冷藏集装箱，预冷装箱后的冷冻货或低温货可在 $-250 \sim +250$ ℃ 调整；另一种是箱内没有冷冻机而只有隔热结构，即在集装箱端壁上设有进气孔，箱子装在船舱内，由船舶的冷冻装置供应冷气，被称为外置式冷藏箱。

图 7-4　冷藏集装箱

4. 开顶集装箱

开顶集装箱是一种顶部可开启的集装箱，外观如图 7-5 所示。箱顶又分为硬顶和软顶两种。适用于装载大型货物、重型货物，如钢材、木材。这种集装箱的特点是吊机可从箱子上面进行货物装卸，既不易损坏货物，又便于在箱内固定货物，如图 7-5 所示。

图 7-5　开顶集装箱

5. 平板集装箱

平板集装箱没有四周壁，货物装卸到底部，外观如图 7-6 所示。平板集装箱适用于装载汽车、重型机械等。平板集装箱的主要特点是其以箱底承受货物的重量，打破了集装箱必须有容积的概念。

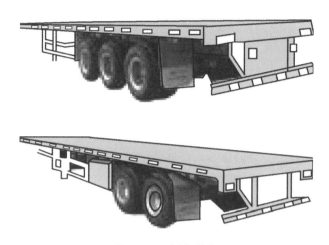

图 7-6　平板集装箱

6. 罐状集装箱

罐状集装箱适用于装运饮料、酒品、药品、化工品或其他危险品等流体货物。主要由罐体和箱体框架两部分组成，罐体上设有密封性好的装货口，如图 7-7 所示。罐状集装箱装货时，货物由装货口进入；卸货时，货物由排出口靠重力作用自行流出，或者由顶部装货口吸出。

图 7-7　罐状集装箱

7. 动物集装箱

动物集装箱是一种装运鸡、鸭、鹅等活家禽和牛、马、羊、猪等活家畜用的集装箱，外形如图 7-8 所示。为了遮蔽太阳，箱顶采用胶合板覆盖，侧面和端面都有用铝丝网制成的窗，以求有良好的通风。侧壁下方设有清扫口和排水口，并配有上下移动的拉门，可把垃圾清扫出去。此外还装有喂食口。动物集装箱在船上一般装在甲板上，因为甲板上空气流通，便于清扫和照顾。

图 7-8　动物集装箱

8. 服装集装箱

服装集装箱的特点是：在箱内上侧梁上装有许多根横杆，每根横杆上垂下若干条皮带扣、尼龙带扣或绳索，成衣利用衣架上的钩直接挂在带扣或绳索上。这种服装装载法属于无包装运输，它不仅节约了包装材料和包装费用，还减少了人工劳动，提高了服装的运输质量，外形如图 7-9 所示。

图 7-9　服装集装箱

（二）按箱体材料分类

1. 钢集装箱

钢集装箱的外板材料为钢板，结构部件也均采用钢材。这种集装箱的最大优点是强度大、结构牢、焊接性和水密性好，而且价格低廉。但缺点也明显：质量大，易腐蚀生锈；由于自重大，降低了装货量；每年一般需要进行两次除锈涂漆；使用期限较短，一般为 11 ~ 12 年。

2. 铝集装箱

通常说的铝集装箱，并不是纯铝制成的，而是集装箱的各主要部件使用最适量的各种轻铝合金，故又称铝合金集装箱。一般都采用铝镁合金，这种铝合金集装箱的最大优点是重量轻，铝合金的相对密度约为钢的 1/3，20 ft 的铝集装箱的自重为 1 700 kg，比钢集装箱轻 20% ~ 25%，故同一尺寸的铝集装箱可以比钢集装箱装更多的货物。铝集装箱不生锈，外表美观。铝镁合金在大气中自然形成氧化膜，可以防止腐蚀，但遇海水则易受腐蚀，如采用纯铝包层，就能对海水的腐蚀起很好的防护作用，最适合于海上运输。铝合金集装箱的弹性好，加外力后容易变形，外力去除后一般能复原。因此最适合于在有箱格结构的全集装箱船上使用。此外，铝集装箱加工方便，加工费低，一般外表需要涂其他涂料，维修费用低，使用年限长，一般为 15～16 年。

3. 玻璃钢集装箱

它是用玻璃纤维和合成树脂混合在一起制成薄薄的加强塑料，用黏合剂贴在胶合板的表面上形成玻璃钢板而制成的集装箱。玻璃钢集装箱的特点是强度大、刚性好。玻璃钢的隔热性、防腐性、耐化学性都比较好，能防止箱内产生结露现象，有利于保护箱内货物不遭受湿损。玻璃钢板可以整块制造，防水性好，还容易清洗。此外，这种集装箱还有不生锈、容易着色的优点，故外表美观。由于维修简单，因此维修费用也低。玻璃钢集装箱的主要缺点是重量较大，与一般钢集装箱相差无几，价格也较高。

4. 不锈钢集装箱

不锈钢是一种新的集装箱材料，它有如下优点：强度大，不生锈，外表美观；在整个使用期内无需进行维修保养，故使用率高，耐蚀性能好。其缺点是：价格高，初始投资大；材料少，大量制造有困难，目前一般都用作罐式集装箱。

四、集装箱的标记

微课：集装箱的标记

五、集装箱的选择与使用

（一）集装箱的选择与使用应考虑的因素

第一，了解国际物流、区域物流、国家物流的有关法规、程序；第二，考虑运输线节点上的物流设备的匹配和特殊要求；第三，考虑货物特性与集装箱匹配；第四，考虑货物和货物的固定，集装箱与集装箱之间的固定；第五，考虑集装箱重心与运输重心匹配；第六，考虑卸货和运输的安全性。如国际物流系统是由物品的包装、储存、装卸、运输、检验、报关、流通加工和其前后的整理、再包装以及配送等过程组成。在选用集装箱时，必须具体考虑以下问题。

（1）在国际多式联运中，在欧洲大陆，集装箱如从卸货港口经过陆上运输到达另外的国家时，必须满足《国际公路运输海关公约》（《TIR 条约》）的规定。该条约对有关公路上运行的集装箱车辆作了如下规定：在国境上进行换装或通过国境线的货物，必须办理海关手续。

（2）澳大利亚政府有关部门规定，集装箱上所使用的木材，如未经防虫处理不得使用。

在澳大利亚航线上使用的集装箱，必须确保该集装箱上所用的木材经过防虫处理方可通关。

（3）集装箱在多式联运中，有时其温湿度相差较大，在运输某些对温、湿度十分敏感的货物时，要尽量选用绝热性能良好的集装箱，或在箱内铺设具有吸湿性的衬垫材料，以保证货物不受侵害。

（4）根据货物的特性，必须用木材来固定货物时，应尽量避免选用玻璃钢集装箱和箱底无木制底板的金属底集装箱，以免钉钉子后被集装箱的水密性破坏。

（5）有些重货只能使用机械装卸，而在拆箱地点又无装货平台时，就需要使用开顶集装箱利用吊车进行装载，但必须注意开顶集装箱无水密性。

（6）尽可能降低回空。有些航线上可能会造成某些专用集装箱回空，所以应尽可能选用回程时也能装载另一种货的集装箱，避免集装箱回空运输。

（7）装箱时综合考虑装载方法和固定方法以及运输和拆箱的安全性。在集装箱内装货的方法是，预先将货物的量和集装箱的容积计算一下，使货物能装满箱底，然后对装货的高度加以调整。最好做到货物与货物之间、货物与集装箱之间不留空隙。在不得已而产生空隙时，就需要使用木材、垫舱板、气垫、橡胶垫等材料进行填堵工作，使货物和集装箱形成一体化，达到安全运输的目的。货物装箱完毕，无论是否满箱，轻的货物以装满为准，重的货物以标准的最大总重量为准，都要对箱门口货物进行绑扎固定，以防开箱时货物倒出伤人。

（二）集装箱的选择与使用应考虑的原则和方法

由于集装箱货物的种类、卸货地点不同，因此在装箱前应根据具体条件来考虑其装载方法和固定方法。

一般要把握以下几个原则和方法。

（1）对于运输时间长、外界运输环境差的货物，要考虑箱内防水以及固定货物的强度是否满足运输形式中技术状态的要求。

（2）装货物时应该考虑卸货的先后顺序。后卸的货物应该装在集装箱的内部，先卸的货物则应装在外部。

（3）装货物时应该考虑重量的配置，在装箱时尽可能使重量均匀地分布于集装箱底板上，以免底板集中受力或偏心受力。此外，当货物特重时，难以避免负荷集中分布时，可采用衬垫等方式使负荷分散。在使用大型国际集装箱时，要将叉车驶入集装箱内装卸货物，要求底板有一定的强度，其强度大体上满足两吨叉车装载两吨货物驶入，重量超过上述情况的设备应避免使用。

（4）在同一集装箱中配载不同货物时，要注意货物的性质、重量、包装对其他货物的有害影响。重货在箱内应均匀分布，不允许偏载。要按货物标定的"不可倒置""平放""竖放"等标志装箱。箱内堆垛时，要采用全自动起升叉车在箱内作业。装拼箱货时，要注意轻压重、包装强度弱的压包装强度大的、清洁货压污货，同形状和同包装货放在一起，有异味、潮湿等货物用塑料薄膜包装后与其他货隔开。有尖角棱刺的货物应另加保护以免损伤其他货物。

（5）装货物时，应该适当兼顾拆箱卸货的便利性，因为有时在装箱地由于有较高的技术和良好的机械设备，货物能很顺利装入箱内，但如在偏僻的地区拆箱卸货，既没有装卸经验，又无装卸设备时，货物难以取出。

（6）集装箱不准超重装货。集装箱的装载量就是集装箱的最大载货重量（P），它是集装箱的总重（R）与集装箱的自重（T）之差，即 $P=R-T$。集装箱的总重是一个定值，按国际标准，除动物集装箱外 20 英尺型钢质集装箱的总重为 24 000 kg，40 英尺为 30 480 kg。但集装箱的自重，即使是同一种类，同一箱型集装箱，也有一定差别；集装箱货物大多数属于轻货，容积装满后，通常达不到最大载货重量指标。

（7）危险品装到集装箱门口，有紧急情况时好取出隔离。

（8）集装箱堆码时整车或整船的中心要对中，且各箱之间用固定件紧固，整体与车船底板紧固。

（三）海运集装箱提箱和交箱

集装箱交接地点应详细认真进行检查和记录，并将进出场集装箱的情况及时反馈给集装箱代理人，积极配合集装箱代理人的工作，使集装箱代理人能够及时、准确地掌握集装箱的利用情况，及时安排集装箱的调运、修理，追缴集装箱延期使用费，追缴集装箱的损坏、灭失费用等工作。

1. 集装箱发放和交接的依据

集装箱的发放和交接，应依据进口提货单、出口订舱单、场站收据以及这些文件内列明的集装箱交付条款，实行"集装箱设备交接单"制度。从事集装箱业务的单位必须凭集装箱代理人签发的集装箱设备交接单办理集装箱的提箱（发箱）、交箱（还箱）、进场（港）、出场（港）等手续。

2. 交接责任的划分

（1）船方与港方交接以船边为界。

（2）港方与货方（或其代理人）、内陆（公路）承运人交接以港方检查桥为界。

（3）堆场、中转站与货方（或其代理人）、内陆（公路）承运人交接以堆场、中转站道口为界。

（4）港方、堆场中转站与内陆（铁路、水路）承运人交接以车皮、船边为界。

3. 进口重箱提箱出场的交接

进口重箱提离港区、堆场、中转站时，货方（或其代理人）、内陆（水路、公路、铁路）承运人应持海关放行的进口提货单到集装箱代理人指定的现场办理处办理集装箱发放手续。

集装箱代理人依据进口提货单、集装箱交付条款和集装箱运输经营人有关集装箱及其设备使用和租用的规定，向货方（或其代理人）、内陆承运人签发出场集装箱设备交接单和进场集装箱设备交接单。货方、内陆承运人凭出场集装箱设备交接单到指定地点提取重箱，并办理出场集装箱设备交接；凭进场集装箱设备交接单将拆空后的集装箱及时交到集装箱代理人指定的地点，并办理进场集装箱设备交接。

4. 出口重箱交箱（收箱）、进场的交接

出口货箱进入港区，货方、内陆承运人凭集装箱出口装箱单或场站收据、进场集装箱设

备交接单到指定的港区交付重箱，并办理进场集装箱设备交接。指定的港区依据出口集装箱预配清单、进场集装箱设备交接单、场站收据收取重箱，并办理进场集装箱设备交接。

5. 空箱的发放和交接

空箱提离港区、堆场、中转站时，提箱人（货方或其代理、内陆承运人）应向集装箱代理人提出书面申请。集装箱代理人依据出口订舱单、场站收据或出口集装箱预配清单向提箱人签发出场集装箱设备交接单或进场集装箱设备交接单。提箱人凭出场集装箱交接单到指定地点提取空箱，办理出场集装箱设备交接；凭进场集装箱设备交接单到指定地点交付集装箱，办理进场集装箱设备交接。

6. 收、发箱地点应履行的手续

指定的收、发箱地点，凭集装箱代理人签发的集装箱设备交接单受理集装箱的收、发手续。凭出场集装箱设备交接单发放集装箱，并办理出场集装箱设备交接手续；凭进场集装箱设备交接单收取集装箱，并办理设备交接。

出场集装箱设备交接的主要内容：提箱（用箱人和运箱人），发往地点，用途（出口载货、修理、进口重箱等），集装箱号、封号（铅封号、关封号），集装箱尺寸、类型，集装箱所有人，提离日期，提箱运载工具牌号，集装箱出场检查记录（完好或损坏）。

进场集装箱设备交接单的主要内容：送箱人，送箱日期，集装箱号，封号，集装箱尺寸、类型，集装箱所有人，返还重箱，送箱运载工具牌号，集装箱进场检查记录。

对于集装箱交接地点，应详细认真进行检查和记录，并将进出场集装箱的情况及时反馈给集装箱代理人，积极配合集装箱代理人的工作，使集装箱代理人能够及时、准确地掌握集装箱的利用情况，及时安排集装箱的调运、修理，追缴集装箱延期使用费，追缴集装箱的损坏、灭失费用等工作。

实训设计一 组托实训

一、实训目的

（1）能说出常见的货物堆码的方式。
（2）知道货物堆码的要求。

二、技能目标

能够绘制组托示意图。

三、任务情境

某超市新采购了一批货物入库，包括农夫山泉矿泉水 50 箱，旺旺雪饼 30 箱，大米 40 袋，伊利牛奶 48 箱，长寿花玉米油 38 箱。请问这批货物进入仓库后应采用何种存放方式？如果采用就地堆码方式，这些货物应该采用何种堆码方法？

四、任务布置

已知托盘尺寸为 1 200 mm×1 000 mm，规定货物堆码高度不能超过 1 280 mm，根据下列货物信息分别绘制组托示意图。

（1）休闲黑瓜子：595 mm×395 mm×375 mm，26 箱；
（2）小师傅方便面：595 mm×325 mm×330 mm，18 箱；
（3）大王牌大豆酶解蛋白粉：495 mm×395 mm×329 mm，36 箱；
（4）蜂圣牌蜂王浆冻干粉片：395 mm×295 mm×275 mm，30 箱；
（5）诚诚油炸花生仁：395 mm×245 mm×265 mm，40 箱。

实训设计二　集装箱装箱作业实训

一、实训情境

国际集装箱货物运输是指将集装箱作为运输单位进行国际货物运输的一种现代化运输方式。目前被全世界各地普遍采用。它与传统的件杂货散运方式相比，具有运输效率高、经济效益好、服务质量优的特点，虽然投入使用的时间较晚，但很快就飞速发展起来，成为世界各国进行国际贸易运输的最优方式。经过几十年的发展，集装箱运输软、硬件成套技术日益完善，世界性的集装箱运输体系基本形成，世界进入了以集装箱为代表的国际多式联运时代。本项目是以集装箱为线索进行国际多式联运工作的实训。

二、实训目标

（1）掌握集装箱运输方式、集装箱的交接方式及地点。
（2）理解集装箱运输的进出口操作流程。
（3）熟悉集装箱运输的主要运输单证及运费的计算。
（4）了解多式联运的定义、与一般运输的区别、经营人的条件等。

三、实训准备

（1）上网浏览"锦程物流网"查找有关集装箱货运的内容。
（2）上网浏览"中国物流网"，查找有关集装箱货运的内容。

四、实训工具

《场站收据》一份。

思考题

（一）名词解释

集装箱托盘。

（二）填空题

（1）集装单元化的方式和种类很多，但最主要的是（　　　）和（　　　）。

（2）物流模数是由 ISO 中央秘书处及（　　　）认定的（　　　）的矩形，是最小的集装尺寸。

（3）（　　　）是用于集装、堆放、搬运和运输的放置作为单元负荷的货物和制品的水平平台装置。

（4）托盘按形状不同可分为多种形式，如（　　　）、（　　　）、（　　　）和（　　　）等。

（三）简答题

1. 物流模数的主要功能是什么？

2. 集装单元化的主要特征是什么？

3. 托盘的主要类型有哪些？对托盘承载的货物进行固定的主要方式有哪些？

4. 普通集装箱主要结构有哪些？

5. 海运集装箱提箱和交箱的主要流程有哪些？

项目八　在库养护管理设备

1. 掌握在库养护设备商品在库管理当中的意义和作用。
2. 正确选用和使用不同的通风、防湿设备等。
3. 了解常见在库养护设备的结构和工作原理。
4. 掌握各种在库养护设备的分类、区别和特点。

任务一　通风设备

通风又称换气，是用机械或自然的方法向室内空间送入足够的新鲜空气，同时把室内不符合卫生要求的污浊空气排出，使室内空气满足卫生要求和生产过程的需要。建筑中完成通风工作的各项设施，统称为"通风设备"，如图8-1所示。

微课：通风设备

图 8-1　通风设备

一、风　机

在机械通风系统中，空气流动所需的能量由风机供给。常用的风机有离心式和轴流式两种。

（一）离心式风机

离心式风机压头高、噪声小，其中采用机翼形叶片的后弯式风机是一种低噪声的高效风机。

（二）轴流式风机

轴流式风机（见图 8-2 和图 8-3）在叶轮直径、转速相同的情况下，风压比离心式低，噪声比离心式高，主要用于系统阻力小的通风系统；主要优点是体积小、安装简便，可以直接装设在墙上或管道内。通风系统所用的风机按输送介质不同分为除尘式风机（见图 8-4）、防爆式风机（见图 8-5）、防腐蚀风机等。

图 8-2　轴流式风机 1

图 8-3　轴流式风机 2

图 8-4　除尘式风机

图 8-5　防爆式风机

二、除尘器

除尘器是分离气体中固体微粒的一种设备，在工业通风系统中用以去除粉尘。某些生产过程（如原料破碎、有色金属冶炼、粮食加工等）排出空气中所含的粉粒状物料是生产的原料或产品，对它们进行回收，具有经济意义。因此，在这些部门，除尘器既是环境保护设备又是生产设备。

通风除尘系统中常用的除尘器有：旋风除尘器、袋式除尘器、湿式除尘器、静电除尘器等。

当排出空气中的污染物浓度超过国家排放标准时，必须设置除尘器或有害气体处理设备，使排出的空气在达到排放标准后才可排入大气。通风系统中常用的有害气体处理方法有吸收法和吸附法：吸收法是利用适当的液体作为吸收剂与含有害气体的空气相接触，使有害气体被吸收剂所吸收或者与吸收剂发生化学反应而变为无害物质；吸附法是利用某些具有较大吸附能力的物质作为吸附剂，吸附有害气体，活性炭是工业上应用最广泛的一种吸附剂。吸附法适用于处理危害大的低浓度有害气体，吸附效率可接近100%。某些有害气体由于目前还缺乏经济、有效的处理方法，在不得已的情况下可以用高烟囱把未经处理或处理不完全的空气排入高空，这种方法就被称为"高空排放"。

三、空气加热器

在冬季非常寒冷的地区，不能直接把室外冷空气送入室内，必须对空气进行加热。通常采用表面式热交换器，以热水或蒸汽为热媒进行加热，空气加热器如图8-6所示。

图 8-6　空气加热器

四、气　幕

空气以一定速度从条缝形孔口喷出时，会构成一股平面射流。如在其对面设置条缝形吸风口吸入这股气流，在吹、吸风口之间就会形成一道像帷幕一样的气流。利用这种吹吸气流本身所具有的动量隔断气流两侧空气的装置则被称为气幕。装设在建筑物出入口的气幕被称为大门空气幕。大门空气幕可以防止室外风、灰尘、昆虫、污染空气和臭味侵入室内，减少建筑物的热（冷）损失，而且不妨碍人和物的通过。大门空气幕在人员、车辆进出频繁的工业厂房、冷藏库、百货公司、剧院等处得到了广泛应用。在民用建筑中大多采用上部送风的上送式，在工业建筑中多采用下送式和侧送式。气幕也被用于局部地点来控制污染物扩散。作为这种用途的装置被称为气幕隔断或吹吸式排风罩，在大型酸洗槽、铸造车间落砂和大型工件油漆等生产过程中被大量采用。与传统的局部排风罩相比，它的动力消耗少，污染控制效果好，不妨碍生产操作。

任务二　减湿设备

一、仓库抽湿机

仓库抽湿机为整体柜式空气抽湿机，采用先进的高效旋转式压缩机、高效换热器、大风量低噪声外转子风机。适用于精密电子、光学仪器、生物工程、医药、包装、食品、氯化锂电池、印刷业、地下工程及国防等。

二、干燥剂

干燥剂是一种从大气中吸收潮气的除水剂，它的干燥原理就是通过物理方式将水分子吸附在自身的结构中，也可通过化学方式吸收水分子并改变其化学结构，使其变成另外一种物质。化学吸附的常用干燥剂有生石灰、氯化镁、氯化钙、碱石灰或五氧化二磷、硅酸等。物理吸附的常用干燥剂有硅胶干燥剂、黏土干燥剂、分子筛干燥剂、矿物干燥剂、纤维干燥剂、蒙脱石干燥剂等。

物流上常用的干燥剂有硅胶干燥剂（见图 8-7）、集装箱专用干燥剂（见图 8-8）、小包装干燥剂、矿物干燥剂（见图 8-9）、粉末氯化钙干燥剂等。

图 8-7　硅胶干燥剂

图 8-8　集装箱干燥剂（粉末氯化钙干燥剂）

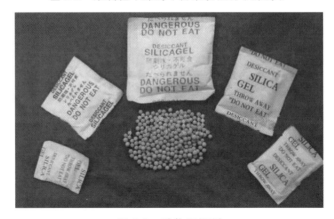

图 8-9　矿物干燥剂

任务三 计量设备

微课：主要的计量设备

一、电子台秤

电子台秤是利用电子应变元件受力形变原理输出微小的模拟电信号，再通过信号电缆传送给称重显示仪表，进行称重操作和显示称量结果的称重器具。电子台秤按显示功能不同分为：普通显示电子台秤、带打印电子台秤和物流专用电子台秤等几类。外形如图 8-10 和图 8-11 所示。

图 8-10　电子台秤 1

图 8-11　电子台秤 2

（一）台　秤

台秤是单独由秤体（台面）、立杆和显示仪表共同组成的衡器。称量为 30～1 000 kg。属于中准确度等级Ⅲ的衡器。

（二）案　秤

案秤是称重体（台面）和称重显示部分组合在一起的一种衡器。它整体质量轻、移动方便，称量为 1.5～30 kg，显示精度可以高一些。按功能不同可以分成：计价秤、计数秤、条码秤和单纯的计重秤。案秤也有叫"桌秤"的。

二、液压叉车秤

液压叉车秤，是一种搬运和称重作业同时进行的电子秤。其秤台由液压手动搬运机构和称重元件组成。它有专用传感器、专用称重仪表、置零、去皮、累计等功能，称量精度高、性能稳定。除此之外，液压叉车秤的表面多采用除尘喷塑处理，具有防腐、防锈等特性。液压叉车秤适用于铁路、公路、商贸、工矿等物流作业中的货物称量，如图 8-12 和图 8-13 所示。

现在我国市场上液压叉车秤型号很多，拿上海台隆电子衡器生产的液压叉车秤举例来说，普通的型号有 TL-3011-C,带打印功能的型号有 TL-3016P-C 等。液压叉车秤规格一般分为:1 t、2 t、2.5 t、3 t、普通型、带打印型、防爆型等。

图 8-12　液压叉车秤 1

图 8-13　液压叉车秤 2

三、地上衡

地上衡也被称为小地磅。在 20 世纪 80 年代之前,常见的地上衡一般是利用杠杆平衡原理,由纯机械构造的机械式地上衡,也称作机械地磅。20 世纪 80 年代中期,随着高精度称重传感器技术的日趋成熟,机械式地磅逐渐被精度高、稳定性好、操作方便的电子地上衡所取代。地上衡是一种称量体积或质量较大的物体的衡器,称量分别为 2 t,3 t,5 t。地上衡按结构和功能分为机械式地上衡和电子式地上衡两类。机械式地上衡装有秤轮,可在地面上移动使用。承重台和台框等用型钢焊接制成,具有足够的强度和抗冲击能力。它可称量各类物资,包括铸锭、钢带卷等金属材料。电子式地上衡由称重传感器、承重台和称重显示器组成。它既可以放置在坚实的地面上进行称量,也可安放在浅基坑上,还可以在其两侧加装带有一定坡度的引道,供手推车称重使用。地上衡的产品制造工艺差不多,产品的结构基本相同。

四、地中衡

地中衡是可将汽车、马车等运输工具和所载货物一同进行称重的杠杆秤。按结构和功能不同可分为机械式、机电结合式和电子式 3 类,以机械式为最基本型。机械式和机电结合式的秤体安放在地下的基坑里,秤体表面与地面持平。电子式的秤体直接放在地面上或架在浅坑上,秤体表面高于地面,两端带有坡度,可移动使用,又称"无基坑汽车衡"。

机械式地中衡由承重台、第一杠杆、传力杠杆、示准器、小游砣、大游砣、计量杠杆、平衡砣、调整砣和第二杠杆等部分组成。其传力系统全部由杠杆组成,其中第一杠杆和第二杠杆安装在地面下的固定基础坑里。机械式地中衡也是按照杠杆平衡原理设计的,由多组不等臂杠杆以并列和纵列的形式连结为一体。

承重台安放在基坑里,除可获得较小的传力比外,还可使承重台面具有足够的长度和宽度，能容纳卡车或载重拖车进行称重。为保证同一重物放置在承重台任何一角所得示值的一致性，所有承重杠杆的臂比必须相等。机械式地中衡可按读数装置分为计量杠杆式和度盘式两种。

五、轨道衡

轨道衡是称量铁路货车载重的衡器，分静态轨道衡、动态轨道衡和轻型轨道衡 3 种。它广泛用于工厂、矿山、冶金、外贸和铁路部门对货车散装货物的称量。

六、电子吊秤

电子吊秤能自动检测和显示所吊物料的质量，还可实现超载报警。电子吊秤的工作原理以电子元件——称重传感器、放大电路、AD 转换电路、单片机电路、显示电路、键盘电路、通信接口电路、稳压电源电路等组成。

七、自动检重秤

自动检重秤又称为分选秤、选别机或自动分检衡器。它适用于包装流水线终端过程检测的产品，为简单在线检重要求提供了更加经济的解决方案，具有检测速度快、计量精度高、扩充性能强等特点。

八、电子防爆秤

电子防爆秤主要用于化工、汽车等易燃、易爆场所的称量，如气体公司、加油站、化工厂等。

任务四　仓库安防设备

微课：常用安全消防设备

一、火灾探测器

火灾探测器是消防火灾自动报警系统中对现场进行探查、发现火灾的设备。按分类方式不同可分为如下几种类型：

（一）按对现场的信息采集类型不同分类

按对现场的信息采集类型不同可分为：烟感探测器、温感探测器、火焰探测器、特殊气体探测器。

（二）按设备对现场信息采集原理不同分类

按设备对现场信息采集原理不同可分为：离子型探测器、光电型探测器、线性探测器。

（三）按设备在现场的安装方式不同分类

按设备在现场的安装方式不同可分为：点式探测器、缆式探测器、红外光束探测器。

（四）按探测器与控制器的接线方式不同分类

按探测器与控制器的接线方式不同可分为总线制、多线制。其中总线制又分编码的和非编码的。编码的又分电子编码和拨码开关编码，后者又叫拨码编码，它又分为二进制编码和三进制编码两种。

二、火灾报警控制器

火灾报警控制器是火灾自动报警系统的心脏，它可向探测器供电，具有下述功能。

（1）用来接收火灾信号并启动火灾报警装置，该设备也可用来指示着火部位和记录有关信息。

（2）能通过火警发送装置启动火灾报警信号或通过自动消防灭火控制装置启动自动灭火设备和消防联动控制设备。

（3）自动监视系统的正确运行和对特定故障给出声、光报警。

三、防盗报警设备

防盗报警系统是预防抢劫、盗窃等意外事件的重要设施。一旦发生突发事件，就能通过声、光报警信号在安保控制中心准确地显示出事地点，便于安保人员迅速采取应急措施。防盗报警系统与出入口控制系统、闭路电视监控系统、访客对讲系统和电子巡更系统等一起构成了安全防范系统。

防盗报警系统通常由探测器（又称报警器）、传输通道和报警控制器 3 部分构成。报警探测器是由传感器和信号处理器组成的，用来探测入侵者的入侵行为，它由电子和机械部件组成，是防盗报警系统的关键，而传感器又是报警探测器的核心元件。采用不同原理的传感器件，可以构成不同种类、不同用途、达到不同探测目的的报警探测装置。

实训设计　物流单元标识条码设计和使用

一、能力目标

（1）能理解物流单元的应用环境。

（2）能对包装箱和托盘等物流单元进行编码。

（3）能根据物流单元代码进行条码码制的选择和条码生成。

二、实训情境

B 公司是一家饮料生产企业，2001 年开始各种饮料的生产和销售，至 2018 年，各类饮料单品数已达到上百种，每一款饮料都以箱为单位进行包装。为了便于零售商店的进货和销售，一款柠檬碳酸饮料的最小包装箱为每箱装 10 瓶；为了便于长距离运输时的装卸，每 4 个小箱子被装进了一个大箱子；为了便于在仓库存储，每 16 个大箱子又被码在一个尺寸为 1 200 mm× 1 000 mm 的托盘上。为了便于该饮料在整个供应链过程中的流通，需要为所有的包装箱和托盘都编写唯一代码并生成条码，印刷或粘贴在相应的包装箱上。一款果汁饮料，为了满足不同的包装需求，其最大包装每箱装 10 瓶，最小包装每箱装 4 瓶，每箱装的果汁饮料的数量是可变的。为了便于该饮料在整个供应链过程中的流通，需要为该果汁饮料的包装箱编写唯一代码并生成条码，印刷或粘贴在相应的包装箱上。

2017 年，B 公司新增了家电生产和销售的子公司，其生产的一款洗衣机商品条码代码为 6922255400265，每个箱子装一台洗衣机。

2018 年，B 公司新增了日化品生产和销售的子公司，其生产的一款产品为组合包装的洗发水和护发素，洗发水的商品条码代码 6901234000016，护发素的商品条码代码为 6901234000023，每个包装箱装 1 瓶洗发水和 1 瓶护发素。

三、实训任务

（1）提炼上述情境中的关键词并标出不理解的词语。

（2）B 公司柠檬碳酸饮料的商品条码代码为 6901234567892，为装载了该商品的所有包装箱和托盘的编写代码（代码及生成的条码不用于 POS 系统扫描结账）。

（3）B 公司果汁饮料的商品条码代码前 12 位为 690123456780，请计算其第 13 位代码，并为装载了该商品的包装箱编写代码（代码及生成的条码不用于 POS 系统扫描结账）。

（4）根据上述任务中所编写的代码选择合适的条码码制，并生成条码符号。

思考题

（一）名词解释

通风、仓库抽湿机。

（二）简答题

1. 简述离心式风机与轴流式风机的区别。

2. 仓库里常用的干燥剂有哪些？

3. 物流中常用的计量设备有哪些？

4. 常见的火灾探测器有哪几种？

项目九　物流信息技术与设备

1. 了解物流信息技术与设备在现代物流中的地位与作用，了解我国物流信息技术的现状及发展趋势。

2. 理解条码技术、POS 系统、EDI 技术、GPS 的概念、特征类型及其主要结构。

3. 领会条码技术、POS 系统、EDI 技术、GPS 基本工作原理及其在物流领域中的具体应用。

4. 运用本章相关理论分析相应的案例。

任务一　条码技术与设备

一、条码概述

（一）条码（barcode）

条码是由一组规则排列的条、空及其对应字符组成的标记，用以表示一定的信息。条码通常用来对物品进行标识，该物品可以是用来进行交易的一个贸易项目，如一瓶啤酒或一箱可乐，也可以是一个物流单元，如一个托盘。所谓对物品的标识，就是首先给某一物品分配一个代码，然后以条码的形式将这个代码表示出来，并且标识在物品上，以便识读设备通过扫描识读条码符号而对该物品进行识别。条码不仅可以用来标识物品，还可以用来标识资产、位置和服务关系等。标准商品条码如图 9-1 所示。

微课：条码技术与设备

图 9-1　标准商品条码（示例，实际商品与正文内容无关）

（二）代码（code）

代码即一组用来表征客观事物的一个或一组有序的符号。代码必须具备鉴别功能，即在一个信息分类编码标准中，一个代码只能唯一地标识一个分类对象，而一个分类对象只能有一个唯一的代码，比如按国家标准"人的性别代码"规定，代码"1"表示男性，代码"2"表示女性，而且这种表示是唯一的。我们在对项目进行标识时，首先要根据一定的编码规则为其分配一个代码，然后再用相应的条码符号将其表示出来。

（三）码　制

条码的码制是指条码符号的类型，每种类型的条码符号都是由符合特定编码规则的条和空组合而成的。每种码制都具有固定的编码容量和所规定的条码字符集。条码字符中字符总数不能大于该种码制的编码容量。常用的一维条码码制包括 EAN 条码、UPC 条码、UCC/EAN-128 条码、交插 25 条码、39 条码、93 条码、Codabar（库德巴码）等。

（四）字符集

字符集是指某种码制的条码符号可以表示的字母、数字和符号的集合。有些码制仅能表示 10 个数字字符即 0~9，如 EAN/UPC 条码；有些码制除了能表示 10 个数字字符外，还可以表示几个特殊字符，如 Codabar（库德巴码）。39 条码可表示数字字符 0~9、26 个英文字母 A~Z 以及一些特殊符号。

（五）连续性与非连续性

条码符号的连续性是指每个条码字符之间不存在间隔，相反，非连续性是指每个条码字符之间存在间隔。

从某种意义上讲，由于连续性条码不存在条码字符间隔，所以密度相对较高，而非连续性条码的密度相对较低。所谓条码的密度即是单位长度的条码所表示的条码字符的个数。

（六）定长条码与非定长条码

定长条码是条码字符个数固定的条码，即仅能表示固定字符个数的代码。非定长条码是指条码字符个数不固定的条码，是能表示可变字符个数的代码。例如，EAN/UPC 条码是定长条码，它们的标准版仅能表示 12 个字符，39 条码则为非定长条码。

定长条码由于限制了表示字符的个数，其译码的误识率相对较低，因为就一个完整的条码符号而言，任何信息的丢失都会导致译码的失败。非定长条码具有灵活、方便等优点，但受扫描器及印刷面积的限制，它不能表示任意多个字符，并且在扫描阅读过程中可能产生因信息丢失而引起错误的错误译码。

（七）双向可读性

条码符号的双向可读性，是指从左、右两侧开始扫描都可被识别的特性。绝大多数码制都可双向识读，所以都具有双向可读性。事实上，双向可读性不仅仅是条码符号本身的特性，也是条码符号和扫描设备的综合特性。对于双向可读的条码，识读过程中译码器需要判别扫描方向。有些类型的条码符号，其扫描方向的判定是通过起始符与终止符来完成的，如 39 条码、交插 25 条码、Codabar（库德巴码）。

（八）自校验特性

条码符号的自校验特性是指条码字符本身具有校验特性。若在一条码符号中，一个印刷缺陷（例如，因出现污点把一个窄条错认为宽条，而相邻宽空错认为窄空）不会导致替代错误，那么这种条码就具有自校验功能。如 39 条码、Codabar（库德巴码）、交插 25 条码都具有自校验功能。

（九）条码密度

条码密度是指单位长度条码所表示条码字符的个数。显然，对于任何一种码制来说，各单元的宽度越小，条码符号的密度就越高，也越节约印刷面积，但由于印刷条件及扫描条件的限制，很难把条码符号的密度做得太高。条码密度越高，所需扫描设备的分辨率也就越高，这必然会增加扫描设备对印刷缺陷的敏感性。

（十）条码质量

条码质量是指条码的印制质量，其判定主要从外观、条（空）反射率、条（空）尺寸误差、空白区尺寸、条高、数字和字母的尺寸、校验码、译码正确性、放大系数、印刷厚度、印刷位置几个方面进行。条码的质量检验需严格按照有关国家标准进行。

条码的质量是确保条码正确识读的关键，不符合条码国家标准技术要求的条码，不仅会因扫描仪器拒读而影响扫描速度，降低工作效率，而且可能造成误读进而影响信息采集系统的正常运行，因此，确保条码的质量是十分重要的。

（十一）二维条码

二维条码（见图 9-2）是用某种特定的几何图形按一定规律在平面（二维方向上）分布的黑白相间的图形记录数据符号信息。在代码编制上巧妙地利用构成计算机内部逻辑基础的"0""1"比特流的概念，使用若干个与二进制相对应的几何形体来表示文字数值信息，通过图像输入设备或光电扫描设备自动识读以实现信息自动处理。它具有条码技术的一些共性：每种码制有其特定的字符集，每个字符占有一定的宽度，具有一定的校验功能等。同时还具有对不同行的信息自动识别、处理图形旋转变化等特点。其特点可以归纳为以下几点：

图 9-2　二维条码（示例，二维码内容与正文无关）

（1）高密度编码，信息容量大。二维条码可容纳多达 1 850 个的大写字母，或 2 710 个数字，或 11.8 个字节，或 500 多个汉字，比普通条码信息容量约大了几十倍。

（2）编码范围广。二维条码可以把图片、声音、文字、签字、指纹等可以数字化的信息进行编码，用条码表示出来，也可以表示多种语言文字，还可以表示图像数据。

（3）容错能力强，具有纠错功能。这使得二维条码因穿孔、污损等引起局部损坏时，照样可以正确得到识读，损毁面积达50%仍可恢复信息。

（4）译码可靠性高。二维条码比普通条码译码错误率的百万分之二还要低得多，误码率不超过千万分之一。

（5）可引入加密措施。二维条码保密性、防伪性好。

（6）成本低，易制作，持久耐用。

（7）条码符号形状、尺寸大小比例可变。

（8）二维条码可以使用激光或CCD阅读器识读。

二、条码识读设备

条码识读设备是指用来读取条码信息的设备。它使用一个光学装置将条码的条空信息转换成电平信息，再由专用译码器翻译成相应的数据信息。

目前，条码识读设备虽然种类繁多，但大体上可分为两大类，即在线式阅读器和便携式阅读器。

扫描器作为阅读器的输入装置，发展也很快，大体上可分为接触式、非接触式、手持式和固定式扫描器等。目前常用的有笔式、CCD式和激光式等。下面简单介绍几种常见的条码扫描器。

（一）笔式扫描器

笔式扫描器（见图9-3）是笔形的扫描器，笔头装有光元件。其扫描方式为在条码符号上从左到右，或从右到左将笔式扫描器进行移动从而实现读取。扫描器需要操作员手持，以一定的速度移动。数据的读取是一次扫描决定的，当光笔通过斑点或缺损位置时则无法读取信息。而对有弯曲面的商品，进行条码的读取也很困难。对于没有经验的操作者来说，容易造成首次读取失败。尽管这种扫描器在操作时存在着一定的局限性，但它价格低廉、坚固耐用和小巧灵活，因而目前应用仍较普遍。

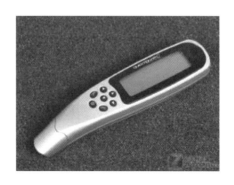

图9-3　笔式扫描器

（二）手持式扫描器

手持式扫描器（见图 9-4）具有小型、易于使用的特点。阅读时只需将读取头（光源）接近或轻触条码即可进行自动读取。手持式扫描具有以下优点：

（1）不需进行移动即可进行自动扫描读取条码信息。

（2）条码符号缺损对扫描器识读影响很小。

（3）弯曲面商品的条码也可读取。

（4）扫描速度为每秒 30 ~ 100 次，读取速度快。

手持式扫描器所使用的光源有激光（氦-氖激光、半导体激光）和可见光 LED（发光二极管）。LED 类扫描器又称 CCD 扫描器，激光手持式扫描器又称激光枪。由于激光枪、CCD 扫描器具有性能稳定、价格适中、首读率高、使用简便等优点，目前在条码扫描系统中应用最为普遍。

图 9-4　手持式扫描器

（三）台式扫描器

台式扫描器（见图 9-5）的用途很广，大都固定安装在某一位置上，用来识读在某一范围内出现或通过的条码符号。用于超级市场 POS 系统的台式激光扫描器，对条码的方向没有要求，又称全方位扫描器，读取距离为几厘米到几十厘米。

图 9-5　台式扫描器

由于台式激光扫描器具有性能稳定、扫描速度快等优点，目前在超级市场 POS 系统中应用得最为普遍。为方便在不同场合的使用，现在台式激光扫描器的形状也多样化，有台灯式扫描器及其他各种形状的台式扫描器。

（四）卡槽式条码扫描器

卡槽式条码扫描器（见图9-6）是一种用于人员考勤的条码扫描器，手持带有条码符号的卡片在通过时即可实现读取。卡槽式条码扫描器目前在厂矿、宾馆、会议考勤管理等方面得到了广泛的应用。

图 9-6　卡槽式条码扫描器

（五）便携式数据采集器

便携式数据采集器（见图9-7）是为适应一些现场数据采集（如扫描笨重物体的条码符号）而设计的。因为该种扫描器可以在物体的条码符号前扫描，因此又称为手持终端机、盘点机。它由电池供电，有自己的内部存储器，可以储存一定量的数据，并在适当的时候将数据传输给计算机。由于所有的便携式数据采集器都有一定的编程能力，因此可以满足不同场合的应用需要。目前已经推出了能存储上万个条码信息的便携式数据采集器。

图 9-7　便携式数据采集器

三、条码技术在物流行业的典型应用

（一）库存管理中的条码应用

1. 入库管理

入库时识读商品上的二维条码标签，同时录入货品的存放信息，将商品的特性信息及存放信息一同存入数据库。通过二维条码传递信息，有效地避免了人工录入的失误，实现了数据的无损传递和快速录入，将货品的管理推进到更深的层次。

2. 出库管理

根据提货单或配送单，选择相应的产品出库。为出库备货方便，可根据产品的特征进行组合查询，可打印查询结果或生成可用于移动终端的数据文件。产品出库时，扫描货品上的二维条码,对出库商品的信息进行确认,同时更改其库存状态。

3. 仓库内部管理

在库存管理中,二维条码可用于存货盘点。通过手持数据采集终端,收集库存货品信息,然后将收集到的信息由计算机进行集中处理,形成盘点报告。

(二)配送管理中的条码应用

二维条码在配送管理中具有重要的意义。配送前将配送货品资料和客户订单资料下载到移动终端中,到达配送客户处后,打开移动终端,调出客户相应的订单,然后根据订单情况挑选货物并验证其条码标签,确认配送完一个客户的货物后,移动终端可以自动校验配送情况,并作出相应的提示。

任务二 无线射频技术与设备

一、无线射频技术的概念

无线射频识别技术(Radio Frequency Identification, RFID),或称射频识别技术,是从 20 世纪 90 年代兴起的一项非接触式自动识别技术。它利用射频方式进行非接触双向通信,以达到自动识别目标对象并获取相关数据的目的,具有精度高、适应环境能力强、抗干扰强、操作快捷等优点。

微课:射频识别系统的组成及工作流程

目前常用的自动识别技术中,条码和磁卡的成本较低,但是都有容易磨损,且数据量很小的缺点。接触式 IC 卡的成本稍高些,数据存储量较大,安全性好,但是也容易磨损,且寿命短。而射频卡实现了免接触操作,应用便利,无机械磨损,寿命长,无需可见光源,穿透性好,抗污染能力和耐久性强,而且可以在恶劣环境下工作,对环境要求低,读取距离远,无需与目标接触就可以得到数据,支持写入数据,无需重新制作新的标签,可重复使用,并且使用了防冲撞技术,能够识别高速运动物体并可同时识别多个射频卡。

近年来,无线射频识别技术在国内外发展很快,RFID 产品种类很多,像 TI、Motorola、Philips、Microchip 等世界著名厂家都生产 RFID 产品,并且各有特点,自成系列。RFID 已被广泛应用于工业自动化、商业自动化、交通运输控制管理等众多领域,如汽车或列车等交通监控系统、高速公路自动收费系统、物品管理、流水线生产自动化、门禁系统、金融交易、仓储管理、畜牧管理、车辆防盗等。随着成本的下降和标准化的不断深化,RFID 技术的全面推广和普遍应用将是不可逆转的趋势。

二、无线射频系统的组成及基本原理

(一)无线射频系统的组成

RFID 系统因应用不同,其组成也会有所不同,但基本都由电子标签(tag)、阅读器(reader)

和数据交换与管理系统（processor）三大部分组成。

电子标签又称射频标签、应答器、数据载体；阅读器又称为读出装置、扫描器、读头、通信器、读写器（取决于电子标签是否可以无线改写数据）。电子标签与阅读器之间通过耦合元件实现射频信号的空间（无接触）耦合；在耦合通道内，根据时序关系，实现能量的传递和数据交换。

阅读器，有时也被称为查询器、读写器或读出装置，主要由无线收发模块、天线、控制模块及接口电路等组成。阅读器可将主机的读写命令传送到电子标签，再把从主机发往电子标签的数据加密，将电子标签返回的数据解密后送到主机。

数据交换与管理系统主要完成数据信息的存储及管理、对卡进行的读写控制等。

（二）无线射频系统的基本原理

RFID 系统的工作原理如下：阅读器将要发送的信息，经编码后加载在某一频率的载波信号上经天线向外发送，进入阅读器工作区域的电子标签接收此脉冲信号，卡内芯片中的有关电路对此信号进行调制、解码、解密，然后对命令请求、密码、权限等进行判断；若为可读命令，控制逻辑电路则从存储器中读取有关信息，经加密、编码、调制后通过卡内天线再发送给阅读器，阅读器对接收到的信号进行解调、解码、解密后送至中央信息系统进行有关数据处理；若为修改信息的命令，有关控制逻辑引起的内部电荷泵提升工作电压，提供擦写 EEPRPOM 中的内容进行改写，若经判断其对应的密码和权限不符，则返回出错信息。无线射频系统的工作原理具体如图 9-8 所示。

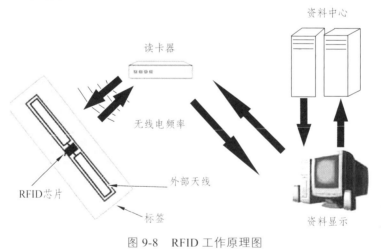

图 9-8　RFID 工作原理图

三、无线射频系统的分类

根据 RFID 系统完成的功能不同，可以把 RFID 系统分成四种类型：EAS 系统、便携式数据采集系统、物流控制系统、定位系统。

（一）EAS 系统

Electronic article surveillance（EAS）是一种设置在需要控制物品出入的门口的 RFID 技术。

这种技术的典型应用场合是商店、图书馆、数据中心等，当未被授权的人从这些地方非法取走物品时，EAS 系统会发出警告。超市 EAS 设备如图 9-9 所示。

典型的 EAS 系统一般由三部分组成：① 附着在商品上的电子标签，电子传感器；② 电子标签灭活装置，以便授权商品能正常出入；③ 监视器，在出口形成一定区域的监视空间。

EAS 系统的工作原理：在监视区，发射器以一定的频率向接收器发射信号。发射器与接收器一般安装在零售店、图书馆的出入口，形成一定的监视空间。当具有特殊特征的标签进入该区域时，会对发射器发出的信号产生干扰，这种干扰信号也会被接收器接收，再经过微处理器的分析判断，从而控制警报器的鸣响。

图 9-9　超市 EAS 设备

（二）便携式数据采集系统

便携式数据采集系统是使用带有 RFID 阅读器的手持式数据采集器采集 RFID 标签上数据的系统。这种系统具有比较大的灵活性，适用于不宜安装固定式 RFID 系统的应用环境。手持式阅读器（数据输入终端）可以在读取数据的同时，通过无线电波数据传输方式（RFDC）实时地向主计算机系统传输数据，也可以暂时将数据存储在阅读器中，一批一批地向主计算机系统传输数据。

（三）物流控制系统

在物流控制系统中，将 RFID 阅读器分散布置在给定的区域，并且阅读器直接与数据管理信息系统相连。信号发射机是移动的，一般安装在移动的物体或人的上面。当物体、人流经阅读器时，阅读器会自动扫描标签上的信息并把数据信息输入数据管理信息系统进行存储、分析、处理，达到控制物流的目的。RFID 物流仓储应用如图 9-10 所示。

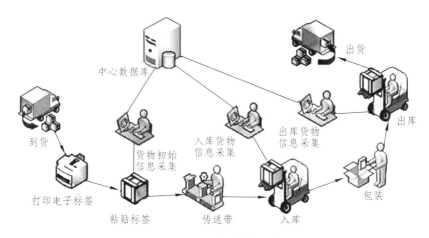

图 9-10　RFID 物流仓储应用

（四）定位系统

定位系统用于自动化加工系统中的定位以及对车辆、轮船等进行运行定位支持。阅读器放置在移动的车辆、轮船上或者自动化流水线中移动的物料、半成品、成品上，信号发射机嵌入到操作环境的地表下面。信号发射机上存储有位置识别信息，阅读器一般通过无线或者有线的方式连接到主信息管理系统。

总之，一套完整的 RFID 系统解决方案包括标签设计及制作工艺、天线设计、系统中间件研发、系统可靠性研究、读卡器设计和示范应用演示六部分，可以广泛应用于工业自动化、商业自动化、交通运输控制管理和身份认证等多个领域，而在仓储物流管理、生产过程制造管理、智能交通、网络家电控制等方面的优良表现更是引起了众多厂商的关注。

四、电子标签的特性

目前国内外市场普遍采用的防伪标签有条形码标签和激光防伪标签。由于条形码标签本身具有一些缺陷，各国企业一直都在探求一种更新、更完善的信息解决方案，射频识别技术（RFID）电子标签便应运而生。作为条形码标签的电子版本，电子标签具有更多条形码标签所不具备的优点。

（一）可远距离识别

条形码标签一般是通过近距离的手持光电设备进行信息的读取，而电子标签由于采用射频识别系统，随着工作频率的变化，识别距离也会相应发生改变。通常较低频率的射频系统的识别距离更近，一般为几厘米到几十厘米，而高频、超高频系统的识别距离较远，从几米到几十米不等。

（二）信息量大，可动态改变

电子标签是借助面积不足 210 mm^2 的芯片来记录商品信息的，存储在这些微小芯片中的信息量非常大。厂家可以根据各自的需要定义各型号产品的存储容量和每个扇区的字节数，并且扇区可以反复读写（读无限次，写 10 万次），使得标签内容可以动态改变，例如存储商品从产地至运输过程中的途经地、仓储信息、有效期等，也可方便地对原信息进行修改。

（三）可批量识别

条形码标签必须直线对准扫描，读写速度较慢，而且只能逐个识别。电子标签采用了防冲撞技术，读写速度快，且可以多目标同步识别。电子标签可在非静止状态被识别，每秒同时最多能识别 100 个电子标签。

（四）安全性更高

电子标签采用国际统一且不重复的 8 字节识别内码，标签数据的存取有密码保护，排除了条形码标签和激光防伪标签的可复制性，安全性更高，数据更加安全。

（五）物理性能好

电子标签具有多样化、超薄的外形和良好的柔韧性等优点，能够轻易地嵌入或附着在不同形状、类型的产品上。电子标签具有防水、防磁、耐高低温、可弯折的卓越性能，适应各种工作环境和工作条件，可在油渍、灰尘污染等恶劣的环境下工作，使用寿命长，一般可提供 10 年以上的服务。

五、无线射频技术在物流领域中的应用

无线射频技术以其独特的优势，逐渐地被广泛应用于工业自动化、商业自动化和交通运输控制管理等领域。随着大规模集成电路技术的进步以及生产规模的不断扩大，射频识别产品的成本将不断降低，其应用也将越来越广泛。表 9-1 列举了无线射频技术的几个典型应用。

表 9-1 无线射频技术几个典型应用

典型应用领域	具体应用
车辆自动识别管理	铁路车号自动识别是射频识别技术最普遍的应用
高速公路收费及智能交通系统	高速公路自动收费系统是射频识别技术最成功的应用之一，它充分体现了非接触识别的优势。在车辆高速通过收费站的同时完成缴费，解决了交通的瓶颈问题，提高了行车速度，避免拥堵，提高了收费结算效率
货物的跟踪、管理及监控	射频识别技术为货物的跟踪、管理及监控提供了快捷、准确、自动化的手段。以射频识别技术为核心的集装箱自动识别，成为全球范围最大的货物跟踪管理应用
仓储、配送等物流环节	射频识别技术目前在仓储、配送等物流环节已有许多成功的应用。随着射频识别技术在开放的物流环节统一标准的研究开发，物流业将成为射频识别技术发展最大的受益行业
电子钱包、电子票证	射频识别卡是射频识别技术的一个主要应用。射频识别卡的功能相当于电子钱包，实现非现金结算。目前主要应用在交通领域

续表

典型应用领域	具体应用
生产线产品加工过程自动控制	射频识别技术主要应用在大型工厂的自动化流水作业线上，实现自动控制、监视，提高生产效率，节约成本
动物跟踪和管理	射频识别技术可用于动物跟踪。在大型养殖场，可通过采用射频识别技术建立饲养档案、预防接种档案等，达到高效、自动化管理牲畜的目的，同时为食品安全提供了保障。射频识别技术还可用于信鸽比赛、赛马识别等，以准确测定到达时间

任务三　电子数据交换

一、EDI 的起源

EDI 的历史可以追溯到 20 世纪 60 年代末，欧洲和美国几乎同时提出 EDI 概念。1968 年美国运输业的众多公司联合成立了运输数据协调委员会（TDCC），研究开发电子通信标准的可行性，该委员会制订的方案形成了当今 EDI 的基础。

20 世纪 70 年代以后，信息技术的发展使计算机及通信网络不断更新换代，通信、交通手段的革新使得生产社会化、国际化，加速了国际贸易的发展，跨国公司不断涌现。

另外，全球贸易额的上升带来了各种贸易单证、文件数量的增多，价格因素在竞争中所占比重逐渐减小，而服务性因素所占的比重逐渐增大。企业开始在订单、原材料采购、及时销售、降低库存及有效管理等各个环节，以及它们的有效协同配合中获取降低成本的新途径。因此，提高商业文件传递速度、处理速度、空间跨度及准确性，实现贸易"无纸化"成了贸易链中的所有成员共同的愿望。正是在这种背景下，以计算机、网络通信和数据标准为基础的 EDI 应运而生，并显示出强大的生命力。

20 世纪 80 年代，德国、加拿大、英国、法国、澳大利亚、新加坡等国家都纷纷制订了自己的 EDI 标准，由于这些标准不统一，无法进行国际间的运行，因此，开发国际 EDI 标准的工作成为当务之急。美国国家标准局特许标准委员会（ANSIASC）与欧洲的同行们联合研究国际标准。1985 年，欧洲和北美 20 多个国家的代表开发了一种新的国际标准——EDIFACT（Electronic Data Inter change For Administration, Commerce And Transportation，中文为"用于行政管理、商业及运输的电子数据交换"），在联合国的支持下，1988 年该标准成为国际标准，称 UN/EDIFACT 标准体系。该标准的开发主要是由两个国际组织负责：国际标准组织（ISO）负责开发句法规则和数据词典，联合国欧洲经济委员会（UN/ECE）负责开发单据标准。现在世界各国都在加快 EDI 的推广应用工作，EDI 已经在全球范围内掀起了一场新的商业革命。

二、EDI 的概念

EDI 是 electronic data interchange 的缩写，译为"电子数据交换"。它是一种在公司之间传输订单、发票等商业文件的电子化手段，由于其发展和实施方法各有不同，因此并无统一的解释。

（1）国际标准化组织（ISO）的定义：商业或行政事务处理，按照一个公认的标准，形成结构化的事务处理或信息数据结构，是从计算机到计算机的数据传输。

（2）美国国家标准局 EDI 认证标准委员会的定义：独立组织之间通过电脑，以标准的语意结构来传输明确的业务或策略性信息。

（3）UN/EDIFACT 的定义：贸易伙伴电脑系统之间，以最少的人工介入方式交换标准格式的资料。

（4）在 ISO 9735《用于行政商业运输业电子数据交换的应用级语法规则》（GB 14805）的定义：在计算机之间以商务的标准格式进行的商业或行政业务数据的电子传输。

三、EDI 的特点

由 EDI 的定义不难看出，EDI 作为企业自动化管理的工具之一，具有以下特点：
（1）EDI 是在企业与企业之间传输商业文件数据。
（2）EDI 传输的文件数据都采用共同的标准。
（3）EDI 是通过数据通信网络（一般是增值网和专用网）来传输数据。
（4）EDI 数据的传输是从计算机到计算机的自动传输，不需人工介入操作。

四、EDI 与电子邮件的区别

随着互联网的发展，越来越多的企业加入互联网络中。企业已经开始把网络服务融入日常管理当中，电子邮件就是企业经常使用的一项网络基本服务。尽管电子邮件也可以用来传输数据，但和 EDI 相比，仍有着本质的区别。

（1）EDI 的传输内容为格式化的标准文件并有格式校验功能，而电子邮件为非格式化的。
（2）EDI 的处理过程为计算机自动处理不需人工干预，而电子邮件的处理过程需人工干预。

任务四 POS 系统及其设备

一、POS 机概述

销售终端——POS（Point of Sale）是一种多功能终端，把它安装在信用卡的特约商户和受理网点中，与计算机联成网络，就能实现电子资金自动转账。它具有支持消费、预授权、余额查询和转账等功能，使用起来安全、快捷、可靠。

POS "销售终端"——供应链管理的定义为：对于某个销售点某一时间的销售数据的计算和存货的支出，通常使用条形码或磁介质设备。POS 机分消费与转账两种：消费 POS，具有消费、预授权、查询支付名单等功能，主要用于特约商户受理银行卡消费；转账 POS，具有财务转账和卡卡转账等功能，主要用于单位财务部门。

二、POS 机功能

POS 机适用于大中型超市、连锁店、大卖场、大中型饭店及一切高水平管理的零售企业。它具有 IC 卡功能，可使用会员卡、内部发行的 IC 卡及有价证券等进行消费、支付。可外接扫描枪、打印机等多种外部设备，具有前、后台进货、销货、存储和配送等大型连锁超市的管理功能。

三、POS 机设备构成

整套的 POS 机价格比较贵，除了硬件之外还需要一套收款用的软件。软件包括录入、销售、统计、打印、钱箱控制等功能，本质上就是一个特定用途的小型数据库应用软件。

POS 机分品牌 POS 和 DIYPOS 两种。DIYPOS 相对来讲价格会低许多，因为采用的外设不同，价格也相对有浮动，最近的 POS 价格为 3 000～3 500 元，DIYPOS 与电脑有所不同，它们有不同的机箱、显示器等，但将电脑连接上 POS 外部设备，也可实现 POS 功能。

POS 外部设备有如下几种：

（1）客显，分 LED 和 YFD 两种——给顾客显示所收金额和找零金额。

（2）票据打印机——打印收款小票的打印机。有针式打印机和热敏打印机两种。针式打印机价格较高，价格为 500～700 元，低于 500 元的打印机一般故障率较高。

（3）刷卡器——刷磁卡的设备，主要用于会员积分与店内会员储值。

（4）钱箱——装钱的设备，打印机打完小票后会自动弹开。

（5）扫描设备——扫描商品条码的设备，从样式上分扫描枪和激光平台两种。因平台价格较高，一般建议使用扫描枪，扫描发射器分为红外线与激光两种，红外线也叫"CCD"。

任务五　GPS 与 GIS 技术

一、GPS 技术

（一）GPS 的概念

微课：GPS 技术

GPS 即全球定位系统（Global Positioning System），是美国从 20 世纪 70 年代开始研制，于 1994 年全面建成，具有在海、陆、空进行全方位实时三维导航与定位能力的新一代卫星导航与定位系统。它通过接收美国发射的 24 颗卫星中任意 3 颗以上卫星所发射的导航信号，可以在任何地点、任何时候准确地测量到物体瞬时的位置，确切说是物体的经纬度、高度、速度等位置信息。经近 10 年我国测绘等部门的使用表明，GPS 以全天候、高精度、自动化、高效益等显著特点，赢得广大测绘工作者的信赖，并成功地应用于大地测量、工程测量、航空摄影测量、运载工具导航和管制、地壳运动监测、工程变形监测、资源勘察、地球动力学等多种学科，从而给测绘领域带来一场深刻的技术革命。

（二）GPS 系统的组成

GPS 系统包括三大部分：空间部分——GPS 卫星星座；地面控制部分——地面监控系统；用户设备部分——GPS 信号接收机。

1. GPS 卫星星座

GPS 卫星星座由 21 颗工作卫星和 3 颗在轨备用卫星组成，记作（21+3）GPS 星座。24 颗卫星均匀分布在 6 个轨道平面内，轨道倾角为 55°，各个轨道平面之间相差 60°，即轨道的升交点赤经各相差 60°。每个轨道平面内各颗卫星之间的升交角距相差 90°，一轨道平面上的卫星比西边相邻轨道平面上的相应卫星超前 30°。

2. 地面监控系统

对于导航定位来说，GPS 卫星是一动态已知点。卫星的位置是依据卫星发射的星历——描述卫星运动及其轨道的参数算得的。每颗 GPS 卫星所播发的星历，是由地面监控系统提供的。卫星上的各种设备是否正常工作，以及卫星是否一直沿着预定轨道运行，都要由地面设备进行监测和控制。地面监控系统另一个重要作用是保持各颗卫星处于同一时间标准——GPS 时间系统。这就需要地面站监测各颗卫星的时间，求出时钟差。然后由地面注入站发给卫星，卫星再由导航电文发给用户设备。GPS 工作卫星的地面监控系统包括一个主控站、三个注入站和五个监测站。

3. GPS 信号接收机

GPS 信号接收机的任务是：能够捕获到按一定卫星高度截止角所选择的待测卫星的信号，并跟踪这些卫星的运行，对所接收到的 GPS 信号进行变换、放大和处理，以便测量出 GPS 信号从卫星到接收机天线的传播时间，解译出 GPS 卫星所发送的导航电文，实时地计算出测站的三维位置，甚至三维速度和时间。

GPS 卫星发送的导航定位信号，是一种可供无数用户共享的信息资源。对于陆地、海洋和空间的广大用户，只要用户拥有能够接收、跟踪、变换和测量 GPS 信号的接收设备，即 GPS 信号接收机，就可以在任何时候用 GPS 信号进行导航定位测量。根据使用目的的不同，用户要求的 GPS 信号接收机也各有差异。目前世界上已有几十家工厂生产 GPS 接收机，产品也有几百种。这些产品可以按照原理、用途、功能等来分类。

（三）GPS 系统的功能

（1）跟踪车辆、船舶。为了随时掌握车辆和船舶的动态，可以通过地面计算机终端，实时显示出车辆、船舶的实际位置。

（2）信息传递和查询。利用 GPS 系统，一方面管理中心可以向车辆、船舶提供相关的气象、交通、指挥等信息；另一方面，也可以将运行中的车辆、船舶的信息传递给管理中心，实现信息的双向交流。

（3）及时报警。利用 GPS 可以及时掌握运输装备的异常情况，接收求助信息和报警信息，迅速传递到管理中心，从而实施紧急救援。

（4）支持管理。GPS 提供的信息可以实施运输指挥、监控、规划和路线选择，向用户发出到货预报等，有效地支持大跨度物流系统管理。

二、GIS 技术

（一）GIS 的概念

地理信息系统（Geographic Information System，GIS）是一种基于计算机的工具，它可以对在地球上存在的物体和发生的事件进行成图和分析。GIS 技术把地图这种独特的视觉化效果和地理分析功能与一般的数据库操作（例如查询和统计分析等）集成在一起。这种能力使 GIS 与其他信息系统相区别，从而使其在广泛的公众和个人、企事业单位中解释事件、预测结果、规划战略等部分具有实用价值。

（二）GIS 的组成

GIS 由五个主要的元素构成，即硬件、软件、数据、人员和方法。

1. 硬　件

硬件是使用 GIS 系统操作的计算机。如今，GIS 软件可以在很多类型的硬件上运行，从中央计算机服务器到桌面计算机，从单机到网络环境。

2. 软　件

GIS 软件是提供所需的存储、分析和显示地理信息功能的工具。主要的软件部件有：

（1）输入和处理地理信息的工具。

（2）数据库管理系统（DBMS。

（3）支持地理查询、分析和视觉化的工具。

（4）容易使用这些工具的图形化界面（GUI）。

3. 数　据

一个 GIS 系统中最重要的部件就是数据。地理数据和相关的表格数据可以自行采集或者从商业数据提供者处购买。GIS 将把空间数据和其他数据源的数据集成在一起，而且可以使用被大多数公司用来组织和保存数据的数据库管理系统来管理空间数据。

4. 人　员

如果没有人员来管理系统和制订计划，并应用于实际问题，GIS 技术将会丧失其价值。GIS 的用户范围包括从设计和维护系统的技术专家，到那些使用该系统并完成他们每天工作的人员。

5. 方　法

成功的 GIS 系统，具有良好的设计计划和自身的事务规律，这些计划和规律是通用的规范，但对每一个公司来说，具体的操作实践又是独特的。

（三）GIS 系统的功能

GIS 的基本功能是将表格型数据（无论它来自数据库、电子表格文件或直接在程序中输入）转换为地理图形显示，然后对显示结果浏览、操纵和分析。其显示范围从洲际地图到非常详细的街区地图，显示对象包括人口、输入、销售情况、运输线路以及其他内容。一个优秀的GIS 软件具有如下功能：

（1）存储和分析客观实体（具有特定位置和形状的地理要素，如点、线、面等）间的空间关系，或使它们相互连接并进行拓扑计算的功能。

（2）存储和分析各实体所附大量属性数据的功能。

（3）比简单的数据管理和查询更为强大的多层分析功能，使以图层形式组成的地图多层可视并进行多样化统计和逻辑操作。

（4）整理来源不同或范围不等的数据，以多种方式使之可视化的功能。

（5）强大的地理图形和图像处理功能。

总之，使现实世界中具有地理属性的信息实现数据地图化、数据可视化和思维可视化，从而为决策、分析提供支持，是 GIS 的根本目标。未来的地理信息系统更要求能产生和显示计划和决策带来的城市景观和区域景观的变化，并能够运用人工智能和专家系统进行决策支持。

三、GPS 技术在物流领域的应用

（一）物流配送

GPS 将车辆的状态信息（包括位置、速度、车厢内温度等）以及客户的位置信息快速、准确地反映给物流系统，由特定区域的配送中心统一合理地对该区域内所有车辆作出快速调度。这样便大幅度提高了物流车辆的利用率，减少了空载车辆的数量和空载的时间，从而减少了物流公司的运营成本，提高了物流公司的效率和市场竞争能力，同时增强了物流配送的适应能力和应变能力。

（二）动态调度

运输企业可进行车辆待命计划管理。操作人员通过在途信息的反馈，车辆未返回车队前即做好待命计划，提前下达运输任务，减少等待时间，加快车辆周转，以提高重载率，减少空车时间和空车距离，充分利用运输工具的运能，提前预设车辆信息及精确的抵达时间，用户根据具体情况合理安排回程配货，为运输车辆排解后顾之忧。

（三）货物跟踪

通过 GPS 和电子地图系统，可以实时了解车辆位置和货物状况（车厢内温度、空载或重载），真正实现在线监控，避免以往在货物发出后难以知情的被动局面，提高货物的安全性。货主可以主动、随时了解到货物的运动状态信息以及货物运达目的地的整个过程，增强物流企业和货主之间的相互信任。

（四）车辆优选

查出在锁定范围内可供调用的车辆，根据系统预先设定的条件判断车辆中哪些是可调用的。在系统提供可调用的车辆的同时，将根据最优化原则，在可能被调用的车辆中选择一辆最合适的。

（五）路线优选

地理分析功能可以快速地为驾驶人员选择合理的物流路线，以及提供这条路线的一些信息，所有可供调度的车辆不用区分本地或是异地，可以统一调度。配送货物目的地的位置和配送中心的地理数据结合后，产生的路线将是整体的最优路线。

实训设计　物流信息技术实训

一、实训目标

（1）通过实训，掌握商品条码编码的规律，理解其在流通领域的作用。

（2）通过实训，掌握条码在快递业的运用情况，理解其作用。

（3）通过实训，掌握条码在物流领域的运用情况，理解如何利用条码进行物流信息管理。

二、实训内容

（1）到超市调研，观察不同类型的商品，其条码有什么区别，有什么相同的地方，思考商品条码编码的规律，并讲述出来。

（2）调研条码在快递业的运用情况以各个企业的快递运单上是否都有条码，思考其作用。

（3）调研条码在服装仓储管理中的应用，思考用条码管理服装库存时，应怎么做。

三、实训过程设计

（1）教师将学生分组。

（2）回顾条码有关知识。

（3）分小组进行调研。

（4）小组撰写调研总结或调研报告，做汇报 PPT。

（5）分组汇报，小组提问，教师点评和总结。

思考题

（一）名词解释

条码技术、POS 系统、RFID 技术、GPS。

（二）填空题

1. 条码是由一组粗细不同、相间排列的（　　　）、（　　　）及其（　　　）组成的表示一定信息的符号。

2. 常用的一维条码码制包括（　　）、（　　）、UCC/EAN-128 条码、交插 25 条码、（　　）、93 条码、Codabar（库德巴码）等。

3. 条码质量是指条码的印制质量，其判定主要从（　　）、条（空）反射率、条（空）尺寸误差、（　　）、条高、数字和字母的尺寸、（　　）、译码正确性、放大系数、印刷厚度、印刷位置几个方面进行。。

4. POS 机分（　　）和（　　）两种。

5. GPS 系统包括三大部分：空间部分——（　　）；地面控制部分——（　　）；用户设备部分——（　　）。

6. 根据射频系统完成功能的不同，可以粗略地把射频系统分成 4 种类型：（　　）、（　　）、（　　）和（　　）。

（三）简答题

1. 条码识别系统的原理是什么？

2. 条码扫描器有哪些类型？

3. 简述射频识别的分类。

4. 简述 POS 外部设备的组成。

5. GPS 系统由哪些部分组成？

项目十 物流设备管理

学习目标

1. 了解物流设施设备管理的内容、含义。
2. 了解设备配置的原则、步骤和经济分析方法。
3. 掌握设备保养、维护、维修的工作内容。
4. 掌握设备磨损理论、故障理论、更新理论和具体操作步骤及经济评价方法。

任务一 物流设备管理概述

一、物流设备管理的定义

物流设备管理，是指以企业生产经营为依据，通过一系列的技术、经济、组织措施，对设备的规划、设计、制造、选型、购置、安装、使用、维护、修理、改造，直至报废的全过程进行科学的管理。物流设备管理包括设备的物质运动和价值运动两个方面的管理工作。

物质运动是指从设备的设计、制造、选型、购置、安装、使用、维护、修理、改造，直至报废的物质运动过程；价值运动是指从设备的投资、折旧费、维护修理费、更新改造资金的提取和支出的资金运动过程。对物流设备的管理是对上述两种运动形态的全过程管理。对物质运动的管理称为设备的技术管理，对价值运动的管理称为设备的经济管理。其具体内容包括：

（1）根据设备的生产效率、投资效果、配套性和可靠性等，正确选用技术上先进、经济上合理、生产上适用的设备。

（2）根据设备的性能、使用要求、物流作业计划，合理使用物流设备，提高物流设备的使用率。

（3）及时、经常做好设备的维护保养工作，提高设备的完好率，延长设备的使用寿命。

（4）制定并认真贯彻物流设备的使用、维护、预防修理等管理制度。

（5）做好物流设备的验收、登记、保管、调拨、报废等日常管理工作。

（6）有计划、有步骤、有重点地进行设备的更新改造工作。

二、现代物流设备管理的一些概念

（一）设备寿命周期费用（LCC）

设备的寿命周期是指设备从规划、制造、安装调试、使用、维修、改造，直至报废的全过程从整体上保证和提高设备的可靠性、维修性和经济性，就要对设备实行全过程管理，这是设备管理改革的重要方向。

设备的寿命周期费用指设备在全过程中消耗的总费用，由原始费和使用费组成。原始费（设置费）是一次支出或集中在短期内支出的费用。自制的设备包括研究、设计和制造费用；外购设备包括价格、运输和安装调试等费用。使用费（运转维持费）是为了保证设备正常运行而定期支付的费用，包括能源费、固定资产税、保险费、维修费和操作工人工资等。设备寿命周期费用的计算公式为：

设备寿命周期费用＝购置费＋维持费用＋拆除费用－残值

设备周期费用的概念贯穿设备的一生，因此，追求寿命周期费用最为节省这一目标，必须贯穿设备运动过程的始终。只有在设备使用寿命中采取有效的管理措施，才能达到寿命周期费用最经济的目标。

因此，在进行设备经营决策时，不能只考虑设备寿命周期某一阶段（制造、采购、使用维修）的经济性，更要十分注重设备原始费和使用费总和的最经济。如在设计某种新设备时，既要考虑降低制造成本，又要考虑使用费用经济合理；在选择新设备时，不能贪图价格便宜，而要同时考虑到设备购置后的一系列其他费用。事实上，购置价格最便宜不一定寿命周期费用最低，而寿命周期费用最佳并不等于寿命周期费用最低，还应考虑设备的生产效率和对产量质量的保证程度等因素。在实际工作中，经济与技术是辩证的统一，因为经济效益是推动生产工具发展的直接动力，只有技术先进、经济合理的新机器设备才能得到广泛应用，所以设备管理的计划、购置、使用、更新、改造等环节均须按技术先进和经济合理的原则进行经济效益分析，以此作为对诸多方案进行评价、选择和决策的主要依据，这也是提高经济效益的重要途径。

总之，通过技术和经济的科学管理措施，对企业的重要生产设备进行综合管理，做到全面规划，合理配置，择优选购，正确使用，精心维护，科学检修，适时改造和更新，使设备经常处于良好的技术状态，不断改善和提高企业的技术装备素质，使设备周期费用最经济，综合效能最高。

（二）设备综合效率

现代设备管理的另一个特点就是以追求设备综合效率最高为目标。所谓综合效率包括以下方面：产出生产量（Production），品质（Quality），交货期（Delivery），成本（Cost），安全、卫生、环境（Safety、Health、Environment），工作士气（Morale）。分析设备的综合效率可以从以下几个方面进行考核：

P——生产效率有没有提高的余地，动作时间能否缩短？

Q——品质稳定性、不良率是否增大，消费者抱怨情况如何。

C——材料有没有浪费？机械运转率高吗？间接人员是否过多？非作业时间多不多？

D——交货期是否经常有拖延？计划的准确度高吗？

S——有没有不安全的动作？环境中有没有安全隐患？设备操作正常吗？

M——员工精神状态怎样？人机关系配合怎么样？

PQCDSM 通常可以作为设备综合效益的评价，在评价时可以采用定性定量方式进行。将综合效益和寿命周期费用一起分析，可以进一步测算设备的费用效益，计算公式为：

$$费用效益 = \frac{综合效益}{寿命周期费用}$$

费用效益比值越大，说明选择的设备效益越好，而寿命周期费用最少，也越划算。

<h1 style="text-align:center">任务二　物流设备的配置</h1>

物流设备一般投资大，使用期限长。物流设备的配置与选择，是物流设备管理的开始阶段，更是影响物流设备管理水平和经济效益的关键，在配置与选择时一定要进行科学决策和统一规划。

一、物流设备配备的总体原则

设备选择总的原则是技术上先进、经济上合理。采用先进设备的目的，是为了获得最大的经济利益，而不是片面地追求技术上的先进。只有技术上先进和经济上合理两者一致时，先进的设备才有发展的生命力。一般说来，技术先进和经济合理是统一的。这是因为，技术上先进往往表现为设备的生产率高，能够保证作业质量。但是，由于种种原因，有时两者的表现是矛盾的。例如，某台设备的效率比较高，但能源消耗量大，或者设备零部件磨损快，这样从全面经济效果来衡量就不一定适宜了。再如，某些先进设备自动化水平和生产效率都很高，适合大批量作业，在作业量还不够大的情况下使用，往往会导致负荷不足，而这类设备价格又高，从经济效果的角度看是不合算的，因此，这样的设备是不可取的。通过以上分析可以看出，在选择机器设备时，必须全面地考虑到技术和经济的要求。通常应考虑以下几方面的内容。

（一）生产性

生产性又可以理解为实用性和适应性的原则，是指设备和设施的效率，如功率、行程、速率等一系列技术参数。物流设备的选择要与企业的业务量相匹配，力求做到设备的作业能力和现场作业量之间的最佳配合状态。当设备能力不能满足作业的要求时，物流受阻；反之，则表现为生产能力过剩，设备闲置。在选择设备时要充分地考虑生产使用的要求，只有按照必要的功能去选择物流设备，才能获得最大的投资效益。

（二）节能性

节能性是指设备和设施利用能源和节约能源的性能，如热效率、能源利用率等。节能性能好的设备表现在热效率高，能源利用率高，能耗低和环保性能好。在当今能源紧张的情况下，节能性越来越成为配置设备时考虑的一项重要因素。

（三）耐用性

耐用性指设备和设施的使用寿命的长短。该寿命表现在技术寿命和物理寿命两个方面。设备的技术寿命是指设备在技术上有存在价值的期间，即从设备开始使用，至被技术上更为先进的新型设备所淘汰的全部经历期，技术寿命的长短取决于设备无形磨损的速度。设备的物理寿命是指反映设备以全新状态投入生产开始，经过有形磨损，直到在技术性能上不能再使用为止时所经历的时间，它与设备的使用状况、维护保养状态有关。

（四）维修性

维修性是指设备和设施检查、维修的难易程度。选购设备和设施，要选择维修性好的设备，即设备和设施的结构合理，维修时便于检查和拆卸，零件互换性强，并且要求设备要配套，各种附属设备、配套设备、工具要齐全，便于购买和更换。

（五）可靠性和安全性

可靠性是指设备和设施的精度、准确度的可靠性等，也指设备在规定的时间和条件下，完成规定功能的能力，是物流设备功能在时间上的稳定性和保持性。安全性是指物流机械设备在使用过程中保护人身、货物安全，主要包括设备的自动控制性能、自动保护性能，以及对错误操作的防护和警示性能。

（六）系统性

系统性是指在配备物流设施设备时，采用系统的观点和方法，对物流设备和设施所涉及的各个环节要全局考虑，同时对设备间的相互配合方面进行全盘的考虑。要全面系统分析物流设备的单机性能，进行综合评价，作出正确决策，使整体性能最优。

（七）灵活性

灵活性是指设备和设施的适应性要强，能适应不同的工作条件和环境，操作、使用要灵活，通用程度要高。

（八）环保性

环保性是指在选择设备和设施时，要注意设备和设施的噪音以及排放物对环境的污染。

（九）经济性

经济性是指在选择设备和设施时，要充分考虑投资效果。它不仅仅指购置费用最低，还要考虑维护费用、维修费用，使设备的寿命周期费用最低。经济性是考虑设备的经济技术是否可行、经济上是否合理的重要依据和标志。

物流企业选择设备应从技术和经济两方面通盘考虑上述的各种因素，才能为企业提供最优质的设备。

二、物流设备配备选择的过程

在物流设备规划选择方法上，最关键的问题是如何花最少的钱，达到最理想的物流运作目标。在进行物流设备配置时可以发现，最好的设备不见得最适合作业需求，但是最适合作业需求的设备往往就是最好的。实践证明，物流设备规划与选择应该遵循以下步骤。

（一）描述物流作业功能需求

设备规划与选择方法论的第一个步骤，是详细说明设备必须履行的功能——服务于作业目标。所选设备用来做什么？这个问题至关重要，这也是所有物流管理者在开始确定设备方案之前必须准确回答的问题。缺乏对设备作业需求的充分说明和设备应该具备的最佳能力的描述，将会导致所选设备不匹配的后果。令人遗憾的是，近些年来在中国的物流设施案例中，出现了太多"大马拉小车"和好大喜功的做法。

在为物流中心指定恰当的设备之前，必须对作业、动作、流程，以及在运行的系统有一个清晰的理解。对仓库内的某个作业如何影响其他作业，从设备选择的角度来看是极其重要的。例如，叉车搬运前，是否有必要选择规划可伸缩式输送系统以提高非单元化货品的卸货效率。

在具体操作中，应列举机械要求、空间需求，并让与备选设备有关的所有物流作业成员参与评论，以确认没有遗漏任何要素，并以此需求为出发点，着手制定设备/系统方案。

（二）拟定初步方案

设备规划与选择的第二个步骤是初步拟定设备方案来满足已确定的作业要求。在设备规划过程中，其目的不是确定设备方案的详细规格，而是确定设备的一般分类。以货架设备为例，首先要确定设备方案是以托盘货架还是悬臂式货架为分类依据；然后，在设备规划与选择过程中的第四和第五个步骤中，再制定更详细的规格形式，如采取镀锌还是表面喷塑工艺。在进行设备规划与选择拟定初步方案的基础上，制定时间进度，即用管理工程的方法对设备购入及施工项目进行分析，明确应管理的项目，作出时间进度计划。

（三）设备预算

进行设备预算时需要制定基本预算书，即明确必要的物流作业设备项目，针对设备购入、支持物流的信息系统设备制定预算书。目的不明的预算会浪费资金，也会造成计划进度的延迟，事后的费用追加也会造成资金的紧张和预算的膨胀。因此，必须对设备的费用做一个比较详尽、可靠的预算。

（四）对设备进行经济技术评价

评估方案过程中，最重要的一点是定量（经济评估）与定性分析相结合。定性分析就是对研究对象进行"质"的方面的分析。具体地说是运用归纳和演绎、分析与综合以及抽象与概括等方法，对获得的各种材料进行思维加工，从而去粗取精、去伪存真、由此及彼、由表及里，达到认识事物本质、揭示内在规律的目的。

定性分析常被用于对事物相互作用的研究中。它主要是解决研究对象"有没有"或者"是不是"的问题。在进行设备选择时定性分析常考虑的问题有：满足作业能力、满足物流量波动的能力、灵活性（方便重新布置）、空间利用程度、安全性和设备易维护性、工作条件和雇员满意度、方便管理程度、操作难度、故障率及故障损失、备品备件数量、可扩展性、人事问题、失业人员的处置需求、劳动合同约定和工会因素、投入使用时间、环境要求、公共关系效果等。定量分析，也称为经济评价法，通俗讲就是用数字说话。首先是计算成本，通常成本分为两类，即投资成本和年运行成本。最普遍的投资成本是设备的采购、安装、调试费用。年运行成本是使用设备过程中不断发生的费用。典型的年运行成本项目包含物流作业人员的工资、设备维护费、税费和保险费等。

（五）选择物流设备和物流设备供应商

这个阶段的重要工作是说明设备需求的详细规格。同时应接触供应商，详细咨询供应商资质及设备的说明。对供应商的考核工作可以从以下几个方面入手。

1. 响应方面

响应方面的内容包括货物供应商是否在承诺时间内提供设备并安装到位，是否在承诺时间内做好准备及业务处理工作等内容，服务偏差度是否在控制范围内。

2. 价格方面

价格方面的内容包括供应商是否按照协议价格提供设备或安装服务，是否根据市场价的变化而调整价格并及时向采购办提供价格调整信息，所提供的设备价格是否高于市场上同品牌同型号原装产品的普遍价格。

3. 质量方面

质量方面的内容包括货物类供应商供应的货物是否为原装正规产品，是否完全符合协议规定的质量、规格和性能，是否存在因包装、设计、工艺、材料或服务的缺陷而产生的故障，服务类供应商提供的例如会议场所、客房和饭菜质量等服务是否符合定点协议约定，保单的正确率、车辆维修的返修率是否低于行业标准等。

4. 服务方面

服务方面包括售后服务是否及时、周到、良好等。

任务三　物流设备的使用管理

设备的使用是设备寿命周期中所占时间最长的环节。做好设备的使用管理工作，具有以下必要性：可以为设备创造良好的工作环境和条件；合理配备操作工人；严格操作程序，保证设备精度，减少设备的磨损，提高设备利用率，实现设备满负荷运转，发挥设备的综合效益。物流设施与设备的使用管理包括设备的组织管理、技术管理、安全管理和经济管理等具体内容。

一、设备使用管理的基本要求

物流设备使用管理的基本要求是：保持设备良好的技术状态，进行合理的生产组织，充分发挥物流设备的效能，安全、高效、优质、低耗地完成所负担的作业任务，并取得最佳的经济效益。具体来说要做到以下几点：

（1）要为各类设备合理地安排生产任务。使用设备时，必须根据工作对象的特点，合理安排生产任务，避免人为的损失。这里包括两个方面的内容：一方面，要严禁设备超负荷运转，不要"小马拉大车"；另一方面，也要避免"大马拉小车"，造成设备和能源的浪费。

（2）切实做好工人操作设备的技术培训工作。工人在操作、驾驶、使用设备之前，必须学习有关设备的性能、结构和维护保养知识，掌握操作技能和安全技术规程等必需的知识和技能，经过考核合格后，方可使用设备。在管理中，要严禁无证者操作或驾驶。

（3）创造设备使用良好的工作条件和环境。要安装必要的防护、防潮、防腐、保暖、降温等装置，在环境恶劣的条件下（如雨天、风天等）禁止作业。

（4）要针对设备的不同特点和要求，制定一套科学的规章制度。需要制定的规章制度包括：安全操作规程、岗位责任制、定期检查维护规程等。在这些制度里，具体规定了各类设备的使用方法、操作和维护保养的要求，以及其他有关注意事项。

二、物流设备的正确使用

正确使用物流设备，包括技术合理和经济合理两方面的内容。技术合理就是按有关技术文件上规定的物流机械设备性能、使用说明书、操作规程、安全规则、维护和保养规程，以及不同的工作状况、工作环境、自然条件下的使用要求，正确操作使用物流机械设备。经济合理就是在物流机械设备性能允许范围内，能充分发挥物流机械设备的效能，通过高效、低耗获得较高的经济效益。

（一）物流机械设备正确使用的衡量标志

评价物流机械设备是否属于正确使用，可以由以下三个方面的指标作为考察的主要标志。

1. 高效率

物流机械设备的使用，必须使其作业能力得以充分发挥。在物流作业流水线所需的设备中或综合机械化组合中，至少应使其主要物流机械设备的物流作业能力得以充分发挥。物流机械设备如果长期处于低效运行状态，就是不合理使用的主要表现。

2. 经济性

在物流机械设备使用已经达到高效率时，还必须考虑经济性的要求。经济性要求是物流机械设备在完成一定工作量的物流作业时所需使用费成本最低。不同的物流机械设备，不同作业性质，都具有各自相应的经济性指标。如在码头前沿作业的港口抓斗起重机，各个港口的管理部门都制定有"最经济指标"。如果使用费成本经常高于这一定值，为不正确使用。

3. 非正常磨损防护

物流机械设备的正常磨损是物质运动的规律，即使是正确使用和精良的维护保养，也是无法避免出现磨损的。但是，非正常磨损往往是可通过有效防护得到避免或者杜绝的。机械设备非正常磨损的防护指标，一般以零部件和结构件的早期磨损、过度磨损、事故损伤频度以及各种使原有技术性能受到损害或缩短使用寿命的程度来考察机械设备是否正确使用。

以上三个是衡量物流机械设备是否做到正确使用的主要标志。影响上述要求能否达到的因素是多方面的，既有物流作业设计方面、专业人员素质方面和运行管理方面的因素，也有各种技术措施方面的因素等。正确使用物流机械设备就是对这些因素进行分析和研究，找出有效的解决办法。

（二）物流机械设备使用的管理制度

1. 物流设备的"三定"管理

为了严格设备使用责任制度，一种有效的方法就是对设备使用者实行"三定"管理。所谓"三定"制度，是指对机械实行"定机""定人""定岗"。各机械拥有单位要通过"三定"制度，把人、机固定下来，确保机械使用过程中的每个环节、每项要求、每项工作都具体落实到每个人身上，做到人人有岗位、事事有专职、台台设备有人管理，责任到位。

一人操作一台或多台机械设备时即为该机械设备负责人，承担班长职责；班组共同使用的设备以及一些不宜固定操作人员的机械设备应由所在班组的班组长设专人负责；多班作业或多人操作的机械设备应任命一人为总负责人。

对主要机械设备实行组长负责制，组长应选择责任心强、有一定技术水平和组织能力的人员担任。

2. 机械操作交接班管理

对于连续运转和多班制工作的物流机械设备，要建立严格的交接班制度。物流机械设备交接班时，交接双方都要全面检查，做到不漏项目，交代清楚，由交方负责填写交接记录。接方在核对相符并签收后，交方才能下班。交接班制主要包括以下内容：交清本班次生产作业任务的完成情况；交清物流机械设备运转情况；交清保养修理与技术监测情况；填写本班运行记录。物流机械设备管理人员应经常检查交接班记录的填写情况，并作为操作人员日常考核的依据之一。

3. 凭证操作制度

为了加强物流机械设备使用和操作人员管理，保证设备完全运转，一些物流机械设备如载货汽车、起重机等的操作人员，需要经过该机种的技术考核合格后，取得操作证，方能独立操作该种机械设备。

4. 岗位责任制度

为了加强操作人员和管理人员的工作责任心，安全高效地完成生产作业任务，必须遵守岗位责任制。岗位责任制主要包括以下内容：严格遵守"三定"制度、凭证操作制度、操作维护规程；加强学习，掌握技能，做好点检、日常维护、定期保养工作；参与所操作设备的检查和修理工作，并对外包修理项目进行技术验收；不违章作业，抵制违章指挥；认真执行交接班制度，填好设备运行记录；若发生事故，按有关规程采取相应的制止措施；管理好使用的工、属具等。

5. 使用管理监督检查制度

为保证物流机械设备的正确使用管理，应根据有关规定，结合实际情况制定切实可行的使用管理、监督检查制度。

（三）物流机械设备正确使用的注意事项

正确、合理地使用物流机械设备，能使设备减轻磨损，保持良好的工作性能，更好地发挥设备的效能，延长设备的使用寿命。为此，在物流机械设备的使用中，应做好如下工作：

（1）健全组织保障体系，做好设备安装工作。从企业领导到一线操作人员都应树立起关心设备、爱护设备的思想，使人人都参与设备管理。在使用前要严格按质量标准安装设备，安装后要经试运转验收合格后才能投入使用。

（2）合理安排设备的工作量负荷。在安排设备工作量时，应根据设备本身的技术操作要求和物流作业的任务量，经过科学的计算，合理确定。不同物流机械设备，其性能、结构、效率、使用范围、工作条件和能力都不相同，所以在安排工作量时，要按照设备的不同技术条件分别确定，既要充分发挥设备的效能，有利于提高设备利用率，又要防止设备的过度疲劳和磨损，更不允许超负荷使用。合理安排设备的工作量也为设备的计划检修打下基础。

（3）加强对操作人员的规范管理。要做到正确使用设备，必须使设备的操作、使用人员熟知设备的性能、操作和使用程序。这就要求不断地对操作使用人员进行技术培训，严格考核制度，不断提高操作人员的操作技术水平。合格的操作人员必须做到"四懂四会"，即懂性能、懂结构、懂原理、懂用途，会使用、会维护保养、会检查、会排除故障。

（4）做好物流机械设备使用的技术供应工作。要及时提供规格、质量符合要求的燃油、润滑油、液压油、备品配件等，以及轮胎、钢丝绳等替换零部件，这是保证物流机械设备正常运行的物质条件。

（5）健全和完善物流机械设备使用管理制度，并督促制度的贯彻执行。同时，定期开展物流机械设备使用检查评比活动。

三、物流机械设备的维护保养管理

（一）物流机械设备保养管理的基本内容

物流机械设备要经常处于完好状态，除了正确使用设备之外，还要做好维护保养工作。维护保养工作做得好，设备不但能保持正常运转，减少设备的故障及修理次数，还能延长设备的使用寿命。

维护保养是指对设备进行清洁、润滑、紧固、调整、防腐、检查等一系列工作的总称，其目的是减缓设备的磨损，及时发现和处理设备运行中出现的异常现象。

由于物流机械设备结构、性能和使用方法不同，设备维护保养工作的具体内容也不完全一致。但设备维护保养的基本内容是一致的，即清洁、安全、润滑、防腐、检查。

清洁是指各种物流机械设备要清洁，做到无灰、无尘、整齐，保持良好的工作环境。

安全是指设备的保护装置要齐全，各种装置不漏水、不漏油、不漏气、不漏电，保证安全，不出事故。

润滑是指设备要定时、定点、定量加油，保证润滑面正常润滑，使设备运转畅通；防腐是指要防止设备腐蚀，提高设备运行的可靠性和安全性。

要实现上述维护保养，必须加强维护保养管理，在维护保养过程中严格遵守有关作业制度和注意事项、操作程序、维护保养规程和规范。

（二）物流机械设备的三级保养制度

设备维护保养的方法很多，无论采用哪种方法，其目的都是为了使设备保持其良好性能，提高设备效率，降低成本，更好地为物流作业服务。

1. 设备的日常维护保养

物流机械设备的日常维护是全部维护工作的基础。它的特点是经常化、制度化。一般日常维护保养包括班前、班后和运行中的维护保养，参加日常维护保养的人员主要是操作工人。工人要严格按操作规程操作，集中精力工作，注意观察设备运转情况和仪器、仪表，通过声音、气味发现异常情况。设备不能带病运行，如有故障应停机检查后及时排除，并做好故障排除记录。

日常维护保养的内容大部分集中在设备的外部，其具体内容有：搞好清洁卫生；检查设备的润滑情况，定时、定点加油；紧固易松动的螺丝和零部件；检查设备是否有漏油、漏气、漏电等情况；检查各防护、保险装置及操纵机构、变速机构是否灵敏可靠，零部件是否完整等。

2. 设备的一级保养

设备的一级保养是要使设备达到整齐、清洁、润滑和安全的要求，减少设备的磨损，消除设备隐患，排除一般故障，使设备处于正常技术状态。通过一级保养，操作者要逐步熟悉设备的结构和性能。设备一级保养的具体内容有：对部分零部件进行拆卸清洗，部分配合间隙进行调整，除去设备表面斑迹和油污，检查调整润滑油路，保持通畅不漏，清洗附件和冷却装置等。

参加一级保养的人员以操作工人为主，维修工人为辅。保养一般以月为频率进行或设备运行 500~700 h 后进行。每次保养之后，要填写保养记录卡，由保养工作人员记录，并将其装入设备档案。

3. 设备的二级保养

设备的二级保养，又称为年保，其主要目的是延长设备的大修周期和使用年限，使操作者进一步熟悉设备的结构和性能，使设备达到完好标准，提高及保持设备的完好率。

设备二级保养的具体内容有：根据设备使用情况进行部分或全部解体检查或清洗；检查、调整精度，校正水平；检修电器箱、电动机，修整线路；对各传动箱、液压箱、冷却箱清洗换油；修复和更换易损件。

参加二级保养的人员以维修工人为主，操作工人为辅。保养时间一般按一班制考虑，一年进行一次，或设备累计运转 2 500 h 后进行。保养后，要填写保养记录卡。

任务四　物流设备的维修管理

物流机械设备在使用过程中，由于各零件的磨损、老化、腐蚀或由于不正常操作等原因，在使用了一定的寿命期限后，其技术性能和使用性能必然会下降，使维持费用增加，这时必须根据不同情况，采取修理、更新和技术改造等补偿措施。

一、物流设备的磨损理论

（一）设备磨损的分类

设备的磨损包括设备使用过程中的磨擦磨损，零件的老化、贬值、陈旧等，包括有形磨损和无形磨损两个方面的内容。

1. 设备的有形磨损

设备的有形磨损是指设备发生实体上的磨损，即机器设备在使用过程中因震荡、摩擦、腐蚀、疲劳或在自然力作用下造成的设备实体的损耗，也称物质磨损。有形磨损又可以分为以下两种情况：

（1）第一种有形磨损：在使用过程中，由于摩擦、应力及化学反应等原因造成的有形磨损，又称为使用磨损。表现为：零部件尺寸变化，形状变化；公差配合性质改变，性能精度降低；零部件损害。

（2）第二种有形磨损：不是由于使用而产生的，而是源于自然力的作用所发生的有形磨损，又称自然磨损。表现为：金属件的生锈、腐蚀，橡胶件和塑料件的老化等。

有形磨损规律：设备有形磨损的发展过程具有一定的规律性，一般分为三个阶段。第 I 阶段：初期磨损阶段。此阶段磨损速度快，时间跨度短，对设备没危害，为必经阶段，称为"磨合"或"跑合"。第 II 阶段：正常磨损阶段。此阶段为最佳运行状态，磨损速度缓慢，磨损量小，曲线呈平稳状态。第 III 阶段：急剧磨损阶段。此阶段磨损速度非常快，使精度和强度丧失，导致事故概率急升。

2. 设备的无形磨损

设备的无形磨损不表现为实体的变化，却表现为设备原始价值的贬值，又称为精神磨损。无形磨损分为两种情况：

（1）第一种无形磨损：由于设备制造工艺的不断改进，劳动生产率不断提高，致使生产同种设备所需要的社会平均劳动减少，成本降低，从而使原已购买的设备贬值，该种磨损不影响设备功能。

（2）第二种无形磨损：由于社会技术的进步，出现性能更完善和效率更高的新型设备，致使原有设备陈旧落后，丧失部分或全部使用价值，又称为技术性无形磨损。这种磨损的后果是使生产率大大低于社会平均水平，因而生产成本大大高于社会平均水平。

（二）设备磨损的补偿

要保持设备的正常运行，并使其处于良好的技术状态，就必须对其磨损进行必要的补偿。根据磨损的情况不同，采取补偿的方式也不一样。对于有形磨损的补偿是修理，对于无形磨损的局部补偿是技术改造，而对于不可消除的有形磨损和无形磨损的完全补偿是设备的更新。

二、物流设备的维修管理

设备修理是对设备的磨损或损坏所进行的补偿或修复，其实质是补偿设备的物质磨损。

（一）设备的故障规律

设备故障是指设备在其寿命周期内，由于磨损或操作使用等方面的原因，使设备暂时丧失其规定功能的状况。设备的故障可以分为突发故障和劣化故障两种。

（1）突发故障：突然发生的故障。发生时间随机，较难预料，设备使用功能丧失。

（2）劣化故障：由于设备性能的逐渐劣化所引起的故障。发生速度慢，有规律可循、局部功能丧失。

设备维修期内的设备故障状态分三个时期：

① 初始故障期：该阶段故障率比较高，故障主要是材料缺陷、设计制造质量差、装配失误、操作不熟练等原因造成。随着设备使用过程中的不断调整改进，故障发生率会随着时间的延长而下降。

② 偶发故障期：该阶段设备已经进入正常运转阶段，故障率低且稳定。故障原因多为操作失误、保养不善、使用不当等外部随机因素引起的。偶发故障期是设备的实际使用期，通常会持续相当长的时间。在使用过程中应严格注意故障发生前的异常现象并及时消除，使故障率得到适当降低。

③ 耗损故障期：该阶段设备的零件已经老化，故障率急剧升高，磨损严重，有效寿命即将结束。通过有计划地更换零件与维护保养可以减少故障，延长设备的使用寿命。故障发生率的统计描述是决定设备维修管理的重要依据。在初期故障期，主要找出设备可靠性低的原

因，进行调整和改进，保持设备故障率稳定；在偶发故障期，应注意提高操作工人与维修工人的技术水平；在耗损故障期，应加强设备的日常维护保养、预防检查和计划修理工作。

（二）物流设备的修理类别

根据维修内容和技术要求以及工作量的大小，对设备维修工作进行划分，预防修理分为大修、项修（中修）和小修三类。

1. 小　修

设备小修是工作量最小的计划维修。对于实行状态监测维修的设备，小修的内容是针对日常点检、定期检查和状态监测诊断发现的问题，拆卸有关部件，检查、调整、更换或修复失效的零件，以恢复设备的正常功能。对于实行定期维修的设备，小修的主要内容是根据掌握的磨损规律，更换或修复在维修间隔期内即将失效的零件，以保证设备的正常功能。

2. 项　修

项修也叫中修，是项目维修的简称。它是根据设备的实际情况，对状态劣化已难以达到生产工艺要求的部件进行针对性维修。项修时，一般要进行部分拆卸，检查、更换或修复失效的零件，必要时对基准件进行局部维修和精度调整，从而恢复所修部分的精度和性能。项修的工作量视实际情况而定，项修具有安排灵活、针对性强、停机时间短、维修费用低、能及时配合生产需要、避免过剩维修等特点。对于大型设备、组合机床、流水线或单一关键设备，可根据日常检查、监测中发现的问题，利用生产间隙时间（节假）安排项修，从而保证生产的正常进行。目前我国许多企业已较广泛地开展了项修工作，并取得了良好的效益。

3. 大　修

设备的大修是工作量最大的计划维修。大修主要包括以下内容：对设备的全部或大部分部件解体；修复基准件，更换或修复全部不合格的零件；修复和调整设备的电气及液、气动系统；修复设备的附件以及翻新外观等。大修要全面消除修前存在的缺陷，恢复设备的规定功能和精度。

（三）设备维修方式

设备的维修方式是企业选择的一项设备维修制度，是指设备的维修保养、检查、修理中采取的一系列技术组织措施的总称。目前的维修方式主要有事后维修方式、预防维修方式、改善维修方式、改造维修方式等维修制度。

1. 事后维修方式

设备发生故障或性能、精度降低到合格水平以下，因而不能再使用所进行的非计划性维修称为事后维修，也就是通常所称的故障维修。

物流设备发生故障后，往往给生产造成了较大损失，也给维修工作带来了困难。但对有些故障停机后再维修而不会给生产造成损失的设备，采用事后维修方式可能更经济。例如针对结构简单、利用率低、维修技术不复杂和能及时获得维修使用的配件，且发生故障后不会影响生产任务的设备，就可以采用事后维修方式。

2. 预防维修方式

为了防止设备的功能、精度降低到规定的临界值或降低故障率，按事先制定的计划和技术要求所进行的修理活动，称为设备的预防维修。国内外普遍采用的预防维修方式是定期维修和状态监测维修。近年来国外提出的以可靠性为中心的维修（RCM）和质量维修（QM）也属于预防维修方式。

（1）定期维修：这是一种以时间为基础的预防维修方式。它具有对设备进行周期性修理的特点，是根据设备的磨损规律，预先确定修理类别、修理间隔期及修理工作量；所需的备件、材料可以预计，因此可作较长时间的安排；修理计划的确定是按设备的实际开动时数为依据。

定期维修方式适用于已充分掌握设备磨损规律和在生产过程中平时难以停机维修的流程生产设备、自动化生产线中的主要生产设备及连续运行的动能生产设备。

实践经验表明，实行定期维修方式的同类设备的磨损规律是有差异的。即使是同型号的设备，由于出厂质量、使用条件、负荷率、维护优劣等情况的差别，按照统一的维修周期结构安排计划维修，也会出现以下问题：一是设备的技术状况尚好，仍可继续使用，但需按规定的维修间隔期进行大修，造成维修过剩。二是设备的技术状态劣化已达到难以满足产品要求的程度，但由于未达到规定的维修间隔期而没有安排维修计划，造成失修。为了克服上述弊端，吸收状态监测维修的优点，对实行定期维修的设备也采用了设备状态监测诊断技术，以求切实掌握设备的技术状态，并适当调整维修间隔期。

（2）状态监测维修。状态监测维修是以设备实际技术状态为基础的预防维修方式。一般采用设备日常点检和定期检查来查明设备技术状态。状态监测维修可以针对设备的劣化部位及程度，在故障发生前，适时地进行预防维修，排除故障隐患，恢复设备的功能和精度。

实行这种维修方式，如采用精密监测诊断技术判断设备技术状态时，亦称预知维修。状态监测维修方式的主要优点是既能使设备经常保持良好状态，又能充分利用零件的使用寿命。对于有生产间隙时间（指两班制生产的第三班和法定节假日，国外称为"维修窗口"）和企业生产过程中存在可以安排维修的设备，均可采用这种维修方式。

设备状态精密监测诊断技术宜用于重大关键设备和生产线上的重点设备，不宜解体检查的设备（如高精度机床），故障发生后会引起公害的设备等。利用日常点检、定期检查和简易诊断技术来获取设备状态信息的方法则会得到广泛应用。

3. 改善维修方式

所谓改善维修，是采用新工艺、新方法对设备维修作业工艺进行改进，改善维修对提高维修水平、提高设备维修质量有极大的促进作用。

4. 改造维修

针对设备结构进行改造的维修活动，称为改造维修。改造维修意在提高设备的性能或增强设备的可靠性。采取此种施工应持慎重态度，应事前有论证、有批准，事后有评估。

针对在用设备的维修，必须贯彻预防为主的方针。应根据企业的生产方式、设备特点及其在生产过程中的重要性，选择适宜的维修方式，通过日常和定期检查、状态监测和故障诊断等手段切实掌握设备的技术状态。根据产品质量产量的要求和针对设备技术状态劣化状况，分析确定维修类别，编制设备预防性维修计划。修前应充分做好技术和生产准备工作，尽可能地利用生产间隙时间，适时地进行维修。维修中积极采用新技术、新材料、新工艺和现代管理方法，以保证维修质量，缩短停歇时间和降低维修费用。

应提倡结合设备维修改造，对频发故障部位或先天性缺陷进行局部结构或零部件的改进设计，结合设备维修进行改装，以达到提高设备的可靠性和维修性的目的。

任务五　物流设备的更新和技术改造

随着设备在生产中使用年限的延长，设备的有形磨损和无形磨损日益加剧，导致故障率增加，可靠性相对降低，使用费上升。其主要的表现为设备大修理间隔期逐渐缩短，使用费用不断增加，设备性能和生产率降低。当设备使用到一定时间以后，继续进行大修理已无法补偿其有形磨损和全部无形磨损，虽然经过修理仍能维持运行，但很不经济，而解决这个问题的途径是进行设备的更新和改造。

一、物流设备的更新

（一）设备更新的概念

从广义上讲，补偿因综合磨损而消耗掉的机械设备，称为设备更新。它包括总体更新和局部更新，即包括设备大修理、设备更新和设备现代化改造。从狭义上讲，设备更新是指以结构更加先进、技术更加完善、生产效率更高的新设备去代替物理上不能继续使用，或经济上不宜继续使用的设备，同时旧设备又必须退出原生产领域。

根据目的不同，设备更新分为两种类型：一种是原型更新，即简单更新，也就是用结构相同的新设备来更换已有的严重性磨损而物理上不能继续使用的旧机器设备，主要用于解决设备损坏问题；另一种更新则是以结构更先进、技术更完善、效率更高、性能更好、耗费能源和原材料更少的新型设备，来代替那些技术陈旧，不宜继续使用的设备。

（二）设备的报废

有设备的更新就有设备的报废，设备的报废必须按制度、按程序进行。设备经长期运行使用，不断磨损、老化，生产效率、安全性、可靠性不断下降，对这些设备就应进行报废处理。凡满足下列情况之一者，就可以办理设备报废。

（1）经长期使用或发生重大、特大事故，基础件已严重损坏，修理后其技术性能也不能达到生产工艺要求的。

（2）设备老化，技术性能落后，耗能高（超过定额标准20%以上），效率低，经济效益差的。

（3）维修费用过高（一次大修超过原值50%以上），如继续使用，在经济上不合算的。

（4）机型已淘汰，性能低劣，又不能降级使用的。

（5）主要零、部件无法补充而长期失修的。

（6）严重污染环境，危害人身安全与健康，进行改造又不经济的。

设备报废后，要认真处理残体，回收残值。对于危险性和危险性大的设备，如起重设备、叉车等，除按一般报废程序办理外，还需办理报废申报与注销手续。

经检验评定判废的设备，由检验单位出具书面报告，同时报送该设备使用登记的安全监察机构。设备报废后，使用部门应将该设备使用证、使用登记表、检验报告及时向原使用登记的安全监察机构办理报废注销手续。原使用登记的安全监察机构确认后，在上述文件上加盖报废和注销标记，并收回设备的使用证和注册铭牌。同时应及时销毁报废设备，防止其流失而给社会造成事故隐患。

（三）设备更新的时机

设备更新必然要考虑经济效益，那么什么时候更新在经济上最有利，取决于更新时机的选择。设备更新时机的选择要以设备的寿命时间长短为依据。由于计算的依据不同，设备的寿命周期可以分为物质寿命、技术寿命、经济寿命。

1. 设备的物质寿命

设备的物质寿命又称为自然寿命或物理寿命，是指设备实体存在的时间的长短，即设备投入使用到报废所经历的时间。换句话说，就是设备的物质寿命期限已到，设备已经无法正常使用。

2. 设备的技术寿命

设备的技术寿命是指设备在技术上有存在价值的时间，即从设备开始使用到到技术落后而被淘汰所经历的时间。设备的技术寿命取决于设备的无形磨损速度。科学技术的发展加快了设备的更新换代速度，使设备的技术寿命缩短。要延长设备的技术寿命就必须进行设备的技术更新改造。

3. 设备的折旧寿命

设备的折旧寿命是指设备从购进到其在财务账簿上账面价值为零所经历的时间，此时，设备的累计折旧已经能完全补偿设备的固定资产投入。

4. 设备的经济寿命

设备的经济寿命是指设备从开始使用（或闲置）时起，至由于遭受有形磨损和无形磨损（贬值）再继续使用在经济上已经不合理位置的全部时间，即设备从全新状态安装投入使用之日起，到其年寿命总费用最低年份而被迫退出原定服务功能为止的时间，通常是指设备平均使用费用最低的年数。超过该年数，如不进行设备更新改造，设备的费用就会大幅增加。一般情况下，设备的经济寿命终了，也就是设备更新的最佳时期，前提条件是在设备达到经济寿命年限以前，该设备技术上仍然可用，不存在技术上提前报废的问题。

5. 其他方面

除了设备的技术经济寿命方面的考虑，还应在以下时机考虑对设备进行更新，主要包括：

（1）宏观环境给予的机会或限制。例如，国家鼓励技术更新，出台相应的优惠更新政策或制裁继续使用陈旧落后设备的政策；国家鼓励行业的发展，使企业有很好的投资机会；与企业有关的国际市场出现有利于投资或紧缩的新形势等。

（2）微观环境中出现的机遇。例如，对方以较低的费用出让优良设备，而本企业可用。对于信息灵通、社会关系良好、背景条件有利的单位及个人，遇到这种机会的概率较大。

（3）企业生产经营的迫切需要。如某物流企业所处的经济环境正值国家大量投入发展，业务量增长很快，有很好的市场前景。

二、物流设备的技术改造

（一）物流设备技术改造的概念

设备的现代化技术改造是指为了提高企业的经济效益，通过采用国内外先进的、适合我国情况的技术成果，改变现有设备的性能、结构、工作原理，以提高设备的技术性能或改善其安全、环保特性，使之达到或局部达到先进水平所采取的重大技术措施。

对现有企业的技术改造，包括对工艺生产技术改造和装备改造两部分内容，而工艺生产技术改造的绝大部分内容还聚焦于设备改造，所以设备工作者要重视技术改造。技术改造包括设备革新和设备改造的全部内容，不过其范围更广泛，既可以是一台设备的技术改造，也可以是一个工序、一个流程，甚至一个生产系统的技术改造。

（二）设备技术改造的目标与着眼点

企业进行设备改造主要是为了提高设备的技术水平，以满足生产要求，在注意经济效益的同时还必须注意社会效益。为此，企业应注重从以下几个方面进行物流设施设备的技术改造。

1. 提高设施设备的工作能力并提高效率

设备经过改造后，要使原设备的技术性能得到改善，提高设施设备的工作能力并提高效率，使之达到或局部达到新设备的水平，满足物流作业的要求。比如：改普通货架为重力式货架，提高了仓库的存储能力，并提高了作业的效率，节省了工作环节和费用；增加起重机械的吊具和叉车的叉具，实现"一机多用"；改进费事费时的机械式台秤，改为电子秤，提高工作效率；改以往的普通货车为专用货车，实现合理运输等。

2. 通过技术改造，改变作业流程，实现机械化操作

物流作业流程的规划，依赖于设施设备的配置，通过设施设备的技术改造改变落后的物流作业流程。比如：通过条码技术和射频技术的使用，改变靠人力识别、记录、输送物品信息的作业流程；采用托盘技术，改变运输、装卸、搬运、储存的作业流程，从而实现机械化操作。

3. 提高设备运行安全性

安全是最大的节约，对影响人身安全的设备，应进行针对性改造，防止人身伤亡事故的

发生，确保安全生产。

4. 要大力提升物流企业的信息化水平

利用现代信息技术改造传统物流，推广条形码、EOS（电子订货系统）、EDI（电子数据交换）、DRP（配送需求计划）、ASS（自动分拣系统）等先进的物流技术，提高物流企业货物存储、分拣、加工、配送等环节的服务效率和运作质量，充分整合物流信息资源，建立公共信息平台，实现资源共享、数据共用、信息互通。

5. 进行标准化与模块化改造

当前，经济全球化特征日渐明显，中国入世更加快了企业的国际化进程。物流装备也需要走向全球化，而只有实现了标准化和模块化，才能与国际接轨。因此，标准化、模块化成为物流装备发展的必然趋势。标准化既包括硬件设备的标准化，又包括软件接口的标准化。通过实现标准化，可以轻松地与其他企业生产的物流装备或控制系统对接，为客户提供多种选择和系统实施的便利性。模块化可以满足客户的多样化需求，可按不同的需要自由选择不同的功能模块，通过灵活组合，增强系统的适应性。同时模块化能够利用现有空间，根据货物存取量的增加和供货范围的变化进行调整。

6. 智能化与人性化改造

科技的进步使物流装备越来越重视智能化与人性化设计，从而降低工人的劳动强度和改善他们的劳动条件，使操作更轻松自如。

世界领先的林德公司推出多项改进设计，使叉车更具人性化。例如，叉车的低重心设计，使上下更加方便；侧向座椅设置，使驾驶叉车更容易；配有电子转向功能，不管搬运多重的货物，所需转向力均小于 10 N，仅为传统堆垛车的 1/10，使操作更为轻松；其自动对准功能与故障自我诊断功能可以使叉车更加智能化。再如，堆垛机的地上控制盘操作界面采用大屏幕触摸屏和人机对话方式，堆垛机的各种状态与操作步骤均能清楚地显示出来，即使是初次使用也能实现自如操作。今后，智能化操作盘将成为更多自动仓库系统供应商的优先选择。

7. 绿色化与节能化

随着全球环境的恶化与人们环境保护意识的增强，有些企业在选用物流装备时会优先考虑对环境污染小的绿色产品或节能产品。因此，有远见的物流装备供应商也开始关注环保问题，采取有效措施以达到环保要求。如尽可能将废气排放量减少到最低水平，采用新的装置与合理的设计，降低设备的震动、噪音与能源消耗量等。

实训设计　参观物流自动化企业

一、实训目标

通过本次实训，使学生了解自动化立体仓库中各种设备的工作原理，掌握各种入库验收方法、货物出库流程，认识自动分拣系统的各种设施、设备，熟悉自动分拣系统的工作流程，认识电子标签的组成部分，了解电子标签系统的工作流程，让学生从企业现场体会信息技术在自动化立体仓库中所起到的作用。

（一）一般职业能力

（1）对工作环境熟悉、观察的学习能力。
（2）与同学合作完成任务的能力。
（3）一定的创新意识。
（4）通过学习指导书了解物流自动化技术的能力；
（5）编制实训报告的能力。

（二）专业职业能力

（1）了解全自动立体化仓库作业流程。
（2）了解电子标签系统的作业流程。
（3）掌握全自动立体化仓库进出库操作。
（4）了解自动分拣系统的作业流程。
（5）掌握货架的分类。

二、实训内容

到当地大中型物流企业参观实习，撰写实训报告。

三、实训所需的硬件、软件条件

（1）硬件条件：大中型的物流企业，具有先进的自动化立体仓库、自动分拣系统以及较完善的电子标签系统。
（2）软件条件。

四、实训的基本过程指导

参观自动化立体仓库的入库过程，同时了解自动化立体仓库入库过程的信息管理。
（1）高层货架系统。
（2）装卸搬运设备：托盘、堆垛机、叉车等。
（3）计量检验设备。
（4）自动控制系统。
参观电子标签系统的组成部分，了解电子标签系统功能的实现过程。
（1）条码扫描标签。
（2）单号显示标签。
（3）货位标签。
（4）结束标签。

参观自动化立体仓库的自动分拣系统，熟悉自动分拣系统的作业流程。

（1）前处理设备。

（2）分拣机系统。

（3）后处理设备。

（4）控制装置。

思考题

（一）名词解释

物流设备管理、物流设备的更新、物流设备的维修管理。

（二）填空题

1. 设备磨损一般分为（　　　）和（　　　）两类。

2. 物流设备的三级保养制度包括设备的（　　　）、（　　　）和（　　　）。

（三）简答题

1. 简述物流设施设备管理的内容、含义。

2. 简述设备保养的工作内容。

参考文献

[1] 钟静，王魁. 物流设施与设备[M]. 长沙：湖南人民出版社，2007.

[2] 邓爱民. 物流设备与运用[M]. 北京：人民交通出版社，2009.

[3] 周全申. 现代物流技术与设备实务[M]. 北京：中国物资出版社，2003.

[4] 蒋祖星. 物流设备与设施[M]. 北京：机械工业出版社，2008.

[5] 王晨. 现代物流设施与设备[M]. 青岛：中国海洋大学出版社，2011.

[6] 吕广明. 物流设备与规划技术[M]. 北京：中国电力出版社，2009.

[7] 张弦. 物流设施设备应用与管理[M]. 武汉：华中科技大学出版社，2009.

[8] 蒋亮. 物流设施与设备[M]. 北京：清华大学出版社，2012.

[9] 黎红，陈御钗. 物流设施设备基础与实训[M]. 北京：机械工业出版社，2011.

[10] 王海文，丁玉书. 物流设施设备管理[M]. 北京：电子工业出版社，2013.

[11] 刘敏. 物流设施与设备操作实务[M]. 北京：电子工业出版社，2011.

[12] 陈修齐. 物流设备与设施[M]. 北京：人民邮电出版社，2011.

[13] 黄照伟. 物流技术与设备[M]. 北京：人民交通出版社，2009.

[14] 邓顺盛，石文明. 物流机械设施与设备[M]. 北京：化学工业出版社，2010.

[15] 罗宗桥，高峰. 搬运机械的结构与使用维修：内燃叉车与起重机[M]. 北京理工大学出版社，2004.

[16] 江华，尹祖德. 叉车构造、使用、维修一本通[M]. 北京：机械工业出版社，2010.

[17] 冯其河. 叉车技术实训教程[M]. 南京：东南大学出版社，2013.

[18] 秦同瞬，杨承新. 物流机械技术[M]. 北京：人民交通出版社，2005.

[19] 李宏. 起重机操作工培训教程[M]. 北京：化学工业出版社，2009.

[20] 罗毅，王清娟. 物流装卸搬运设备与技术[M]. 北京理工大学出版社，2007.

[21] 于英. 物流技术装备[M]. 北京：北京大学出版社，2010.